Medizin und Sprache – die Sprache der Medizin

Medizingeschichte im Kontext

Herausgegeben von Karl-Heinz Leven, Mariacarla Gadebusch Bondio,
Hans-Georg Hofer und Livia Prüll

Begründet als Freiburger Forschungen zur Medizingeschichte
von Ludwig Aschoff, fortgesetzt von Eduard Seidler

Band 20

Eva Brinkschulte/Fritz Dross/Anita Magowska/
Marcin Moskalewicz/Philipp Teichfischer (Hrsg./red.)

Medizin und Sprache – die Sprache der Medizin

Medycyna i język – język medycyny

Bibliografische Information der Deutschen Nationalbibliothek
Die Deutsche Nationalbibliothek verzeichnet diese Publikation
in der Deutschen Nationalbibliografie; detaillierte bibliografische
Daten sind im Internet über http://dnb.d-nb.de abrufbar.

ISSN 1437-3122
ISBN 978-3-631-65596-2 (Print)
E-ISBN 978-3-653-04821-6 (E-Book)
DOI 10.3726/978-3-653-04821-6

© Peter Lang GmbH
Internationaler Verlag der Wissenschaften
Frankfurt am Main 2016
Alle Rechte vorbehalten.
PL Academic Research ist ein Imprint der Peter Lang GmbH.

Peter Lang – Frankfurt am Main · Bern · Bruxelles · New York ·
Oxford · Warszawa · Wien

Das Werk einschließlich aller seiner Teile ist urheberrechtlich
geschützt. Jede Verwertung außerhalb der engen Grenzen des
Urheberrechtsgesetzes ist ohne Zustimmung des Verlages
unzulässig und strafbar. Das gilt insbesondere für
Vervielfältigungen, Übersetzungen, Mikroverfilmungen und die
Einspeicherung und Verarbeitung in elektronischen Systemen.

Diese Publikation wurde begutachtet.

www.peterlang.com

Inhaltsverzeichnis

Eva Brinkschulte / Fritz Dross
Medizin und Sprache – die Sprache der Medizin: Zur Einführung...........9

Ortrun Riha
Die Sprache der Medizin. Kommunikationsmittel oder
Kommunikationshindernis?
Język medycyny – środek czy przeszkoda
w komunikacji?...15

Antoni Jonecko
Wymowa treści medycznych w rycinach z Żywota
Świętej Jadwigi Śląskiej
Die Sprache medizinischer Bilder in der Vita heiligen
Hedwig von Schlesien..27

Michalina Duda
Lateinische Terminologie in den spätmittelalterlichen Texten des
Deutschordensstaates in Preußen
Łacińska terminologia w piętnastowiecznych tekstach
medycznych z państwa zakonu krzyżackiego w Prusach................45

Franz A. Sich
Schutzmaßnahmen gegen die Pest von der Frühen
Neuzeit bis heute dargestellt in der Sprache von Bildern
Ilustracje metod ochrony przed epidemiami zarazy w Niemczech.........61

Julian Heigel
Zur therapeutischen Wirkung von Musik im
musiktheoretischen Diskurs des 17. und beginnenden
18. Jahrhunderts
Muzyczno-teoretyczna nauka o afektach w
dyskursach medycznych 71

Anita Magowska
Metafora jako narzędzie narracji w rozprawach i artykułach
polskich lekarzy w XIX wieku
Metapher als Erzählwerkzeug in den Abhandlungen und
Artikeln polnischer Ärzte im 19. Jahrhundert.................................83

Philipp Teichfischer
Zur Geschichte medizinischer
Klassifikationssysteme: Neue Erkenntnisse zu
Johann Lukas Schönleins Klassifikationssystem der Krankheiten
O historii medycznych systemów klasyfikacji –
nowe wyniki badań dot. systemu klasyfikacji chorób
Johanna Lukasa Schönleina...97

Michael Sachs
Die letzten lateinischen und die ersten deutschsprachigen
Dissertationen an den medizinischen Fakultäten der preußischen
Universitäten in Berlin, Breslau, Halle und Königsberg im
Jahre 1867
Pierwsze niemieckojęzyczne dysertacje na wydziałach
medycznych uniwersytetów w Berlinie, Wrocławiu,
Halle i Królewcu (1867 r.)..111

Aleksandra Szlagowska
Problemy komunikacyjne w relacjach lekarz –
pacjent w kulturze typu ludowego oraz wynikająca
z nich aprobata dla działalności znachorów i uzdrowicieli
Kommunikationsprobleme im Verhältnis Arzt –
Patient in der Volkskultur und die daraus folgende
Bewilligung für die Tätigkeit der Kurpfuscher und Heilpraktiker........121

Joanna Nieznanowska
Lekarski głos w sporze o zakres definicji choroby w
niemieckich prywatnych ubezpieczeniach zdrowotnych
(Private Krankenversicherung, PKV) w odniesieniu
do prawnej definicji choroby w ubezpieczeniach społecznych w
pierwszych dekadach XX wieku
Ärztliche und juristische Standpunkte in der Debatte über
die Krankheitsdefinition in der privaten und gesetzlichen
Krankenversicherung in den ersten Jahrzehnten des zwanzigsten
Jahrhunderts 135

Maria Elżbieta Kempa
Wpływ chirurgii niemieckiej na rozwój „śląskiej szkoły chirurgicznej" w XX wieku (w związku z 110 rocznicą urodzin prof. dr hab. n. med. Józefa Gasińskiego)
Der Einfluss der deutschen Chirurgie auf die Entwicklung der schlesischen chirurgischen Schule des XX. Jahrhunderts (anlässlich des 110. Geburtstages von Prof. J. Gasiński)..................145

Lesław Portas
Historyczna autohemoterapia
Zur Geschichte der Autohaemotherapie..159

Marcin Moskalewicz
Die Sprache der Philosophie und Theologie im Dienste der Medizin (am Beispiel einiger psychiatrischer Begriffe von Ludwig Binswanger und Viktor Emil von Gebsattel)
Język filozofii i teologii w służbie medycyny (na przykładzie kilku pojęć psychiatrycznych Ludwiga Binswangera i Viktora Emila von Gebsattela)..167

Joanna Lusek
Obrazy z przeszłości. Izby chorych i lazarety w kompleksie obozów jenieckich w Lamsdorf podczas II wojny światowej
Bilder aus der Vergangenheit. Krankenreviere und Lagerlazarette im Kriegsgefangenenlagerkomplex Lamsdorf während des Zweiten Weltkrieges.........................183

Kirsten Brukamp
Bilder als Sprache des Gehirns lesen? Kommunikation mittels funktioneller Gehirnbildgebung
Czytanie obrazów jako języka mózgu? Funkcjonalne tworzenie obrazów w mózgu jako środek komunikacji.....................201

Magdalene Schymanietz
Die Bedeutung von Sprache in der Migration von Ärzten aus Polen nach Deutschland
Znaczenie języka w migracji lekarzy z Polski do Niemiec....................211

Andreas Jüttemann, Maximilian Schochow und Florian Steger
Die Repräsentationen von HIV und AIDS.
Eine Analyse deutscher und polnischer Printmedien
Przedstawienia AIDS. Analiza niemieckich
i polskich mediów drukowanych 221

Beiträgerinnen und Beiträger des Bandes 233

Eva Brinkschulte / Fritz Dross

Medizin und Sprache – die Sprache der Medizin: Zur Einführung

"One cannot not communicate" – diesem berühmten Diktum von Paul Watzlawick folgend, so unsere Grundüberlegung bei der Einladung nach Magdeburg im September 2013, sollte es möglich sein, speziell auf dem Feld der Medizin und Gesundheitsversorgung nach den materiellen Kommunikationsgegenständen im Sinne von Sprachen zu fragen. Die Medizin etabliert in Diagnose und Therapie, Wissenschaft und Forschung, Aus- und Weiterbildung Kommunikationszusammenhänge und ist damit auf Sprachen angewiesen, die Gegenstand der Untersuchung – und schließlich als Forschungsergebnisse ihrerseits im Medium der Sprache wiederum ausgetauscht werden können. Kontexte der Kommunikation und ihre Sprache unterliegen historischen Veränderungen. Die Zustände des Menschen zwischen „gesund" und „krank" wurden und werden berichtet, ergründet und kommuniziert. Dies geschieht etwa in Anamnese und Katamnese mittels Erzählungen der kranken und behandelten Menschen an die Behandelnden, die in medizinische Diagnosen und therapeutische Handlungsanweisungen übersetzt werden. Es geht dabei für die Behandelten um die Übersetzung eines in der Regel persönlichen und akuten Leidenszustandes in Worte, die an eine Ärztin oder einen Arzt gerichtet werden; sodann um die Übersetzung dieses Berichts in eine passende Stelle des medizinischen Wissensbestandes, was schließlich medizinisch plausible Erklärungen einer Leidensursache (nicht jedoch des Leidens selbst!) sowie eine pragmatische Vorgehensweise hinsichtlich der Behandlung dieser Leidensursache ermöglichen soll. Bereits an dieser idealtypisierend vereinfachenden Kommunikationssituation wird deutlich, dass sowohl auf der Seite der medizinischen Wissensbestände und der dazu gehörigen sprachlichen Konventionen, als auch auf der Seite der außerhalb der Medizin in den natürlichen Sprachen gegebenen Möglichkeiten über Körperzustände zu sprechen, im historischen Wandel erhebliche Brüche zu konstatieren sein werden.

Die medizinische Ausbildung besteht daher nicht zuletzt im umfassenden Erwerb einer (historisch veränderlichen) medizinischen Fachsprache;

die Revitalisierung des Griechischen als Wissenschaftssprache im Humanismus, der Übergang vom Lateinischen zu den Volkssprachen sowie – im deutsch-polnischen Zusammenhang – die jeweils angepasste Verwendung lateinischer, deutscher oder polnischer Sprachformen in unterschiedlichen Situationen sind von Interesse. Veränderungen innerhalb der Fachsprache fallen insbesondere auf, wenn neue Bezeichnungen gefunden werden müssen („Syphilis") oder Worte gleich geblieben sind, aber – etwa im Übergang zur naturwissenschaftlichen Medizin – völlig neue Bedeutungen erhalten haben („Hysterie", „Krebs").

Eine erhebliche Rolle spielt die innermedizinische Kommunikation auf der Grundlage entsprechender Fachsprachen. Die Umsetzung des gesprochenen Wortes in Schrift ist Teil der Sprache und so gehört auch der Umgang mit der Verbildlichung und Verschriftlichung der Sprache als Übersetzung sowie innermedizinische Kommunikation wie z. B. das Anfertigen von Bildern (Röntgen, Ultraschall), Grafiken (Fieberkurven, EKG) oder Zahlenreihen (Laborwerte) mit dazu; auch diese Darstellungsformen können im Sinne einer Sprache gelesen und interpretiert werden. Ein erheblicher Traditionsstrang der modernen Medizin scheint darauf zu verweisen, dass die natürlichen Sprachen und die konkreten Berichte der Erkrankten in der Medizin eine immer geringere Rolle spielten, während durch moderne Diagnostik in synthetischen Bild- und Zahlensprachen vermittelte Befunde als objektiviertes Körperwissen eigentlich handlungsleitend werden. Den Behandelten gegenüber handelt es sich dabei um gewissermaßen mangels Sprachkenntnis kaum mehr zugängliche Übersetzungen ihrer Leidensgeschichte.

In stark arbeitsteiligen medizinischen Großeinrichtungen wie beispielsweise Krankenhäusern wird es immer weniger möglich, dass alle am Behandlungsverlauf Beteiligten tatsächlich persönlich mit den Behandelten sprechen – gesprochen wird häufiger über als mit den Patientinnen und Patienten. Die hierbei zu Grunde liegenden Repräsentationsformen der kranken Menschen und ihrer Krankheiten haben sich vom handschriftlichen Eintrag in ein Krankenjournal zur elektronischen Patientenakte enorm verändert.

Selbstverständlich wird auch außerhalb der Medizin von Gesundheit und Krankheit gesprochen – von großer Bedeutung waren und sind künstlerisch überformte Krankheits- und Gesundungsberichte in Literatur, bildender Kunst und Musik. Schließlich ist die Kommunikation über Körperzustände und Befindlichkeiten, über die verschiedenen Wege, Gesundheit zu erreichen und zu erhalten und Krankheit zu vermeiden, in Briefen und Tagebüchern, Supplikationen und behördlichen Korrespondenzen allgegenwärtig.

Inner- und außermedizinischer Sprachgebrauch sind vielfältig miteinander verknüpft. Von großer Wirkung waren und sind Sprachbilder, Metaphern, Allegorien und Bildsprachen sowohl hinsichtlich der Verwendung außermedizinischer Bilder in der medizinischen Fachsprache als auch bei der Verwendung medizinischer Termini im übertragenen Sinne in politisch und/oder alltäglich benutzten Redewendungen, die auf ihre historischen Kontexte sowie darin auf die angestrebten wissenschaftlichen und politischen Funktionen zu befragen sind.

Abweichend von der Präsentation der Referate auf der Tagung werden die Beiträge hier in der chronologischen Folge der jeweils behandelten Zeiträume wiedergegeben. Eine Ausnahme macht lediglich der eröffnende Beitrag von Ortrun Riha. An in der Medizingeschichte weniger beachteter Stelle hat Ortrun Riha mehrfach grundsätzliche Bemerkungen zum Verhältnis von Fach- und Alltagssprache geäußert[1] und wurde daher für den Eröffnungsvortrag eingeladen – hier steht der Beitrag gleichsam als erweiterte Einführung.

Mittelalterliche und frühneuzeitliche Gegenstände werden von vier Beiträgen behandelt. Für die Wirkungsgeschichte von Heiligenviten sind nicht zuletzt ikonographische Quellen von erheblichem Belang. Bildquellen, insbesondere solche mit gesundheitsfürsorgerischen Gegenständen, stellt Antoni Jonecko in seinem Beitrag „Wymowa treści medycznych w rycinach z Żywota Świętej Jadwigi Śląskiej (Die Sprache medizinischer Bilder in der Vita der heiligen Hedwig von Schlesien)" zusammen. Michalina Duda hat Quellenstellen zum Deutschordensstaat für medizinische Tätigkeiten des 15. Jahrhunderts aus Quellen des Staatsarchivs von Toruń (Thorn) sowie des Geheimen Staatsarchivs Preußischer Kulturbesitz auf die dort verwendete fachsprachliche Terminologie untersucht. Mit einem Schwerpunkt auf die Frühe Neuzeit berichtet Franz Sich von Zeugnissen religiöser Seuchenbewältigung. Aus musikwissenschaftlicher Perspektive und mit dem Fokus

---

1 Riha, Ortrun: Die Sprache der Medizin. Polysemie und Metonymie als Kommunikationsproblem. Lebende Sprachen 46 (2001) 150–154; Riha, Ortrun: Die Alltagssprache der Medizin: Besonderheiten und mögliche Missverständnisse im Deutschen. Panace@ [Panacea] 12 (2011) 223–226.

auf Athanasius Kircher behandelt Julian Heigel Tonsprachen anhand von Überlegungen „Zur therapeutischen Wirkung von Musik im musiktheoretischen Diskurs des 17. und beginnenden 18. Jahrhunderts (Muzycznoteoretyczna nauka o afektach w dyskursach medycznych)".

Ein Schwerpunkt des Bandes liegt auf Beiträgen zum 19. Jahrhundert. Nicht zuletzt auch als methodischen Hinweis auf die ästhetischen Konventionen fachsprachlicher Kommunikation befasst sich Anita Magowska mit der semantischen Figur der Metapher und ihrer Funktion in der Wissenschaftsprosa polnischer Ärzte im 19. Jahrhundert. Ganz erhebliche Bedeutung für die Konstitution von Wissenschaftlichkeit haben fachsprachliche Nomenklaturen, insofern sie die Gegenstände, die von Belang sein sollen, nicht allein bezeichnen – und damit sprachlich erst verfügbar machen –, sondern gleichzeitig auch klassifizieren, und somit nicht nur sprachlich, sondern auch fachlich ordnen und miteinander in Beziehung setzen. Dies untersucht Philipp Teichfischer in seinem Beitrag „Zur Geschichte medizinischer Klassifikationssysteme: Neue Erkenntnisse zu Johann Lukas Schönleins Klassifikationssystem der Krankheiten (O historii medycznych systemów klasyfikacji – nowe wyniki badań systemu klasyfikacji chorób Johanna Lukasa Schönleina)". Zu den offensichtlichen Faktoren sprachlichen Wandels in der akademischen Welt des 19. Jahrhunderts gehört die Abkehr von der Wissenschaftssprache Latein als *lingua franca* der europäischen Universitäten. In seinem Beitrag behandelt Michael Sachs „Die letzten lateinischen und die ersten deutschsprachigen Dissertationen an den medizinischen Fakultäten der preußischen Universitäten in Berlin, Breslau, Halle und Königsberg im Jahre 1867 (Pierwsze niemieckojęzyczne dysertacje na wydziałach medycznych uniwersytetów w Berlinie, Wrocławiu, Halle i Królewcu (1867 r.))".

Bereits gegen Ende des 19. und zu Beginn des 20. Jahrhunderts bewegen sich die drei folgenden Beiträge. Aleksandra Szlagowska problematisiert Kommunikationsprobleme der noch kaum alphabetisierten polnischen Sprachgemeinschaft in Schlesien mit ihren Ärztinnen und Ärzten als Anlass der gesteigerten Akzeptanz nicht-akademischer Heilberufe und vergleicht die Befunde mit einer aktuellen Untersuchung der Jahre 2002–2006. Um die angemessene Verwendung medizinischen Vokabulars wurde auch vor Gerichten gestritten. Mit einem Schwerpunkt in der Zwischenkriegsepoche befasst sich Joanna Nieznanowska mit Krankheitsdefinitionen im

Versicherungsrecht, insbesondere im Vergleich der allgemeinen mit der privaten Krankenversicherung sowie der Frage, inwiefern die Schwangerschaft (versicherungsrechtlich) als Krankheit zu verstehen, und die Kosten für medizinische Betreuung und Behandlung von Schwangerschaft, Entbindung und Wochenbett auch von privaten Versicherungen zu übernehmen seien.

Maria Elżbieta Kempa und Lesław Portas geben biographische Skizzen zu Johann Mikulicz-Radecki als Begründer einer schlesischen Schule der Chirurgie sowie Roman Hinze als Protagonist der Eigenbluttherapie. Der Rückgriff auf Grundlagenwissenschaften war und ist in der Medizin unumgänglich; für das 20. Jahrhundert stehen dabei üblicher Weise die Naturwissenschaften im Fokus. Marcin Moskalewicz befasst sich dagegen am sprachlich-begrifflichen Befund mit der von ihm als „Medikalisierung" gefassten Übernahme philosophischer, theologischer und anthropologischer Basisbegrifflichkeiten durch die phänomenologische Psychiatrie am Beispiel von Ludwig Binswanger und Viktor Emil von Gebsattel. Als wichtigen Gegenstand der Kriegs- und Lagermedizin der deutschen Wehrmacht des Zweiten Weltkriegs thematisiert Joanna Lusek das Krankenrevier im Kriegsgefangenenlager Lamsdorf.

Mit drei Artikeln ist die Nachkriegsgeschichte vertreten. Kirsten Brukamp befasst sich in zweierlei Hinsicht mit Bildern des menschlichen Gehirns und seiner Aktivität, die zum einen eine erhebliche Rolle in der wissenschaftlichen Repräsentation dieses Organs spielen, deren Austausch aber zum anderen und darüber hinaus eine Kommunikationsmöglichkeit für Menschen mit schwersten körperlichen Behinderungen darzustellen vermag. Magdalene Schymanietz befasst sich mit der Rolle der Muttersprache für Fragen der Migration und anschließenden Integration von polnischen Ärztinnen und Ärzten nach Deutschland. Wenn im öffentlichen Diskurs ansteckende Krankheiten und Seuchen verhandelt werden, stehen nicht selten kaum verhohlene Stereotype im Raum, wie in der jüngeren Vergangenheit insbesondere am Beispiel HIV/AIDS zu verfolgen war. Den Band abschließend vergleichen Andreas Jüttemann, Maximilian Schochow und Florian Steger am Beispiel ausgesuchter deutscher und polnischer Printmedien der jüngsten Zeit seit 2012 die dort gebotenen Repräsentationen von HIV und AIDS.

Diese und weitere Fragen wurden auf der 14. Tagung der Deutsch-Polnischen Gesellschaft für Geschichte der Medizin in Magdeburg im September 2013 ausführlich diskutiert. Wir danken der Otto-von-Guericke-Universität für die Bereitstellung des Senatssaales als Tagungsort und dem Dekan der Medizinischen Fakultät, Prof. Dr. Hermann-Josef Rothkötter, für seine bereitwillige Unterstützung der Veranstaltung. Von den ersten Vorbereitungen bis zur Durchführung und Nachbereitung der Tagung haben wir uns auf die zupackende Hilfe von Annett Göth, Viktor Subbota, Anna Urbach, Philipp Teichfischer, Claudia Beck und Paul Geoerg aus dem Bereich „Geschichte, Ethik und Theorie der Medizin, (GET)" sowie Justyna Mojkowska (Warschau) verlassen können, wofür wir uns ebenfalls ganz herzlich bedanken. Schließlich hätten wir über die „Sprache der Medizin" gesprochen, ohne einander zu verstehen, wenn nicht die beiden Dolmetscher Mateusz Hartwich und Mikolaj Arkadiusz Masluk-Meller erneut ebenso engagiert wie sorgfältig unsere Kommunikation nicht nur unterstützt, sondern in manchem erst ermöglicht hätten.

Die Kommunikation zwischen Deutschen und Polen hat, selbst in der Wissenschaft, auch eine Generation nach dem Fall des „Eisernen Vorhangs" noch nicht die Selbstverständlichkeit, die wir uns wünschen. Recht unterschiedliche akademische und universitäre Strukturen machen sich nicht allein im zwischenstaatlichen Austausch bemerkbar, sondern auch, wenn es um die für die Medizingeschichte so notwendige Kommunikation zwischen den Fakultäten geht. Schließlich ist nach wie vor die Sprachbarriere zu überwinden. Diese ist für die deutschen Teilnehmerinnen und Teilnehmer, dies sei betont, in der Regel erheblich höher als für die Kolleginnen und Kollegen aus Polen. Dieses Problem kann zwar durch Synchrondolmetscher gelindert werden, diese machen aber einen nicht unerheblichen Kostenfaktor aus, der im Wege der klassischen Forschungsförderung kaum noch unterstützt wird. Wir danken daher insbesondere der Deutsch-Polnischen Wissenschaftsstiftung, die es der Deutsch-Polnischen Gesellschaft für Geschichte der Medizin durch ihre Unterstützung nun zum wiederholten Mal ermöglicht hat, Kolleginnen und Kollegen aus Polen und Deutschland zu einer gemeinsamen Tagung bei synchroner Übersetzung der Referate zusammenzubringen.

Eva Brinkschulte, Magdeburg   Fritz Dross, Erlangen

Ortrun Riha

Die Sprache der Medizin. Kommunikationsmittel oder Kommunikationshindernis?

Język medycyny – środek czy przeszkoda w komunikacji?

Zusammenfassung

Sprachliche Kommunikation dient im modernen Arzt-Patient-Verhältnis nicht nur dem Informationsaustausch, sondern ist die Voraussetzung für eine vertrauensvolle und konstruktive Zusammenarbeit. Allerdings stehen diesem idealen Konstrukt eines interaktiven Modells zahlreiche Hemmnisse im Weg: Nicht alle Patienten sind dazu bereit und in der Lage, und seitens der Ärzte wird die Sprache gegenüber den technischen Zugangswegen zum Kranken in ihrer Bedeutung unterschätzt. Darüber hinaus gibt es eine Reihe von sprachimmanenten Hindernissen, die eine Verständigung erschweren. Der Beitrag stellt anhand von Beispielen ein breites Spektrum solcher Probleme vor, die teils absichtlich, teils unabsichtlich die Sprache der Medizin hermetisch machen. Es gibt Ausdrücke, die der gezielten Verschleierung dienen, zum Beispiel um Patienten nicht zu beunruhigen. Viele im Medizinbetrieb übliche Wendungen, die von den dort Tätigen nicht mehr reflektiert werden, haben jedoch eine mehr oder weniger unbewusst exkludierende Wirkung, und aus ästhetischer Sicht sind viele für den Klinikjargon typische Ausdrücke noch dazu wenig ansprechend. Die den Patienten unbekannten eigentlichen Fachbegriffe sind paradoxerweise das geringere Problem, denn sie können nachgeschlagen werden. Schwerer zu klärende Missverständnisse können sich dadurch ergeben, dass Wörter aus der Alltagssprache – oft historisch bedingt – in der Medizin eine andere, ja sogar die gegenteilige Bedeutung haben. Dies gilt nicht nur für lateinische und griechische Fremdwörter, sondern auch für den genuin deutschen Wortschatz und insbesondere für die vielen Anglizismen, die sowohl im Alltag als auch in der Medizin an Häufigkeit zunehmen. Sogar etablierte

Lexika berücksichtigen oft nicht diese Besonderheiten innerhalb der medizinischen Fachsprache. Auch die verbreiteten Abkürzungen (Akronyme) tragen zur Hermetik bei und können selbst innerhalb der Medizin unklar und mehrdeutig sein. Dass Sprache der Vermeidung von Kommunikation dienen kann, ist allerdings nichts Neues, sondern gehört zu den traditionellen Topoi der Ärztekritik sowie der Ärztesatire.

Streszczenie

W nowoczesnej medycynie komunikacja językowa nie służy jedynie wymianie informacji pomiędzy lekarzem a pacjentem, lecz jest także warunkiem konstruktywnej, opartej na zaufaniu współpracy pomiędzy nimi. Jednak na drodze do realizacji tego modelu współpracy istnieje wiele barier: nie wszyscy pacjenci są na niego gotowi, zaś lekarze nie doceniają znaczenia języka idącego na przekór technicznemu podejściu do pacjenta. Ponadto istnieje seria przeszkód utrudniających porozumienie związanych istotowo z językiem. Artykuł obrazuje szerokie spektrum problemów, które, czasem celowo, czasem nieumyślnie, sprawiają, że język medycyny jest językiem hermetycznym. Istnieją na przykład wyrażenia, które służą umyślnemu ukryciu znaczeń, na przykład po to, by nie martwić pacjenta. Wiele z nich, używanych w przedsiębiorstwach medycznych przez pracowników, którzy sami nad nimi nie reflektują, oddziałuje wykluczająco, bardziej lub mniej nieświadomie. Także z estetycznego punktu widzenia, wiele z typowych wyrażeń żargonu klinicznego jest mało atrakcyjnych. Właściwe, fachowe, nieznane pacjentom pojęcia, są paradoksalnie mniejszym problemem z tego względu, że można sprawdzić ich znaczenie. Trudności w wyjaśnieniu nieporozumień mogą wynikać z tego, że słowa pochodzące z języka potocznego – często historycznie uwarunkowane – mają w medycynie inne, a nawet przeciwne znaczenie. Nie dotyczy to wyłącznie słów pochodzących z języków obcych, łaciny i greki, lecz także słownictwa niemieckiego, a szczególnie licznych anglicyzmów, których częstotliwość, zarówno w życiu codziennym, jak i w medycynie, wzrasta. Nawet klasyczne słowniki nie uwzględniają specyfiki języka medycznego. Podobnie skróty (akronimy) przyczyniają się do hermetyzacji języka i mogą być niejasne i niejednoznaczne także dla samych lekarzy. Fakt, że język może służyć unikaniu komunikacji nie jest niczym nowym, lecz jednym z tradycyjnych toposów krytyki lekarzy i medycznej satyry.

Eigentlich sollte die Sprache das wichtigste Hilfsmittel der Ärztin/des Arztes sein: 80 % aller Diagnosen wären kostengünstig durch eine gute Anamnese zu stellen, und auch die meisten sogenannten *ethischen Probleme* im Krankenhaus erweisen sich bei näherem Hinsehen als Kommunikationsprobleme. Leider wird das Sprechen jedoch systematisch unterschätzt. Stattdessen führt das Studium und damit die berufliche Sozialisation der angehenden Ärztinnen und Ärzte zielstrebig zu dem Leitsatz: Was nicht durch Labor oder Bilder *objektiviert* werden kann, gilt nicht bzw. gilt bestenfalls als *psychosomatisch*.[1] Nun gehört ein gewisses Misstrauen bezüglich der (Relevanz der) Äußerungen der Patienten zur ärztlichen Tradition: Laienhafte Vermutungen über Krankheitsursachen wurden schon von Hippokrates als mögliche Fehlerquelle genannt, werden in der naturwissenschaftlich basierten Medizin als *Kausalbedürfnis* abgetan.[2] Für die meisten Kranken wiederum ist es sehr unplausibel, dass das, was sie als Erfahrung berichten, von der modernen Medizin als Symbol für etwas Anderes interpretiert wird (*Ich habe es am Herzen, und der Arzt untersucht die Schilddrüse*). Im deutschen Sprachraum ist es Barbara Duden gewesen, die diesen Themenkomplex zu einem zentralen Thema medizinhistorischer Forschung gemacht hat.[3] In diesem *Zum-Schweigen-Bringen* des Patienten liegt einer der Hauptgründe für die Unzufriedenheit mit der High Tech-Medizin, die die Patienten *durch die diagnostische Mühle dreht*, sowie für den rasanten Aufstieg der Komplementärmedizin, deren Stärke im Zuhören liegt.

Bei hinreichender Empathie und Fähigkeit zum Perspektivenwechsel wären diese kommunikativen Defizite leicht zu beheben.[4] Sie sind umso

---

1 Medizinkritisch kann man dies sowie die im Folgenden gemachten Beobachtungen durchaus auch als Hierarchieproblem interpretieren, vgl. Peters, Tim: Macht im Kommunikationsgefälle. Der Arzt und sein Patient. Berlin 2008.
2 Vgl. Mader, Sabine: Empirische Untersuchung zur Kommunikation zwischen Arzt und Patient. Der Stellenwert subjektiver Theorien unter Berücksichtigung von Aspekten der Risikokommunikation. Diss. Bremen 2000.
3 Duden, Barbara: Geschichte unter der Haut. Ein Eisenacher Arzt und seine Patientinnen um 1730. Stuttgart 1987.
4 Einen Überblick über Probleme und Lösungsansätze aus interdisziplinärer Sicht gibt der Sammelband von Redder, Angelika (Hrsg.): Medizinische Kommunikation. Diskurspraxis – Diskursethik – Diskursanalyse. Opladen 1994. Speziell zur Empathie: Herzog, Beatrice: Arzt-Patient-Kommunikation. Die Sicht des Anderen. Saarbrücken 2007.

irritierender, als das idealtypische moderne Arzt-Patient-Verhältnis auf informierte Wahl und gemeinsame Entscheidungsfindung setzt (interaktives Modell). Dies bedeutet für die Ärzteschaft eine große Herausforderung, auf die das Studium praktisch nicht vorbereitet und auf die auch die Rechtsprechung nicht eingestellt ist.[5] Hierbei steht nicht der schwache, ängstliche, bedrängte, kranke Mensch im Blick, sondern das gesunde, kraftvolle, souveräne, mobile – und kooperative – Individuum; die Rechte des *autonomen Patienten* wurden von der Politik weithin analog zum Verbraucherschutz konzipiert.[6] Auch wenn eine solche Individualmedizin im Widerspruch zu Standardisierung (z. B. durch Leitlinien) und Qualitätssicherung steht, lässt sich das Rad der Entwicklung nicht zurückdrehen. Deshalb wird die interaktionale Kompetenz im Arztberuf eine zentrale Schlüsselqualifikation werden müssen, auch wenn solche *weichen Kompetenzen* momentan noch wenig gefördert werden. Dazu gehören das Anerkennen des Gesprächs als zentrale ärztliche Aufgabe, Selbstreflexivität, nonverbales Signalisieren von Interesse, Respekt und aufnahmebereiter Zuwendung, Bereitschaft zu Informationsaustausch und aktiver Zusammenarbeit, nondirektive Gesprächsführung, Flexibilität, Offenheit und gezielte Einbeziehung *weicher* Daten aus der emotionalen Ebene. Dennoch wird es immer *schwierige* Patienten geben, für die das idealtypische Bild des *autonomen* Gesprächs- und Verhandlungspartners nicht passt. Was kann man anfangen mit einem Gegenüber, das sich durch mangelnde kommunikative Begabung, Verschlossenheit, Leugnen, Dissimulieren,

---

5 Insofern ist ein Blick in eine ältere Bestandsaufnahme aufschlussreich: Löning, Petra: Arzt-Patienten-Kommunikation. Analysen zu interdisziplinären Problemen des medizinischen Diskurses. Berlin 1993. Zum gegenwärtigen Diskussionsstand Nowak, Peter: Eine Systematik der Arzt-Patient-Kommunikation. Systemtheoretische Grundlagen, qualitative Synthesemethodik und diskursanalytische Ergebnisse zum sprachlichen Handeln von Ärztinnen und Ärzten. (Arbeiten zur Sprachanalyse, Bd. 51) Frankfurt am Main 2010.

6 Ich nenne aus der umfangreichen Literatur nur drei Beispiele: Holzem, Christoph: Patientenautonomie. Bioethische Erkundungen über einen funktionalen Begriff der Autonomie im medizinischen Kontext. (Studien der Moraltheologie, Bd. 11) Münster 1999; Klusen, Norbert (Hrsg.): Informiert und selbstbestimmt. Der mündige Bürger als mündiger Patient. Baden-Baden 2009; Fischer, Andrea (Hrsg.): Der Patient als Kunde und Konsument. Wie viel Patientensouveränität ist möglich? Wiesbaden 2011.

Gleichgültigkeit, Passivität, Indolenz, Distanz, Abwehr, Aggression, Destruktivität, Depression, Misstrauen, Fixierung auf schlechte Vorerfahrungen usw. auszeichnet? Dazu kommt, dass viele Patienten auch bei allem guten Willen überfordert sind von der Menge der heutzutage möglichen Optionen: Nach welchen Kriterien sollen sie das für sie Beste auswählen? Sie erwarten – nicht ganz zu Unrecht –, dass sie von ärztlicher Seite eine Empfehlung bekommen, was allerdings fast schon als *Paternalismus* diffamiert wird (und Schadensersatzklagen Tür und Tor öffnet). Kurzum: Das *interaktive* Arzt-Patient-Verhältnis hat auch seine Tücken.

Im Folgenden soll es jedoch um die vielen Quellen von Missverständnissen gehen, die die Alltagssprache der Medizin auch bei kommunikativer Offenheit bereithält.[7] Als Medizinhistorikerin erlaube ich mir, zunächst an den Bedeutungswandel von Wörtern zu denken. Dieser ist nicht nur ein wissenschaftstheoretisches Phänomen, das Fachkreise beschäftigt, sondern hat durch negative Konnotationen historischer Begriffe auch Alltagsrelevanz. Ein typisches Beispiel ist die *Hysterie*: Ursprünglich eine somatische Frauenkrankheit mit emotional neutralem Status, wurde der Begriff im 19. Jahrhundert zur Spielwiese misogyner Psychologisierungen und entspricht seit Sigmund Freud dem Neurosentyp der Konversion. Heute wird das Wort nicht als Diagnose, sondern in der Alltagssprache für ein bestimmtes, als überdreht empfundenes Verhalten benutzt, ist also medizinisch unbrauchbar. Es dürfte nicht mehr lange dauern, bis auch das Wort *Schizophrenie* verbraucht ist, denn es gibt *schizophrene Situationen* oder *schizophrenes Vorgehen*, wobei nur *widersprüchlich, inkonsequent o. ä.* gemeint ist. Missverständnisse ergeben sich auch dadurch, dass manche Ausdrücke in der Medizin das Gegenteil von dem bedeuten, was man im Alltag darunter versteht: Bei einem *positiven* Testergebnis ist der Betroffene krank, und auf dem Röntgenbild sieht ein *Schatten* hell aus, dagegen ist eine *Aufhellung* dunkel. Eine *reizlose* Narbe ist besonders gut verheilt und eine *essentielle* Hypertonie ist keineswegs lebensnotwendig (wie es *essentielle* Fettsäuren sind). Die Bemerkung *schlechte Klinik* ist auch keine Kritik am jeweiligen Krankenhaus, sondern bezieht sich auf den Zustand des Kranken.

---

7 Zur linguistischen Sicht vgl. insbesondere Lörcher, Helgard: Gesprächsanalytische Untersuchungen zur Arzt-Patienten-Kommunikation. (Linguistische Arbeiten, Bd. 136) Tübingen 1983.

Manche Wörter wecken primär andere Assoziationen, weil sie im Alltag anders verwendet werden. Ich habe exemplarisch das Deutsche Wörterbuch von Gerhard Wahrig (Gütersloh 1994) herangezogen, um zu überprüfen, ob sich der kontextuell adäquate Sinn mit Hilfe von gängigen allgemeinsprachlichen Wörterbüchern herausfinden lässt – vorausgesetzt, der Rezipient denkt überhaupt an Polysemie. Eine Klärung gelingt beispielsweise für *Provokation* (unter *provozieren* findet sich die in der Medizin zutreffende Bedeutung *auslösen, hervorrufen*) oder für *Konzeption* (bei Wahrig ist korrekt die Grundbedeutung *Empfängnis* angegeben). Gesetzt den Fall, man ist sich bewusst, dass für die Medizin häufig die historische Wurzel eines Wortes von Relevanz ist, sind auch die Hinweise zur Provenienz bei Wahrig hilfreich, selbst wenn die medizinische Anwendung dabei nicht explizit erfasst ist. Das ist zum Beispiel bei *Inspektion* (= *Anschauen*), *Aspekt* (= *Anblick, Aussehen*), *Generation* (= *Zeugung*), *digital* (= *mit dem Finger*) oder *final* (= *endgültig, abschließend*) der Fall. Allerdings geht es, wie das letzte Beispiel zeigt, manchmal doch nicht ohne Fachwissen: Zwar stimmt die Übersetzung für Ausdrücke wie *finale Untersuchung, finales Ergebnis* oder *finale Version*; mit *präfinal* oder dem *Finalstadium* wird jedoch auf das Lebensende abgehoben. Bei *vital* ist die Herkunftsangabe bei Wahrig (*Leben enthaltend*) für die Medizin sogar zutreffender als die Erklärung *das Leben betreffend, lebenstüchtig* im Standardwerk des klinischen Wortschatzes.[8]

Eine höhere Hürde bei der Verständigung zwischen Ärzten und Patienten sind Ausdrücke, die semantisch und grammatikalisch nicht dem Standard der Allgemeinsprache entsprechen,[9] deren medizinische Bedeutung also im Duden oder bei Wahrig nicht erfasst ist. Immerhin sind die meisten dieser Problemfälle mithilfe des Pschyrembel lösbar, so etwa *aspirieren* (= *Ansaugen*, z. B. von Flüssigkeit, *Eindringen von Fremdkörpern in die Atemwege*), *Intoleranz* (= *Unverträglichkeit*) und *mobilisieren*

---

8 Pschyrembel: Klinisches Wörterbuch. 260. Aufl. Berlin, New York 2007.
9 Der Beitrag erweitert die in meinen früheren Aufsätzen gegebenen Beispiele um neue Beobachtungen und aktuelle Entwicklungen der letzten Jahre. Vgl. Riha, Ortrun: Die Sprache der Medizin. Polysemie und Metonymie als Kommunikationsproblem. Lebende Sprachen 4 (2001), 150–154; Riha, Ortrun: Die Alltagssprache der Medizin. Besonderheiten und mögliche Missverständnisse im Deutschen. Panace 12 (2011) 34, 223–226 (Versión española 226–229).

(= *körperlich aktivieren*). Bei dem missverständlichen Ausdruck *konservativ* wirft Pschyrembel zwar *erhaltend* aus (i. S. v. *organerhaltend, ohne Operation behandeln*), er unterschlägt jedoch die heute negative Konnotierung, d. h. dass Patienten *altmodisch* assoziieren und sich schlecht behandelt fühlen. In einer oft von Misstrauen geprägten Atmosphäre im Arzt-Patient-Verhältnis meinen viele Patienten auch, es würde ihnen die therapeutische Premiumklasse vorenthalten, wenn sie die *Standardbehandlung* bekommen. Das Klinische Wörterbuch enttäuscht auch bei *infantil* (*im Kindesalter auftretend*), das völlig fehlt, und ist bei *senil* irreführend, wo nur *alt, altersschwach* angegeben ist, dabei bedeutet das Wort viel häufiger ganz neutral *in höherem Lebensalter auftretend*. Man sollte also immer im Auge behalten, dass man mit der leichtfertigen Verwendung des Wortes *(prä)senil* große Irritationen, ja Verärgerung bei Patienten auslösen kann. Für *Resistenz* kennt Pschyrembel nur *Widerstandsfähigkeit* (z. B. von Bakterien gegen Antibiotika), eine *Resistenz im rechten Unterbauch* ist jedoch ein Tastbefund, der der palpierenden Hand Widerstand leistet. Gänzlich fehlt auch *[als etwas] imponieren = aussehen [wie etwas]*.

Die Herausbildung eines Medizinjargons vernachlässigt vielfach die Sprachästhetik,[10] was als Teil des Krankenhausalltags in der Regel nicht reflektiert wird. Im Gegenteil wirkt der gemeinsame Soziolekt identitätsstiftend und trägt zum Zusammenhalt der Berufsgruppe beziehungsweise des therapeutischen Teams bei. Solche Wendungen haben nur in Einzelfällen Eingang in allgemeinsprachliche Wörterbücher gefunden und damit Standardrang erhalten: So akzeptiert Wahrig bei *[jemanden] abführen* auch die medizinische Bedeutung *Darmentleerung herbeiführen*. Die folgenden Beispiele sind jedoch nicht lexikalisch belegt, zum Beispiel *[jemanden] eradizieren* (= *[bei jemandem] den Keim Helicobacter pylori ausrotten*) oder die noch dazu unschön technisch klingenden Ausdrücke *Diabetes einstellen*, gut bzw. schlecht *eingestellter Diabetes* oder gar *einen Diabetiker einstellen*, ebenso wie die wenig exakten Verben *durchuntersuchen* und *durchröntgen*, die eine umfassende Diagnostik andeuten sollen. Die gleiche Universalität, nur in der Antibiotika-Therapie (die ihrerseits manchmal als *Antibiose* bezeichnet wird), suggeriert *antibiotisch*

---

10 Semler, Peter: Arztbriefe. Ende gut – Epikrise gut. Deutsches Ärzteblatt 96 (1999) 45, 2885–2890.

abdecken. Zur Beschreibung der entsprechenden Behandlung mit Digitalis bzw. Marcumar® haben sich *(auf)digitalisieren* und *marcumarisieren* eingebürgert. Und schließlich ist keine der drei medizinischen Bedeutungen von *Zugang* (*neuer Patient auf einer Krankenstation*; *Kanüle* [z. B. *venöser Zugang, peripherer Zugang*]; *für eine Punktion geeignete Vene* [z. B. *keinen Zugang finden*]) lexikalisch nachgewiesen. Bemerkenswerterweise erlernen auch Patienten im Krankenhaus (*auf Station*) voneinander einen gewissen Jargon und bezeichnen zum Beispiel das MRT als *die Röhre* oder sprechen von ihrer letzten *Hypo* (gemeint: *Hypoglykämie*).

Zum Teil handelt es sich beim Medizinerjargon allerdings um gezielte Hermetik, weil Ärzte den Patienten manche Informationen zumindest zeitweise vorenthalten wollen, um sie zu schonen, oder weil sie sich vor den Betroffenen untereinander auch über wenig schmeichelhafte Eindrücke austauschen möchten. Beides ist natürlich ethisch angreifbar und jedenfalls nicht besonders höflich. Die Bemerkung *extra muros!* während der Visite mahnt unter Kollegen dazu, bestimmte medizinische Details außer Hörweite des Patienten zu besprechen. So hat sich im Laufe der Zeit ein spezieller Wortschatz herausgebildet: Dem Verbergen einer aussichtslosen Situation dient das Fremdwort *infaust*, das Laien in aller Regel nicht kennen. Diese Unterstützung versagt jedoch beim harmlos klingenden Wort *Neubildung*, das als Lehnübersetzung von Neoplasie für (bösartige) Tumoren benutzt wird, sowie beim Adjektiv *spezifisch*, das sogar Pschyrembel nur mit *artgemäß* übersetzt. Es bedeutet jedoch, dass bei einer Entzündung ein Krankheitserreger nachgewiesen wurde (*spezifische Entzündung*), und zweitens kann damit speziell auf Tuberkulose (selten Syphilis) abgehoben werden (z. B. *Das könnte etwas Spezifisches sein*). Kommentierungsbedürftig ist das Adjektiv *klinisch* (eigentlich *in der Klinik stattfindend*): Bei einer *klinischen* Besserung gibt der Patient zwar an, dass es ihm besser geht, aber der objektive Befund sieht anders aus; *subklinisch* ist ein Befund, der zwar durch Bildgebung oder Labor erhoben wird, aber nur zufällig entdeckt wurde, weil er keine Beschwerden macht. Negativ bewertete Eigenschaften von Patienten oder Angehörigen bekommen ebenfalls bestimmte Tarnbezeichnungen: Bei mangelhafter Körperpflege ist *externes Pigment* durch *forcierte Balneotherapie* zu entfernen. Alkoholmissbrauch wird mit *C2*, *C2-Problem*, *Äthylismus* oder *Polydipsie* umschrieben, die betreffende Person ist ein *Potator*. Einfältige Menschen haben eine *Bradyphrenie* oder bekommen in Anlehnung an die alten Glühbirnen das Etikett *Osram 10*. Wer den Ärzten durch zu viel Reden, Nach- und Hinterfragen auf die Nerven geht, wird mit *verbaler Inkontinenz* oder – wenn Aggressivität dazukommt – mit *maligner Logorrhoe* charakterisiert.

Für Außenstehende besonders hermetisch sind die Abkürzungen. Viele davon sind leicht zu entschlüsseln und beziehen sich auf Laborwerte (*Erys, Leukos, Thrombos, Hb, Bili, Krea* usw.). Auch *Sono* für *Sonographie*, *Echo* für *Echokardiographie*, *Reha* für *Rehabilitationsmaßnahmen*, *Rea* für *Reanimation* und *Prä-Med* für *Prämedikation* sind mit Fachkenntnis schnell aufzulösen. *Para* lässt sich aus dem Kontext erschließen (*Eine Infusion läuft para*, also *paravenös = neben die Vene*). Npl (*Neoplasie*) und Ca (*Karzinom*) dienen beide im beschriebenen Sinn der Tarnung im internen Gespräch vor dem Patienten und stehen schon im Pschyrembel, wo auch *PE* (*Probeexzision*) erfasst ist. Einige Abbreviaturen fehlen jedoch nicht nur in allgemeinsprachlichen Lexika, sondern auch in fachbezogenen Nachschlagewerken, aber ohne ihre Kenntnis sind Krankenblätter unverständlich. Hierzu einige Beispiele: *Z. n.* (*Zustand nach*) meint eine Vorerkrankung oder eine frühere Operation, *V. a.* steht für *Verdacht auf*, *o. B.* meint nicht *ohne* jeden *Befund*, sondern *ohne* pathologischen *Befund, unauffällig* [!], *z. A.* (*zum Ausschluss*) heißt, dass diese Verdachtsdiagnose noch auszuschließen ist; *z. A.* steht aber sonst im Deutschen für *zur Anstellung*, zum Beispiel bei Beamtenanwärtern (*Studienrat z. A.*). Im Ergebnis kann man notieren: *Ausschluss Herzinfarkt* statt *Ausschluss eines Herzinfarkts*; gleichbedeutend ist *k.* (*kein*), was ebenfalls bedeutet, dass diese Verdachtsdiagnose bereits ausgeschlossen wurde. Der häufige Harnwegsinfekt wird mit *HWI* abgekürzt. Mit *P* werden Privatpatienten gegenüber Kassenpatienten (*GKV*) gekennzeichnet. *M* vermeidet die ausdrückliche Nennung des oft angstbesetzten *Morphiums* bzw. *Morphins*. Mit etwas Fantasie und kontextbezogen kommt man vielleicht bei *Hp* auf den *Helicobacter pylori*, während Pschyrembel nur die Auflösung *Haptoglobin* kennt.

Viele der immer unübersichtlicher werdenden Akronyme, die teilweise selbst innerhalb der Ärzteschaft nur noch von einem kleinen Kreis von Spezialisten verstanden werden und teilweise auch (noch) nicht in Nachschlagewerken stehen, stammen aus dem Englischen, das zur internationalen

Wissenschaftssprache der Medizin geworden ist.[11] Akronyme sind jedoch nicht nur hermetisch, sondern irritieren auch durch ihre Mehrdeutigkeit, denn viele Akronyme haben außerhalb der Medizin eine andere Bedeutung: Zum Beispiel ist *PCI* in der Baubranche ein bekannter Firmenname, für Computernutzer stellt *Peripheral Component Interconnect* einen Standard zur Verbindung von Peripheriegeräten mit dem Chipsatz eines Prozessors dar, aber in der Medizin bedeutet *PCI perkutane Coronar-Intervention*, die auch als *PTCA (perkutane transluminale coronare Angioplastie)* bezeichnet werden kann. *VIP* ist nicht eine *very important person*, sondern ein *vasoaktives intestinales Polypeptid*, und bei *AFP* handelt es sich weder um die französische Nachrichtenagentur (*Agence Française de la Presse*) noch um die theologiegeschichtliche Zeitschrift (*Archivum fratrum praedicatorum*), sondern um das *Alpha-Feto-Protein*. Besonders unpraktisch sind Mehrfachbedeutungen innerhalb der Medizin: *MDE* ist für Psychiater die *manisch-depressive Erkrankung*, unter sozialmedizinischer Perspektive jedoch eine *Minderung der Erwerbsfähigkeit*. Chirurgen meinen mit *pp* (*per primam intentionem*) die störungsfreie Wundheilung, für Gynäkologen bedeutet *pp post partum*. Seit *LE* für *Lungenembolie* steht, läuft die früher so bezeichnete Autoimmunkrankheit unter *SLE (systemischer Lupus erythematodes)*: Ob der Dichterarzt Adolf Muschg, der einen Roman der *Krankheit mit den zwei Buchstaben* gewidmet hat, weiß, dass der Titel jetzt obsolet ist? *AP* hält den Rekord mit vier Bedeutungen: *Alkalische Phosphatase, Aktionspotential, anterior-posterior* (in der Röntgenologie für den Strahlengang) und – im Klinikjargon, daher nicht bei Pschyrembel erfasst – *Angina pectoris*. Mit einem nicht unerheblichen Risiko behaftet ist der Vermerk *NR* in einem Krankenblatt, da jeder an *Nichtraucher* denkt. Mit dem Kürzel wird jedoch mancherorts (zum Beispiel auf Palliativstationen) die aussichtslosen Fällen vorbehaltene Anweisung *Nicht reanimieren* verschlüsselt. Wegen der Verwechslungsgefahr wird allerdings meistens die englische Version *DNR (do not resuscitate)* bevorzugt.

Bemerkenswert ist bei Abkürzungen auch die Aussprachepraxis: Häufig setzen sich bestimmte Akronyme deswegen durch, weil sie an ein tatsächlich existierendes Wort erinnern, und dann werden sie wie dieses ausgesprochen,

---

11 Dazu Baethge, Christopher: Die Sprachen der Medizin. Deutsches Ärzteblatt 105 (2008) 3, 37–40.

auch wenn es keinen inhaltlichen Bezug gibt. Das bekannteste Beispiel dafür ist *AIDS*, das nicht mit getrennten Buchstaben [a i de es] ausgesprochen wird, wie zum Beispiel bei *ADHS* (*Aufmerksamkeitsdefizit-Hyperaktivitäts-Syndrom*, gesprochen [a de ha es]), sondern in Anlehnung an das englische Wort *aid* (*Hilfe*), was insofern paradox ist, als gerade bei *AIDS* Hilfe nur schwer möglich ist. Dazu kommt, dass *Akquiriertes Immundefizienz-Syndrom* eine inhaltsleere Bezeichnung ist, denn so könnte man jede Krankheit nennen – sonst wäre man ja nicht krank. Es scheint ein Phänomen zu sein, das dem Behelfswort *Pest* entspricht, das nur *Seuche* hieß (und heißt) und das insofern ein Beispiel für den prägnanten Gebrauch allgemeiner Wörter für besonders gefürchtete Dinge darstellt. Analog zu [eids] hält sich in deutschen Kliniken die Bezeichnung *COLD* (*chronic obstructive lung disease*), die wie das englische Adjektiv *cold* ausgesprochen wird, obwohl man genauso gut *COLE* (*chronisch obstruktive Lungen-Erkrankung*) sagen könnte und obwohl im Englischen *COPD* geläufiger ist (*chronic obstructive pulmonary disease*). Wegen der Assoziation mit einem populären männlichen Vornamen wird dagegen die englische Krankheits-Bezeichnung *GERD* (*gastroesophagial reflux disease*) wie *Gerd* ausgesprochen und so in letzter Zeit zunehmend benutzt. Der Maskierung dient dagegen im Klinikjargon die Aussprache [hif] für *HIV*, die eine ähnliche Tarnfunktion wie die genannten Ausdrücke *Ca*, *Npl* usw. hat, da sonst [h i fau] üblich ist.

Eine weitere Quelle für Irritationen sind Anglizismen, die durch die alltagsbedingte Anpassung an die Landessprache zu irreführenden Lehnübersetzungen führen und merkwürdige Sprachschimären hervorbringen können. Das längst aus dem Englischen ins Deutsche eingegangene Wort *Stress* hat in der Allgemeinsprache eine psychische Konnotation (z. B. *Stressfaktoren*, *gestresst sein*), in der Medizin dagegen ist (oft) die körperliche Belastung im engeren Sinn gemeint: Bei *Stressinkontinenz* kommt es nicht durch Aufregung zu unwillkürlichem Harnabgang, sondern durch Erhöhung des Drucks im Bauchraum, etwa bei Husten oder Niesen, die die Schließmuskulatur der Blase be- bzw. überlastet. Die *Compliance* (aufschlussreicherweise im Deutschen inzwischen mit Großschreibung; = *Therapietreue*) spielt im medizinischen Alltag eine so große Rolle, dass dazu ein Adjektiv gebildet wird (*compliant*), von dem allerdings noch nicht geklärt ist, ob man es englisch oder deutsch aussprechen soll ([kompliant] versus [komplaiənt]), was bei der Deklination bisweilen zu sonderbaren

Mischformen führt (*ein complianter Patient*). Recht jungen Datums sind die Lehnübersetzungen *immunkompromittiert* für Patienten mit geschwächter körpereigener Abwehr und *naiv* für nicht (mit einer bestimmten Substanz) vorbehandelte Patienten, zum Beispiel *Methotrexat-naiv*.

Zum Schluss sei unter nochmaligem Rückgriff auf die Geschichte auf zwei Aspekte hingewiesen: Erstens ist der fremdartig klingende und exkludierende Charakter der medizinischen Fachsprache ein traditioneller Topos der Arztkritik. Am bekanntesten ist die Arztschelte bei Francesco Petrarca (1304–1374), die *Invectivae contra medicum: Invectiva contra quendam magni status hominem sed nullius scientiae aut virtutis*. Vordergründig nur auf eine Einzelperson gerichtet, lässt Petrarca durchblicken, dass er den ganzen Ärztestand meint. Auch aus seinem Brief an den erkrankten Papst Clemens VI. kommt ein geradezu modern anmutendes Misstrauen gegenüber den hohlen Phrasen der unwissenden und nur auf ihr eigenes finanzielles Interesse bedachten Ärzte zum Ausdruck. Was die Sprache angeht, so bringt der auf sein elegantes Latein stolze Dichter hierzu ästhetische Argumente vor: Es sei ein scheußliches, verwildertes und großteils falsches Latein, das die Ohren beleidige.[12] Zweitens kann die Sprache der Medizin auch Gegenstand der Satire sein.[13] Dass Ärzte Unwissenheit hinter gelehrten Wörtern verschleiern, ist ein Leitmotiv des Ärzteschwanks seit dem Spätmittelalter. Der Witz lebt davon, dass das Publikum zwar auch kein Latein kann, dass aber die Ausweichmanöver des Scharlatans so durchsichtig sind, dass es sich dennoch überlegen fühlen darf. Kürzlich wurde ein in dieser Tradition stehender Band der humoristischen Lexikonreihe aus dem renommierten Langenscheidt-Verlag diesem Thema gewidmet.[14] Dort geht es (auch) um nichtssagende, aber gelehrt klingende Phrasen, wie *funktionelle Beschwerden*, *vegetative Dystonie* oder *expektatives Vorgehen*. Der Vorwurf, Unwissenheit hinter Fremdwörtern zu verbergen, ist so alt wie die Gattung der Ärztekritik, doch schadet es manchmal nicht, von Außenstehenden einen Spiegel vorgehalten zu bekommen.

---

12 Vgl. Bergdolt, Klaus: Arzt, Krankheit und Therapie bei Petrarca. Die Kritik an Medizin und Naturwissenschaft im italienischen Frühhumanismus. Weinheim 1992.
13 Prang, Michael D.: Ärztelatein im Klartext. Hamburg 2000.
14 Hirschhausen, Eckart von: Arzt-Deutsch/Deutsch-Arzt. Berlin, München 2007.

Antoni Jonecko

Wymowa treści medycznych w rycinach z Żywota Świętej Jadwigi Śląskiej

Die Sprache medizinischer Bilder in der Vita der heiligen Hedwig von Schlesien

Streszczenie

Jadwiga (ok. 1174 do 1243) pochodziła z Andechs w górnej Bawarii. Była małżonką księcia piastowskiego Henryka Brodatego, władcy Śląska i Polski. Jako *eyne Fürstin der ganzen Slezie"*, zapisała się sławnie poprzez swoją działalność charytatywną i fundacyjną. Pierwszy zapis jej żywota, z 1300 roku zaginął, ale zachowały się liczne odpisy i opracowania. Część z tychże zawiera ciekawe rysunki lub drzeworyty. Przedstawiono i omówiono ryciny, w których zobrazowano treści medyczne lub socjologiczne. Szczególnie wymowne i też tragiczne są obrazy osób kalekich, które posługują się szczudłami, kosturami i stołeczkami dla chodzenia albo dla pełzania po ziemi. Dalsze ryciny pokazują księżną Jadwigę przy zaopatrywaniu chorych i usługiwaniu bliźniemu. Przy ukazaniu przekazywania domu dla osób potrzebujących dostrzegamy, że jest on murowany i pokryty dachówkami ceramicznymi. W jednym z drzeworytów widoczne jest nakrycie stołu. Zobrazowano również sceny uzdrawiania i wstawiennictwa Jadwigi za więźniami i skazanymi na śmierć. Sama księżna nie była wolna od cierpień, bo nawiedzały ją złe myśli pod postacią złych duchów, co ukazano w ekspresywnej rycinie. Przekazano, że Jadwiga, poza swoim językiem niemieckim, władała również łacińskim, a opanowała także język polski, aby móc rozmawiać ze swoimi podwładnymi. Jadwiga jest wczesnym przykładem przerzucania pomostów pomiędzy pogranicznymi przestrzeniami językowymi.

Zusammenfassung

Hedwig (um 1174 bis 1243) stammte aus Andechs in Oberbayern. Sie war die Gemahlin des Piastenfürsten Heinrich des Bärtigen, dem Herrscher von Schlesien und Polen. Als *eyne Fürstin der ganzen Slezie* ist sie durch ihre karitative und stifterische Tätigkeiten in die Geschichte eingegangen. Die erste Schilderung ihres Lebens von 1300 ist verloren gegangen, und nur durch zahlreiche Abschriften und spätere Bearbeitungen überliefert. In manchen befinden sich interessante Zeichnungen oder Holzschnitte. Der Artikel stellt solche mit medizinischem oder sozial-karitativem Inhalt vor. Besonders beeindruckend, aber auch traurig sind Abbildungen von verkrüppelten Menschen mit verschiedenen Gehhilfen wie Krücken, Arm-, Knie- oder Handstelzen, die das Gehen bzw. Kriechen auf dem Boden erleichtern sollten. Man sieht die Fürstin auch bei der Krankenversorgung. Beim Überweisen eines Hauses für Bedürftige durch Hedwig sieht man ein solides, gemauertes und mit Dachziegeln gedecktes Gebäude. Weiter sind Szenen zu sehen, in denen Hedwig Kranke genesen ließ oder die Freilassung von Gefangenen erbittet und sogar zum Tode Verurteilte rettet. Überliefert ist, dass Hedwig außer der deutschen auch die lateinische Sprache beherrschte und auch noch das Polnische erwarb, um mit ihren Untertanen sprechen zu können. Hedwig ist damit ein frühes Beispiel für den Brückenschlag zwischen benachbarten Sprachräumen.

Wstęp

Dawne pisma niemedyczne, opisy zdarzeń, a nawet poematy, zawierają niekiedy wzmianki o znaczeniu dla historii medycyny, jak również ryciny o znaczeniu dla dziejów nauk medycznych[1]. Niniejsza praca zajmuje się treściami medycznymi zawartymi w rycinach znajdujących się w różnych Żywotach Świętej Jadwigi Śląskiej[2].

---

1 Jonecko A.: Drzeworyt ukazujący amputowanie i protezowanie podudzia w śląskim poemacie. Officina ferraria z roku 1612. In: Wiadomości Lekarskie 36 (1983), 1025–1031. Jonecko A.: Leczenie choroby hetmana Stefana Czarnieckiego muzykoterapią w roku 1659. In: Wiadomości Lekarskie 41 (1988), 1330–1335. Jonecko A.: Otmęt – miejscowość wymieniona w średniowiecznej „Legendzie o świętej Jadwidze Śląskiej". In: Wieści Krapkowickie 9 (1995), 6. Jonecko A.: Śląski poemat Rozdzienskiego Officina ferraria z 1612 roku jako źródło do dziejów medycyny, chorób zawodowych i socjologii. In: Acta Medica Premisliensia 30 (2007), 110–126.
2 Baumgartem K.: Dy grosse legenda der hailigesten frawen Sandt Hedwigis (mit 69 Holzschnitten). Breslau 1504. Legenda Świętej Jadwigi. Z oryginału łacińskiego przeł. A. Jochelson przy współudz. M. Głogowska, przygot. J. Pater.

Jadwiga (*Hedwig, Hadwig, Heduwig*) (ok. 1174–1243) pochodziła z Andechs w Górnej Bawarii (Ryc. 1). Ojciec Berthold, był władcą Meranii, Karyntii i Istrii. Matka Agnieszka (Agnes) z Grroitsch pochodziła z potomstwa Karola Wielkiego[3]. Córka Jadwiga otrzymała staranne wykształcenie w klasztorze Benedyktynek w Kitzingen nad Menem (*Main*) opodal Würzburga. Zachowało się imię jednej z sióstr nauczycielek, którą była niejaka *Petrussa*. Rodzimym językiem Jadwigi był ówczesny język niemiecki. Otrzymała również naukę języka łacińskiego. Jak później mawiano, można było ją zaliczyć do „uczonych dziewic i kobiet"[4].

Ryc. 1: Andechs, Dzisiejszy wygląd siedziby rodowej Św. Jadwigi Śląskiej. Rok 1986. Fot. A. Jonecko, 1986

Tart. Wrocław 1993. Nigg W.: Hedwig von Schlesien. 2. Auflage. Opole 2005. Kodeks Lubiński z roku 1353: Vita beate Hedwigis (Maior legenda de beata Hedwigi). Ilustracje czarno-białe z XVIII-wiecznej kopii rycin z Kodeksu Horniga, z Biblioteki Śląskiej-Katowice, (Nr I w. R. 303 III), Ilustracje barwne z niemieckojęzycznej wersji legendy św. Jadwigi: Baumgartem J.: Wrocław 1504.

3 Gaj B.: Święta Jadwiga Śląska w Gentil Silesiae Annales Joachima Cereusa. Zarys pochodzenia i życia św. Jadwigi (Hedwigis). In: Śląski Filomata 5/6 (2008), 5–10.
4 Martinus G.: Catalogus doctarum virginum et feminarum. Erfurti 1613. Gaj B.: Ślązaczka. Pomiędzy rustica grossa i Pallas Silesiae – protest kobiety w literaturze Łacińskiego Śląska. Opole 2010.

Wcześnie, bo ponoć w wieku lat 12, została małżonką księcia Henryka (ok. 1169–1239) później zwanego Henrykiem Brodatym władcą dawnego Śląska, Polski i wielu krain przyległych[5]. Jadwiga jako księżna całego Śląska (w dawnym języku niemieckim: „eyne Fürstin der ganzen Slezie") wsławiła się i weszła do historii poprzez swoją działalność religijną, charyzmatyczną i fundacyjną. Przekazano, że opanowała język polski, aby móc porozumieć się z śląskim ludem jej podwładnym. Rychło po śmierci, Kościół uznał Jadwigę za świętą. Około roku 1300 pojawił się pierwszy żywot, który zaginął. Zachowały się jednak różne odpisy i modyfikacje, również zaopatrzone w ilustracje pod postacią rysunków, niekiedy koloryzowanych, lub drzeworytów[6] w różnych przekładach i wznowieniach, aż po ostatnie opracowanie które sporządził Walter Nigg[7]. Legenda Jadwigi to ważne źródło wiadomości o Średniowieczu na Śląsku. Postać samej księżnej jest pozytywnym symbolem porozumienia międzynarodowego, ryciny zawarte w legendzie były przedmiotem zainteresowania w sensie ogólnym, ale nie medycznym[8]. Niekiedy ryciny przekazują treści medyczne, które możnaby umieścić w podręcznikach historii nauk medycznych. Nie zostały ponumerowane ani osobno podpisane, bo były ilustracjami dla opowiadanej legendy.

Przedstawienie rycin o wymowie medycznej

W pierwszej tu przytoczonej rycinie (Ryc. 2), widzimy Jadwigę stojącą pomiędzy orszakiem książęcym a grupą osób proszących o pomoc. Książę Henryk został zaznaczony poprzez herb ze śląskim orłem, książęcym nakryciem głowy i wznoszonym mieczem, jako oznaką władzy. Po stronie lewej widać grupę osób kalekich. Najbardziej wzruszający jest pełzający po ziemi kaleka posługujący się przy tym ręcznymi opieradłami. Nad nim, stojący kaleka, po utracie podudzia prawego opiera przygięte kolano na protezie szczudłowej a ramię lewe jest podparte kulą. Za jego postacią wychyla się twarz z wysadzoną gałką oczną.

---

5 Zientara B.: Henryk Brodaty i jego czasy. Warszawa 1975.
6 Baumgartem K.: Dy grosse legenda (1504). Legenda Świętej Jadwigi (1993). Kodeks Lubiński z rycin 1353: Vita beate Hedwigis. Ilustracje czarno-białe z XVIII-wiecznej kopii rycin z Kodeksu Horniga. Ilustracje barwne z niemieckojęzycznej wersji legendy św. Jadwigi: Baumgartem J. (1504).
7 Nigg W., Hedwig von Schlesien. 2. Auflage. Opole 2005.
8 Wolfskron A.: Die Bilder der Hedwigslegende. Wien 1846.

Ryc. 2: Jadwiga wstawia się za osobami kalekimi u swojego męża, księcia Henryka, oznaczonego herbem ze śląskim orłem, nakryciem głowy i mieczem. Baumgartem, Dy grosse legenda (1504) [Fn 2]

Na następnej rycinie, która jest rysunkiem o identycznej treści narracyjnej, grupy wspomnianych osób są przedstawione w porządku odwróconym (Ryc. 3). Do osób wymagających pomocy doszła postać kobiety. U kaleki z kikutem podudzia można dostrzec, że zgięty, a tkwiący w protezie kikut, jest bandażowany. I znów widać osobę pełzającą po ziemi, posługującą się ręcznymi szczudełkami stołeczkowymi.

Ryc. 3: Jadwiga wstawia się u męża, księcia Henryka I Brodatego, oznaczonego orłem śląskim, mieczem i mitrą, za osobami wymagającymi pomocy.
Vita beate Hedwigis (1993) [Fn 2]

Takie urządzenie dla ułatwiania poruszania się po ziemi, jak podał mi wybitny mediewista Gundolf Keil, w języku średniowieczno-niemieckim nazywało się „schemelaere"[9].

Udało mi się dotrzeć do ryciny ze Średniowiecza, która znajduje się w British Museum w Londynie (Topographia Hibernica, Gerad Wales, Ms.Roy., 13 B.VIII.fol 30 v.) (Ryc. 4). Łatwo zauważyć, że chodzi o takie same pomoce do poruszania się przez pełzanie po ziemi. Są to ręczne

---

9 Keil G.: Persönlicher Brief aus dem Gerhard-Möbus-Institut für Schlesienforschung an der Universität Würzburg vom 14.4.2008: Briefliche Konsultation für Anton Jonecko.

Sprache medizinischer Bilder in der Vita hl. Hedwig v. Schlesien 33

szczudełka stołeczkowe. Różnokierunkowe wykrzywione ustawienie stóp przedstawionej osoby, przemawia za tym, że była dotknięta trądem[10].

Ryc. 4: *Ręczne podpórki kaleki ułatwiające pełzanie. W języku średniowieczno-wysokoniemieckim takie podpórki nazywały się: „schemelaere" (Gundolf Keil). Topographia Hibernica, Gerad Wales, Ms. Roy., 13 B. VIII. fol 30 v., British Museum London*

Następna rycina (Ryc. 5), jakoby podwójnej kompozycji, ukazuje Jadwigę, po stronie lewej gdy podaje grupie trzech kobiet (jedna w ciąży?) i leżącemu dziecku pokarm z miski. Z prawej strony widać grupę 7 osób, którym Jadwiga rozdaje podłużne chleby. Na przedzie grupy kaleki mężczyzna z protezą szczudłową i bardzo wyraźnie bandażowanym kikutem podudzia z podporą podramienną. Na szczególną uwagę zasługuje to, że przyziemne zakończenie protezy jak i kuli są zaopatrywane w wyraźnie szpikulce.

---

10 Lyons A.S., Petrucelli II R.J., Püschel E. (Hrsg): Die Geschichte der Medizin im Spiegel der Kunst. Köln 1980.

Ryc. 5: Jadwiga karmi chorych leżących w łóżku i rozdaje chleby potrzebującym. Vita beate Hedwigis (1993) [Fn 2]

Kolejna ilustracja (Ryc. 6) będącą drzeworytem ukazuje Jadwigę podającą osobą potrzebującym podłużne pieczywo – po stronie lewej; po stronie prawej zaś widać Jadwigę karmiącą łyżką dwóch chorych leżących wspólnie w jednym łóżku.

Sprache medizinischer Bilder in der Vita hl. Hedwig v. Schlesien 35

Ryc. 6: *Jadwiga podająca chorym pokarm i rozdająca chleby. Widoczny niepełnosprawny z protezą kolanowo-szczudłową i kulą podramienną. Baumgartem, Dy grosse legenda (1504) [Fn 2]*

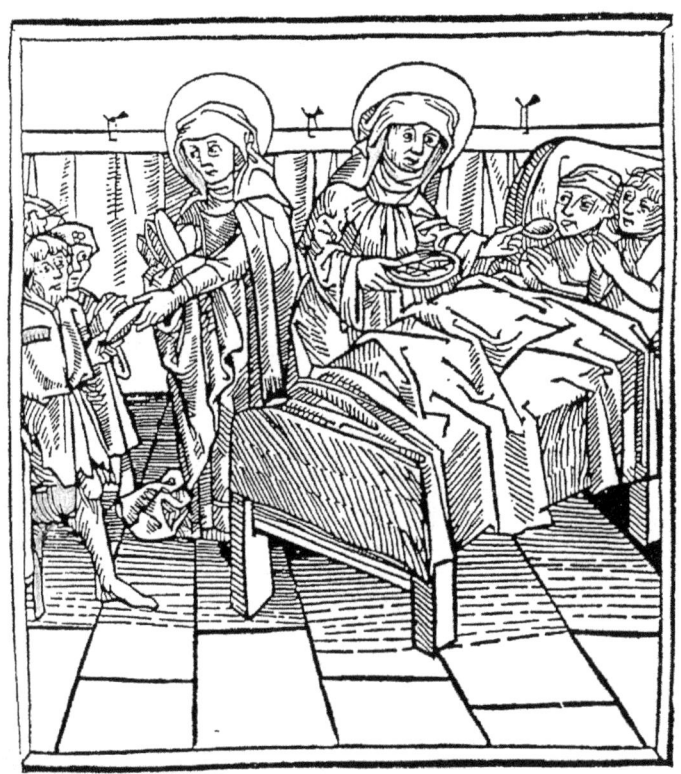

W następnym drzeworycie (Ryc. 7) Jadwiga wskazuje lub przekazuje grupie osób potrzebujących pomocy – dom schronienia. Można dostrzec, że schronisko jest murowane, przykryte dachówkami i zaopatrzone w oszklone okna. Sądząc z rodzaju odzienia i sterczącego kija, można przypuścić, że chodzi o grupę osób wędrujących, będących w drodze lub bezdomnych.

Ryc. 7: Jadwiga przekazuje osobom potrzebującym porządną domowinę. Baumgartem, Dy grosse legenda (1504) [Fn 2]

W kolejnej rycinie (ryc. 8) przedstawiono grupę 3 niewiast. W tekście legendy odnoszącym się do tej ilustracji czytamy, że chodzi o moment, w którym Jadwiga leczy cierpienia oczu 2 sióstr zakonnych i niemieckiej kobiety z Rochlic (Rochlitz) z okolicy Złotoryi (Goldberg). Piszący te słowa w sposób wyraźny wskazuje na to, iż nie patrzono na różnice narodowościowe!

Ryc. 8: *Jadwiga leczy cierpienia oczu. Baumgartem, Dy grosse legenda (1504)* [Fn 2]

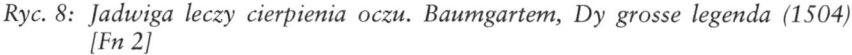

Następny drzeworyt warto przedstawić dlatego, że daje nam wgląd w zwyczaje przy stole. Widzimy Jadwigę stojącą przy nakrytym obrusem stole wraz z usługującą pomocnicą (Ryc. 9). Na stole można dostrzec noże, deseczki stołowe, misę z zarysem małego zwierzęcia i okrągłe pieczywo. Równocześnie odbywa się „czytanie", przez stojącą przy pulpicie zakonnicę. Pomieszczenie jest zaopatrzone w okno typu krzyżowego, a podłoga wyłożona płytkami.

Ryc. 9: *Jadwiga przy nakrytym stole, zasłuchana w pobożne czytanie.* Baumgartem, Dy grosse legenda (1504) [Fn 2]

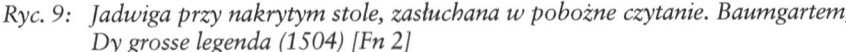

W schyłkowym okresie życia, owdowiała Jadwiga mieszkała w osobnym domku opodal klasztoru Benedyktynek w Trzebnicy. Ośrodek ten był zresztą fundacją samej księżnej i księcia Henryka. W swym odosobnieniu Jadwiga doznała wielu cierpień wynikających prawdopodobnie z rozpatrywania różnych niepowodzeń rodzinnych. Prześladujące ją złe duchy zostały przedstawione w ilustracji towarzyszącej narracji legendy (Ryc. 10). W tejże widzimy jednak również osoby niosące otuchę i wspomagające postać osoby świętej.

Ryc. 10: *W czasie choroby Jadwigę trapią zjawy złych duchów.* Baumgartem, *Dy grosse legenda (1504)* [Fn 2]

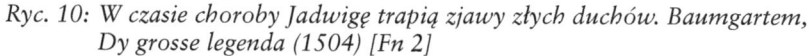

Zachodzi pytanie, czy istnieje jakiś materiał ikonograficzny porównawczy dla licznych obrazów wtrąconych w opowiadaną legendę o Jadwidze Śląskiej? W roku 1983 odnalazłem i opublikowałem rycinę drzeworytniczą postaci z protezą szczudłową zaopatrującą kończynę dolną po utracie podudzia poniżej kolana (Ryc. 11)[11]. Rycina pochodzi ze śląskiego poematu Walentego Rozdzienskiego „Officina ferraria" wydrukowanego w roku

---

11 Jonecko A.: Drzeworyt ukazujący amputowanie i protezowanie podudzia (1983).

1612 w Krakowie. Wtedy przypuszczałem, iż jest to najwcześniejsza rycina protezy po utracie podudzia poniżej kolana. Wypada sprostować to przypuszczenie, bo bardzo podobne ryciny z legendy Jadwigi Śląskiej, przedstawione w niniejszej publikacji[12], są o około 200 do 250 lat wcześniejsze! Warto jeszcze raz podkreślić, że tu i tam uwidoczniono identyczną utratę podudzia poniżej kolana, charakterystyczne przygięcie przykurczowe w utrzymanym stawie kolanowym, bandażowanie kikuta oraz również identyczną protezę szczudłową o którą opiera się przykurczone kolano. Widać nawet takie same szpiczaste zakończenie protezy dla opierania się tejże o ziemię!

Ryc. 11: *Hefajstos z protezą szczudłową zaopatrującą kończynę dolną po utracie na wysokości podudzia*. W. Rozdzienski, Officina ferraria. Kraków 1612

---

12 Gaj B.: Ślązaczka (2010). Baumgartem K.: Dy grosse legenda (1504). Broda Z.: Książęta Piastowscy. Katowice 1974.

Ryc. 12: Św. Jadwiga Śląska. Rzeźba w drewnie lipowym. 1 połowa 20 wieku. Własność prywatna rodziny Jonecko

Zakończenie

Ryciny zdobiące legendę Jadwigi Śląskiej, tak jak sama legenda, powstawały dość długo po jej śmierci w roku 1243. Prawie na pewno nie przed rokiem 1300. Ilustracje te należą jednoznacznie do Średniowiecza. Mimo przeróbek, kopiowania i modyfikowania, można zauważyć, że tematyka, treść, a nawet kompozycja została zasadniczo zachowana. Przydatne oznaki pozwalają na identyfikację poszczególnych postaci. Przy przejściu do techniki drzeworytniczej, można stwierdzić prawdziwy kunszt artysty stosującego lapidarne uproszczenia, dobrze uwypuklające istotną treść obrazowego przekazu. Stanowcza większość ilustracji ma naturalne znaczenie hagiograficzne, ale również obyczajowe, historyczne, heraldyczne, ale niekiedy również jakby przypadkowo, historyczno-medyczne. W tym ostatnim sensie, szczególnie interesujące są zobrazowania różnych pomocy dla poruszających się osób kalekich, jak podpory, kule, szczudła, opieradła i podpory ręczne.

Jadwiga już za życia doznała dużego uznania, a jeszcze większego, o znamionach kultu, po jej kanonizacji w roku 1267. Jej znaczenie dla Kościoła rozpamiętuje się zawsze w dniu 16 października[13].

Jadwiga inspirowała powstanie Szpitala Św. Ducha we Wrocławiu w roku 1214, a Szpitala dla Trędowatych w Środzie Śląskiej w roku 1230, którym się szczególnie pieczołowicie opiekowała. Jadwiga przyczyniła się do fundacji domów opieki, szkół przykościelnych, rozwoju kolonizacji i kultury Śląska. W figuralnych przedstawieniach Jadwigi artyści ukazują ją jako trzymającą model fundacji trzebnickiej w prawym ręku (Ryc. 12). Liczne są wezwania kościołów z jej imieniem sięgające od Brzegu na Śląsku aż po Kraków[14].

---

13 Jougan A.: Słownik kościelny łacińsko-polski. Warszawa 1992, 294.
14 Bagiński W., Kozerski P., Kafel E.: Zamkowy Kościół w Brzegu pod wezwaniem Św. Jadwigi Patronki Piastowskiego Śląska w Brzegu i jego naturalnych oraz przyrodzonych Piastów, książąt z Rodu pierwszej polskiej dynastii królewskiej. Brzeg MCMLXXXIX. Rożek M.: Kościół św. Jadwigi Śląskiej. Dziennik Polski 72 (2006), 23. Zieliński A.: Przez siedem opactw. Śladami Cystersów na Śląsku. Wrocław 1997.

Obecnie zaś podkreśla się przede wszystkim znaczenie osoby Jadwigi jako symbolu pogodzenia i współpracy sąsiadujących ze sobą narodów oraz rozwinięcia instytucjonalnej pomocy charytatywnej Kościoła[15].

---

15 Broda Z.: Książęta Piastowscy (1974). Gaj B.: Ślązaczka (2010). Hausdorf G.P.A.: Die Piasten Schlesiens. Breslau 1933. Kopiec J.: Parafialna opieka wobec ludzi chorych I potrzebujących w XVI–XVIII wieku na przykładzie Górnego Śląska. In: Acta Medica Premisliensia 29 (2006), 38–64. Kopiec J.: Kształtowanie się kościelnych przepisów o opiece szpitalnej. In: Acta Medica Premisliensia 33 (2010), 49–54.

Michalina Duda

Lateinische Terminologie in den spätmittelalterlichen Texten des Deutschordensstaates in Preußen

Łacińska terminologia w piętnastowiecznych tekstach medycznych z państwa zakonu krzyżackiego w Prusach

Ins Deutsche übersetzt von Lech Zieliński

Zusammenfassung

Vom 14. bis zur ersten Hälfte des 15. Jahrhunderts wurden im Ordensstaat Preußen einige Dutzend Spezialisten der Medizin bestätigt. Das Quellenmaterial enthält zahlreiche Erwähnungen dieser Personen. Jedoch fehlt es in den erhaltenen schriftlichen Anweisungen des Ordens an Nachrichten über die im eigentlichen Sinne ärztliche Tätigkeit, angewendete Besonderheiten und eingeleitete Kuren. Einige wenige Informationen zu diesem Thema lassen sich den Rechnungsbüchern entnehmen, jedoch liegt es im Charakter dieser Quellen, dass sie ausschließlich den Namen der angewendeten Spezifik, ihren Preis sowie den Ort der Anschaffung berücksichtigen. In dieser Situation kommt fünf Anweisungen als Quellen des preußischen Ordensstaates besondere Bedeutung zu, die in außergewöhnlich ausführlicher Weise Fragen der Prophylaxe und Therapie behandeln, denn sie stellen eine Sammlung von Empfehlungen dar, die an konkrete Personen gerichtet sind, die sich einer Behandlung unterzogen. Diese Quellen entstanden im 15. Jahrhundert. Sie wurden in frühneuhochdeutscher Sprache verfasst, doch erscheinen im Text auch Begriffe des Lateinischen als Sprache der mittelalterlichen medizinischen Kompendien. Der vorliegende Beitrag zielt auf die Erläuterung und Systematisierung der lateinischen Fachbegriffe in drei der ärztlichen Anweisungen ordensstaatlicher Provenienz. Darüber hinaus werde ich versuchen, ihre Verbindung mit dem Wortschatz der im Mittelalter entstehenden medizinischen Literatur aufzuzeigen.

Streszczenie

Od XIV do pierwszej połowy XV stulecia w państwie zakonnym w Prusach zostało potwierdzonych kilkudziesięciu specjalistów w dziedzinie medycyny. Materiał źródłowy obfituje we wzmianki na temat tych postaci. Jednak w zachowanych przekazach pisanych proweniencji krzyżackiej brakuje wiadomości na temat ich działalności *stricte* lekarskiej, stosowanych specyfikach i wdrażanych kuracjach. Nieliczne informacje na ten temat są uchwytne w księgach rachunkowych, jednak specyfika tych źródeł sprawia, że nie uwzględniają one nic poza nazwą aplikowanego specyfiku, jego ceną i miejscem nabycia. W tej sytuacji szczególne znaczenie należy przypisać pięciu przekazom źródłowym z obszaru państwa zakonu krzyżackiego w Prusach, które wyjątkowo szczegółowo traktują o kwestiach profilaktyczno-terapeutycznych, stanowią bowiem zbiory zaleceń adresowanych do konkretnych osób poddających się kuracjom. Źródła te powstały w XV wieku. Zostały spisane w języku wczesno-nowo-wysokoniemieckim, niemniej w ich treści pojawiają się terminy zaczerpnięte z łaciny, która była językiem średniowiecznych kompendiów medycznych. Celem niniejszego artykułu jest omówienie i systematyka fachowej terminologii łacińskiej występującej w trzech wybranych przekazach lekarskich proweniencji krzyżackiej. Ponadto postaram się ukazać jej powiązania ze słownictwem powstałej w średniowieczu literatury medycznej.

In den Quellen des Deutschordens sind vom 14. bis in die Mitte des 15. Jahrhunderts einige Dutzend Heilkundige belegt.[1] Es fehlen allerdings Angaben zu konkreten heilkundlichen Tätigkeiten, zu den verordneten Arzneimitteln sowie den angewandten Heilmethoden. Einige wenige Angaben hierzu finden sich in Rechnungsquellen, sind dort aber im Wesentlichen auf die Bezeichnung der verordneten Arzneimittel, auf deren Preis und Erwerbsort beschränkt. Auch anderen Quellen sind kaum wesentliche Informationen über die angewandten Heilmethoden zu entnehmen.

---

1 Ein ausführliches Verzeichnis hierzu in: Broda, Michalina: Lekarze w państwie zakonu krzyżackiego w Prusach w XIV–XV wieku. Kraków 2013, 179–202.

In Anbetracht der erwähnten Quellenlage erscheinen fünf aus dem Deutschordensstaat stammende Belegstellen, in denen ausführlich auf Vorbeugungs- und Behandlungsmaßnahmen eingegangen wird, von großem Belang. Es handelt sich um Sammlungen von ärztlichen Anweisungen, die sich unmittelbar an die Behandelten richten. Die genannten fünf Quellen in frühneuhochdeutscher Sprachgestalt stammen aus dem 15. Jahrhundert.[2] Um den Rahmen des Beitrags nicht zu sprengen, soll im vorliegenden Beitrag drei dieser Quellen nachgegangen werden, in denen einzelne Termini lateinischer Herkunft auftreten. Es handelt sich um zwei Schriftstücke mit ärztlichen Anweisungen aus der ersten Hälfte des 15. Jahrhunderts aus den Beständen des Staatsarchivs von Toruń (Thorn)[3] und des Geheimen Staatsarchivs Preußischer Kulturbesitz in Berlin-Dahlem[4] sowie um das Buch des Chirurgen und Ordensbruders Heinrich von Pfalzpaint zur Wundheilung von 1460.[5]

Das Ziel des vorliegenden Beitrags ist es, die lateinische Terminologie, die in den drei herangezogenen Quellen auftaucht, zu systematisieren. Darüber hinaus soll im Folgenden auch die Verbindung mit der im Mittelalter in der Medizinliteratur entstandenen Lexik veranschaulicht werden.

Die Sammlung medizinischer Anweisungen – eine Art Hinweissammlung zur Anwendung von Arznei- und Heilmitteln sowie zu deren Einnahmezeiten – aus den Beständen des Staatsarchivs von Toruń (Thorn)

---

2 An dieser Stelle können folgende bereits edierte Stellen nicht berücksichtigt werden: Hennig, D.: Diätetische Vorschrift aus dem fünfzehnten Jahrhundert. Wöchentliche Unterhaltungen für Liebhaber deutscher Lektüre in Rußland 5 (1807), 279–288; Scholz, Harry: Eine mittelalterliche ärztliche Verordnung. Deutsches Medizinisches Journal 16 (1959), 512–515.
3 Archiwum Państwowe w Toruniu. Akta miasta Torunia, Katalog I (Dokumenty i listy), Nr. 1464. Die Edition dieser Quelle in: Broda, Michalina: Instrukcje lekarskie dla wielkiego marszałka zakonu krzyżackiego z pierwszej połowy XV wieku. Rocznik Toruński 39 (2012), 125–136.
4 Geheimes Staatsarchiv Preußischer Kulturbesitz, Berlin-Dahlem. XX. Hauptabteilung, Ordensbriefarchiv (im Folgenden: OBA), Nr. 29088. Die Edition dieser Quelle in: Broda, Michalina: Wskazówki o rodzaju, stosowaniu i działaniu specyfików medycznych oraz przeprowadzaniu zabiegów diagnostycznych. Źródło do działalności lekarskiej w państwie zakonu krzyżackiego w Prusach w XV stuleciu. Studia z dziejów średniowiecza 17 (2013), 255–266.
5 Die Herausgabe des Werkes Heinrichs von Pfalzpaint in: Haeser, Heinrich; Middeldorpf, Albrecht Theodor (Hrsg.): Buch der Bündth-Ertznei. Von Heinrich von Pfolsprundt, Bruder des deutschen Ordens 1460. Berlin 1868, 1–163.

enthält keine Angaben zum Entstehungsort oder zu deren Datierung, auch wenn die Autoren der Regeste in der Archivkartei diese Quelle mit einem ungefähren Datum (um 1454) versehen haben.[6]

Nicht explizit genannt werden darüber hinaus Autor und Adressat der Anweisungen. Man kann allerdings aus dem Inhalt des ersten Absatzes schlussfolgern, dass der Empfänger dieser Anweisungen Beamter des Deutschen Ordens war. Der Autor der Quelle benachrichtigt nämlich den Hochmarschall des Deutschordens über das Vorhaben, die in dessen Apotheke fehlenden Arznei- und Heilmittel zu ergänzen. Er äußert auch seine Überzeugung, dass die Arznei- und Heilmittel vorteilhaft für den Würdenträger seien und eine gute Wirkung auf seinen Gesundheitszustand hätten.

In Anbetracht des oben Dargestellten kann über den Autor der Überlieferung lediglich angenommen werden, dass wir es mit einer Toruń (Thorn) in irgendeiner Art verbundenen Person (Arzt, Chirurg, Apotheker) zu tun haben,[7] die über gute Kenntnisse des Gesundheitszustands des Würdenträgers verfügte. Um welchen Hochmarschall es sich gehandelt hat, lässt sich der schwierigen Datierung wegen nicht eindeutig bestimmen.[8]

---

6 Aber die Handschrift macht es wahrscheinlicher, das Entstehungsdatum dieser Quelle in die 20er bzw. 30er Jahre des 15. Jahrhunderts zurückzuverlegen, vgl. Broda: Instrukcje lekarskie (2012), 125–126 [wie Fn 3].

7 Der gegenwärtige Aufbewahrungsort dieser Quelle berechtigt zu einer derartigen Annahme. Außerdem verweist die Tatsache, dass die Quelle an einem Ort aufbewahrt wurde, der mit dem Empfänger nicht verbunden war, darauf, dass wir es nicht mit einer Urschrift, sondern mit einer Abschrift oder mit einem Entwurf zu tun haben, vgl. Broda: Instrukcje lekarskie (2012), 126 [wie Fn 3].

8 Helena Piskorska, die wahrscheinlich von der Datierung der Archivkartei ausging, nimmt an, dass Hochmarschall Kilian von Exdorf (1441–1454) der Empfänger der Anweisungen war, vgl. Piskorska, Helena: Materiały do dziejów lekarzy i stanu sanitarnego miasta Torunia. Zapiski Historyczne 25 (1960), 129. Bei der Annahme, dass die Datierung der Quelle in die 20er bzw. 30er Jahre des 15. Jahrhunderts zurückzuverlegen ist [vgl. Fn 6], erscheint es allerdings wahrscheinlicher, dass die Anweisungen für Jost von Strupperg bestimmt waren, der 1431–1434 Hochmarschall war. Eine eindeutige Bestätigung der obigen Vermutung findet sich zwar in den Quellen nicht, aber es ist quellenmäßig belegt, dass sich 1433 der Hochmarschall an den Hochmeister Paul von Rusdorf mit der Bitte wandte, einem unbekannten Arzt aus Thorn einen Aufenthalt in Graudenz zu erlauben, wo er den erkrankten Hochmarschall behandeln sollte, vgl. OBA, Nr. 6616; Broda: Instrukcje lekarskie (2012), 126 [wie Fn 3].

Aufgrund des erwähnten Absatzes kann angenommen werden, dass die Anweisungen eine Anlage zu einem Brief oder, was noch wahrscheinlicher ist, eine Anlage zu einem Paket mit Arzneimitteln darstellten.[9]

Es wird dort die Wirkung von elf Arzneimitteln beschrieben. Der Sender teilte sie nach ihrer Darreichungsform in Pillen, Scheiben, zusammengesetzte und eingemachte Präparate (lat. *condita*),[10] Sirupe (lat. *sirupus*) sowie Salben (lat. *unguentum*) ein.[11] Allein die obige Unterscheidung zeigt, dass in der Überlieferung Bezeichnungen gebraucht werden, die aus dem Lateinischen entlehnt sind. Sie wurden u. a. verkleinertes Leerzeichen verwendet, um die Darreichungsform mancher Arzneimittel zu bezeichnen. So tritt in den untersuchten Anweisungen das lateinische Substantiv *conditum* als Bezeichnung für zubereitete Präparate viermal auf, während die lateinische Bezeichnung für Sirup (*syropus*) und die für Salbe (*ungentum*) nur jeweils einmal erwähnt werden.

Als Beispiel sei hier eine Anweisung aus der herangezogenen Quelle angeführt:

> *It[em] das co[n]ditu[m] in der grossen buxe[n] ist ouch vromelich zcu de[m] vlosse des howptes vn[d] zcu ewer brust gelich also dye weyssen scheiben etc.*[12]

Das erwähnte *conditum*, das eine günstige Wirkung beim „Hauptfluss" (*vlosse des howptes*),[13] also vermutlich Schnupfen, und Atemwegserkrankungen

---

9   Broda: Instrukcje lekarskie (2012), 126 [wie Fn 3].
10 *allerhand eingemachte und gewürzte Sachen* – Zedler, Johann Heinrich (Hrsg.): Grosses vollständiges Universal-Lexicon aller Wissenschafften und Künste. Leipzig, Halle 1732–1754, Bd. 6, Sp. 930. Vgl. Plezia, Marian (Hrsg.): Słownik łaciny średniowiecznej w Polsce. T. 2, z. 6 (14), Wrocław u. a. 1963, Sp. 898.
11 Broda: Instrukcje lekarskie (2012), 126–127 [wie Fn 3].
12 Ebd., 135.
13 In der Quelle werden Präparate erwähnt, die gegen sog. Kopfschnupfen (*vlosse des howptes*) bestimmt waren. Es scheint, dass damals damit Schnupfen bezeichnet wurde, was der Anwendungsbereich der Heilmittel bestätigt. In einigen Fällen wirkten die Arzneimittel auch gegen Entzündungen der unteren Atemwege, indem sie beim Abhusten behilflich waren und somit eine schnellere Reinigung der unteren Atemwege erleichterten. Bei derartigen Beschwerden ist bekanntlich auch Schnupfen eine Begleiterscheinung. Darüber hinaus hat Samuel B. Linde Beispiele angeführt, aus denen ersichtlich ist, dass Schnupfen als Kopfschnupfen bezeichnet wurde. Vgl. Linde, Samuel Bogumił: Słownik języka polskiego, t. 1, cz. 2, Warszawa 1808, 978; Broda: Instrukcje lekarskie (2012), 131–132 [wie Fn 3].

(*zcu ewer brust*)¹⁴ haben sollte, befand sich mithin in einer großen, aber nicht näher bezeichneten Büchse. Zudem wird darauf verwiesen, dass das Präparat eine ähnliche Wirkung wie die weißen Scheiben hätte, die an einer vorangehenden Stelle beschrieben wurden.¹⁵

Es scheint allerdings, dass lateinische Termini vor allem zur Bezeichnung von Eigennamen einzelner Arzneimittel Verwendung finden. Als Beispiel sei hier ein Allheilmittel angeführt, das unter dem Namen *Aurea Alexandrina* bekannt ist.

> *It[em] den anderen tagh dar noch, we[n] ewer erwirdikeyth hoet genome[n] dy pillen, so süllet ir neme[n] vo[n] deme condito aws der buxen dar uff geschreben steet aüree allexandrine so gros also eyne kastanie vn[d] lossen das zcutreiben myt weisse[n] weyne vn[d] try[n]ken das warm des morghe[n]s frue vn[d] decken euch widder zcü das ir switcze[n] werdet.*

> *It[em] so sey[n] ouch pillen acuate dye sterker sey[n] vn[d] treybe[n] stuelge[n]ge, vo[n] den magh ewer erwirdikeyth ouch VII neme[n] noch mitt[er]nacht, we[n] is noet ist dar noch des andere[n] taghes aber vo[n] de[n] co[n]dito auree allexa[n]drine also voer.*¹⁶

Eine kastaniengroße Menge des in einer beschrifteten Büchse aufbewahrten *conditum* sollte, nach der Einnahme von zwei Pillen, mit Weißwein vermischt am frühen Morgen getrunken werden. Es scheint, dass ein so zubereitetes Arzneimittel den Körper von innen erwärmen sollte. Dies resultiert aus der Verordnung des Autors, nach der sich der Hochmarschall nach der Einnahme erneut zudecken sollte, um zu schwitzen.¹⁷

---

14 In der untersuchten Quelle wurden einige Heilmittel erwähnt, die eine günstige Wirkung bei Bronchial- und Lungenerkrankungen hatten. In den Anweisungen wurde u. a. eine Brustreinigung (*rumet dye bruest*) bzw. Brusterwärmung (*hitczet ewer brust*) erwähnt. Vermutlich war damit eine günstige Wirkung bei Erkrankungen der unteren Atemwege gemeint – Broda: Instrukcje lekarskie (2012), 132 [wie Fn 3].
15 Ebd., 131–132.
16 Ebd., 134–135.
17 Ebd., 128. So noch Zedler: Grosses vollständiges Universal-Lexicon (1732–1754), Bd. 8, Sp. 721 [wie Fn 10]: „Man hält dafür, daß dieses Artzney-Mittel von fürtrefflichen Kräfften seyn soll in allen Flüssen des Haupts, so von einer Kälte entstanden".

Die Herstellung dieses berühmten Arzneimittels wurde bereits in dem um 1200 entstandenen Salernitaner *Antidotarium Nicolai* beschrieben. Danach sollen die wertvollen Ingredienzien für die Zubereitung von *Aurea Alexandrina* nach sorgfältiger Wahl gerieben und entsprechend durchgesiebt werden. Gold- und Silberspäne sowie Perlenpulver sollten vermischt und mit weiteren Bestandteilen ergänzt werden, wobei die Masse mit den Händen ununterbrochen zu rühren war. Dann folgt die Beschreibung der Zubereitung eines honigbasierten Heilmittels, wobei Honig mit der zuvor zubereiteten Mixtur im Verhältnis 3:1 zu vermischen war. Um die Lagerung zu erleichtern, war dem Heilmittel noch Terpentin (ein aus dem Terpentinöl gewonnenes Arzneimittel) beizumischen und darauf Rücksicht zu nehmen, dass Gold und Silber ihres Gewichts wegen nicht nach unten gelangten, sondern in der Mixtur gleichmäßig verteilt bleiben.[18]

Aurea Alexandrina war nicht das einzige Arzneimittel aus dem *Antidotarium Nicolai* mit einem lateinischen Namen, das dem Hochmarschall verordnet wurde. Der Autor der Anweisungen empfahl auch in der Büchse gelieferte Scheiben *dyatragantum frigidum*, die bei Erkrankungen der Atemwege anzuwenden waren und gegen Schnupfen helfen sowie eine Reinigung der Bronchien und Lungen bewirken sollten und somit die richtige Atmung zurückkommen ließen.[19]

Die gleichen Eigenschaften wurden auch im medizinischen Lehrbuch *Diagragantum* von Nikolaus von Salerno erwähnt, in dem darauf verwiesen wird, dass es bei jeglichen Bronchial- und Lungenbeschwerden anzuwenden war. Hierin wird auch die Herkunft seines Namens erläutert, der von der Pflanze Tragant abgeleitet wurde, aus der das Heilmittel hergestellt wurde.[20] Zu seinen weiteren Ingredienzien gehörten: Gummi arabicum,

---

18 Goltz, Dietlinde: Mittelalterliche Pharmazie und Medizin. Dargestellt an Geschichte und Inhalt des Antidotarium Nicolai. Mit einem Nachdruck der Druckfassung von 1471. (Veröffentlichungen der Internationalen Gesellschaft für Geschichte der Pharmazie e.V., Bd. 44) Stuttgart 1976, 88–89.
19 Broda: Instrukcje lekarskie (2012), 129 [wie Fn 3].
20 Eis, Gerhard: Zu dem altmagyarischen Rezept für lungenkranke Bergleute. Sudhoffs Archiv für Geschichte der Medizin und der Naturwissenschaften 44 (1960), 154. Seit dem 12. Jahrhundert war Tragant (Astragalus gummifer Lab.) in Mittel- und Westeuropa als *Tabulae diatraganthi frigidi* verbreitet – Nowiński, Marian: Dzieje upraw i roślin leczniczych. Warszawa 1980, 238–239.

Weizenmehl, Melonen-, Gurken-, Koloquinten- und Kürbissamen sowie Kampfer.[21] Es ist an dieser Stelle anzumerken, dass im Gegensatz zu der herangezogenen Quelle dem *Diadragantum* die Arzneiform der Latwerge (*Electuarium*) zugeschrieben wurde.[22]

Ein als *manus Christi*[23] bezeichnetes Präparat war ein weiteres Präparat in den Anweisungen aus Toruń (Thorn), das einen lateinischen Namen trug. Die weißen Scheiben waren besonders bei großer Hitze anzuwenden, weil sie laut der Quelle durstlöschend wirkten sowie einem bitteren Geschmack im Munde und Schnupfen vorbeugten.[24]

---

21 Josephs, Annette: Der Kampf gegen die Unfruchtbarkeit. Zeugungstheorien und therapeutische Maßnahmen von den Anfängen bis zur Mitte des 17. Jahrhunderts. (Quellen und Studien zur Geschichte der Pharmazie, Bd. 74) Stuttgart 1998, 222.

22 Vgl. Heizmann, Wilhelm: Wörterbuch der Pflanzennamen im Altwestnordischen. (Ergänzungsbände zum Reallexikon der germanischen Altertumskunde, Bd. 7) Berlin, New York 1993, 100; Paavilainen, Helena M.: Medieval Pharmacotherapy, Continuity and Change. Case Studies from Ibn Sīnā and Some of His Late Medieval Commentators. (Studies in Ancient Medicine, Vol. 38) Leiden, Boston 2009, 561. Zu Latwergen vgl. Goltz: Mittelalterliche Pharmazie (1876), 161–170 [wie Fn 18].

23 Ein Heilmittel mit diesem Namen tritt auch in einer Quelle der Herzogin Maria auf, der Tochter von Heinrich VIII., die in den Jahren 1553–1558 Königin von England war. In der Quelle werden ihre privaten Ausgaben verzeichnet. Im April 1538 hat sie eine Büchse mit der Substanz *manus Christi* erworben. Der Herausgeber der Quelle hat die Bezeichnung ausführlich erläutert. Er verwies darauf, dass dieses Heilmittel gelutscht werden soll. Anschließend beschrieb er einige Methoden seiner Zubereitung. Hieraus ist zu entnehmen, dass dieses Mittel auf der Basis von Zucker, Rosenwasser, und Perlenpulver zubereitet wurde. In einer anderen Quelle („The Widdowes Treasure") wurde empfohlen, *manus Christi* mit Eigelb einzunehmen, um die Körperimmunität zu stärken. In der Erläuterung werden die medizinischen Fertigkeiten eines Geistlichen angeführt, ebenso taucht hier der Name des genannten Heilmittels auf, vgl. Madden, Frederic (Hrsg.): Privy purse expenses of the Princess Mary, daughter of King Henry the Eighth, afterwards Queen Mary with a memoir of the Princess, and notes. London 1831, 65, 247.

24 Broda: Instrukcje lekarskie (2012), 130 [wie Fn 3]. Das als *manus Christi* bezeichnete Heilmittel taucht auch in den 1455 entstandenen Anweisungen auf, die ein Arzt namens Michael Puff von Schrick niedergeschrieben hat, wobei in diesen Anweisungen dem Präparat andere Eigenschaften zugeschrieben wurden, vgl. Haage, Bernhard Dietrich; Wegner, Wolfgang (Hrsg.): Deutsche Fachliteratur der Artes in Mittelalter und Früher Neuzeit. Berlin 2007, 413–414.

In einer entsprechend bezeichneten Büchse wurde dem Hochmarschall auch Rosensirup (*syropus rosarum*) übersandt, der bei Fieber behilflich sein sollte.²⁵ Es ist anzunehmen, dass dieses Medikament dem aus dem *Antidotarium Nicolai* bekannten *Siropus rosaceus* entsprach. Im genannten medizinischen Lehrbuch wurde auch die Zubereitung dieses Heilmittels dargestellt. Hiernach waren frische Rosen mit kochendem Wasser zu übergießen und anschließend das Gefäß zuzudecken, um den Dampf nicht nach außen entweichen zu lassen. War das Dekokt abgekühlt, so wurde die Flüssigkeit herausgepresst und unter Zugabe von frischen Rosenblüten mehrmals erneut gekocht, bis die Flüssigkeit eine rote Farbe bekam. Vier Pfund dieser Flüssigkeit wurden vier Pfund Zucker beigemischt und die so zubereitete Mixtur erneut gekocht. Anschließend fand ein Reinigungsverfahren statt. Hierzu bediente man sich geschlagener Eiweiße, die mit ein wenig kaltem Wasser in den kochenden Sirup hineingegossen wurden. Erschien oben schwarzer Schaum, so wurde er mit einem Löffel entfernt und der Vorgang so lange wiederholt, bis der Schaum weiß wurde. Dies bedeutete, dass der Reinigungsvorgang abgeschlossen war.²⁶

Weitere lateinische Eigennamen finden wir in einer Passage der Anweisungen, die sich auf die Anwendung des Rosensirups bezieht. Wir lesen dort:

*It[em] in eyner buxe[n] dar steet uff geschreben syrop[u]s rosa[rum] ist guet in der hitcze genutczet myt dessen noch geschreben wasser endüie, rosa[rum], cicoree, borrag[is].*²⁷

Wie aus den obigen Anweisungen ersichtlich, war es vorteilhaft, Rosensirup²⁸ mit Rosenwasser sowie wahrscheinlich mit Zichorien- (lat. *cichorea*²⁹) und Borretschabkochung (lat. *borago*³⁰) zu trinken. In dem untersuchten

---

25 Broda: Instrukcje lekarskie (2012), 132 [wie Fn 3].
26 Goltz: Mittelalterliche Pharmazie (1976), 181 [wie Fn 18].
27 Broda: Instrukcje lekarskie (2012), 135 [wie Fn 3].
28 Mehr zu Arzneimittelarten vgl. Goltz: Mittelalterliche Pharmazie (1976), 179–183 [wie Fn 18].
29 Die Pflanze wurde auch in einer aus dem 15. Jahrhundert stammenden medizinischen Handschrift von Jan Wels berücksichtigt, vgl. Rostafiński, Józef (Hrsg.): Jana Welsa zapiska treści lekarskiéj, zarazem najdawniejszy przyczynek do flory Krakowa z rękopisu XV wieku. Kraków 1885, 2, 7.
30 Borretsch und nach Witold Włodzimierz Głowacki auch Zichoria tauchen auf in einer Rezeptur für ein Heilmittel gegen Kopfschmerzen, die von dem

Rezept deutet die lateinische Terminologie auf die Zusammensetzung des Heilmittels hin. So wurde in den dem Hochmarschall übersandten Anweisungen auf eine mit einer entsprechenden Aufschrift versehene Büchse mit kampferölhaltiger Salbe (*vngentum cum kamphore*) verwiesen. Nach den Angaben zur Anwendung war die Salbe lokal im Bereich von Ohren und Nase aufzutragen, was dem Kranken auf eine nicht näher bestimmte Art und Weise einen leichteren Schlaf verschaffen sollte. Sicherlich wirkte die Salbe erwärmend und erleichterte die Atmung bei Schnupfen.[31] Anzumerken ist an dieser Stelle, dass Salben im Mittelalter zu den gebräuchlichen Heilmitteln zählten. Wie aus den erhaltenen Rezepten ersichtlich, bildete eine Mischung von Fett, Öl und Wachs jeweils ihre Basis, auch wenn sich die einzelnen Zusammensetzungen deutlich voneinander unterschieden. Im Unterschied zu anderen Medikamenten waren sie direkt auf der Haut anzuwenden.[32]

Eine lateinische Herkunft ist auch bei der Bezeichnung für verschiedene Pillen – *agregatien* – zu vermuten, wahrscheinlich abgeleitet von dem lateinischen Wort *aggregatio*.[33] In diesem Fall würden sich die Bestimmungen des untersuchten Rezeptes auf eine Sammlung von unterschiedlichen Pillen beziehen.[34]

Die Pillen mit abführender Wirkung wurden hingegen als *pillen acuate*[35] bezeichnet. Hierbei ist allerdings die lateinische Herkunft des Attributs nicht leicht nachzuweisen. Es dürfte von dem lateinischen Wort *acutus* abgeleitet worden sein, das unter anderem akut und scharf bedeutet.[36]

Krakauer Bischof Jan von Radlica stammte. Mehr dazu vgl. Sroka, Stanisław (Hrsg.): Dokumenty polskie z archiwów dawnego Królestwa Węgier, t. 1, Kraków 1998, Nr. 23; Głowacki, Witold Włodzimierz: Recepta lekarska Jana Radlicy z lat jego episkopatu w Krakowie (1382–1392). Archiwum Historii i Filozofii Medycyny 57 (1994), 480–494; Sroka, Stanisław: Jan Radlica jako lekarz. Archiwum Historii i Filozofii Medycyny 57 (1994), 469–477; Broda: Instrukcje lekarskie (2012), 133 [wie Fn 3].

31 Broda: Instrukcje lekarskie (2012), 133 [wie Fn 3].
32 Ausführlichere Informationen über die Salbe vgl. Goltz: Mittelalterliche Pharmazie (1976), 188–193 [wie Fn 18].
33 Sondel, Janusz: Słownik łacińsko-polski dla prawników i historyków. Kraków 2009, 43.
34 Broda: Instrukcje lekarskie (2012), 128 [wie Fn 3].
35 Ebd., 128.
36 Sondel: Słownik (2009), 21 [wie Fn 33].

Der Autor der Anweisungen benutzte verhältnismäßig konsequent lateinische Termini als Aufschriften für die Büchsen, in denen die Heilmittel geliefert wurden. Außer den oben angeführten Namen von Arzneimitteln, zu denen *auree allexandrine, syropus rosarum, vngentum cum kamphore* gehörten, versah er eine Büchse mit einem besonderen Namen, und zwar *conditum pro domino marschalko,* was bedeutete, dass das darin enthaltene Heilmittel für den Herrn Marschall zubereitet wurde. Nach den mitgelieferten Anweisungen war es gegen alle möglichen Beschwerden des Hochmarschalls gut, also auch bei Kopf- und Brustschmerzen usw. anzuwenden.[37]

Bei der Untersuchung der lateinischen Terminologie in den medizinischen Texten, die im Deutschordensstaat entstanden sind, darf auch eine andere Sammlung von Anweisungen zu den gelieferten Arzneimitteln nicht vergessen werden, die im Geheimen Staatsarchiv Preußischer Kulturbesitz in Berlin aufbewahrt wird. Diese in einem nicht typischen, fehlerhaften und daher schwer verständlichen Deutsch abgefasste Quelle ist mit keinem Datum versehen, so dass ihr Entstehungsdatum ausschließlich aufgrund der Eigenschaften der Schriftzüge eingeschätzt werden kann. Hiernach dürfte sie in den 30er bzw. 40er Jahren des 15. Jahrhunderts entstanden sein. Ihr Ausfertigungsort ist ebenso unbekannt. Die Anweisungen sind mit keiner Einleitungsformel versehen, so dass es wahrscheinlich erscheint, dass sie einen Teil eines umfangreicheren Schriftstücks darstellen. Es fehlen jegliche Angaben zum Autor und zum Empfänger der Anweisungen. Aus der Tatsache, dass die Anweisungen sehr detailliert sind, kann allerdings geschlussfolgert werden, dass ihr Autor über große medizinische Erfahrungen verfügt haben muss, also wahrscheinlich ein Arzt, Wundarzt oder Apotheker war.[38]

Die Quelle enthält detaillierte Angaben zu den angewendeten Heilmitteln (Salben, Pillen, Kräuteraufgüsse) sowie zu deren Darreichungs- und Einnahmeformen. Darüber hinaus wird die Durchführung der Phlebotomie beschrieben, die sowohl zur Vorbeugung und Therapie als auch als Diagnosemaßnahme angewandt wurde. Aus der Quelle geht zwar nicht eindeutig hervor, dass die Anweisungen für die Behandlung einer konkreten

---

37 Broda: Instrukcje lekarskie (2012), 132 [wie Fn 3].
38 Broda: Wskazówki o rodzaju (2013), 257 [wie Fn 4].

Krankheit bestimmt waren oder als Anwendung etwa zur Darmreinigung, die der Körperstärkung diente, dies scheint aber durchaus wahrscheinlich.[39] In den Anweisungen tritt lediglich ein einziger Terminus aus dem Lateinischen im Zusammenhang mit der Darstellung des Aderlasses auf:

> It[em] noch dysse[n] wen dys genome[n] ys am dritte[n] taghe sal me[n] losse[n] ene oder an der lynke hant uf dem klene[n] vyng[er] bey der lüng[en] oder dy ys genumet saluatella vn[d] behalde[n] denne das blutwasser ene stunde odd[ir] V vn[d] gissens denne abe vn[d] sehen wy ys gestalt sey.[40]

In der Quelle wird darauf verwiesen, dass der Durchführung der Phlebotomie eine zweitägige Vorbereitungsphase voranging, in der das an einer anderen Stelle beschriebene Arzneimittel zu festgelegten Tageszeiten[41] in großer Menge (jeweils zu fünf oder sogar noch mehr Dosen) einzunehmen war. Es handelt sich hier um ein nicht näher bestimmtes Medikament, von dem vier Teile, nach deren Zermahlen bzw. Zerkleinern und Vermischen, nüchtern mit Weißwein einzunehmen waren.[42]

Nach einer zweitägigen Vorbereitungsphase war genau am dritten Tag ein Aderlass vorzunehmen, der genau beschrieben wurde.[43] Laut den Anweisungen war auf Lungenhöhe eine Ader am linken Arm zu öffnen, die unter dem Namen *salvatella* bekannt ist.[44] Dann sollte das Lassblut eine bis fünf Stunden stehen gelassen werden, bevor es einer genauen Inspektion (Blutschau) unterzogen wurde (*sehen wy ys gestalt sey*).[45] Hieran ist zu

---

39 Ebd., 263.
40 Ebd., 265.
41 In der Quelle wird der Begriff *vasten* verwendet, der auch Fastenzeit bedeuten kann.
42 Broda: Wskazówki o rodzaju (2013), 258–259 [wie Fn 4].
43 Vgl. zum Aderlass Siraisi, Nancy G.: Medieval & Early Renaissance Medicine. An Introduction to Knowledge and Practice. Chicago, London 1990, 137–141; Burchardt, Jerzy: Higiena wedle Tomasza z Wrocławia. (Studia Copernicana, 36) Warszawa 1997, 29–54.
44 Rzepiela, Michał; Weyssenhoff-Brożkowa, Krystyna (Hrsg.): Słownik łaciny średniowiecznej w Polsce. T. 8, z. 5 (67), Kraków 2007, Sp. 663. Heute bekannt als *Vena salvatella*.
45 Bei der Blutinspektion wurden Farbe, Gestalt, Geschmack, Geruch und Temperatur ausgewertet. Es ist anzumerken, dass bereits im Mittelalter außer Blut auch Herzschlag, Urin und Stuhl zu diagnostischen Zwecken herangezogen wurden, siehe Haage, Bernhard Dietrich: Humanmedizin. In: Haage; Wegner

erkennen, dass der Aderlass im Mittelalter auch zu diagnostischen Zwecken benutzt wurde.[46]

Die Tatsache, dass der Autor die lateinische anatomische Bezeichnung *salvatella* verwendete, mit der die Ader des kleinen Fingers gemeint war, die auch als Lebensrettungsader bekannt ist, kann als ein Indiz ausgelegt werden, dass diese Bezeichnung im Preußen des 15. Jahrhunderts bekannt gewesen sein muss.

Das von Heinrich von Pfalzpaint, einem Chirurgen und Deutschordensbruder, abgefasste Werk „Wundärznei" ist das umfangreichste medizinische Werk, das im Deutschordensstaat entstanden ist. Der Autor war bei der Belagerung von Marienburg in den Jahren 1454–1457 besonders aktiv. In seinem Werk stellte er die Zubereitung von Wundheilmitteln dar. Darüber hinaus veranschaulichte er, wie und unter Anwendung welcher medizinischer Instrumente chirurgische Eingriffe durchgeführt werden sollten.[47]

In seinem Werk treten trotz dessen Umfangs lediglich einige wenige lateinische Bezeichnungen auf, darunter leicht verunstaltete Namen einzelner Arzneimittel. Pfalzpaint schreibt etwa über eine weiße Salbe *album ungentum*[48] oder ein Konfekt namens *electuarium imperatores*, welches Pestkranke in Weißwein oder Essigwein einnehmen sollten.[49] Es überwiegen lateinische Bezeichnungen für verschiedene Kräuter. So erwähnte Pfalzpaint zum Beispiel in Bezug auf die Zubereitung eines Kühlpflasters *fenümgrecüm* (lat. *Trigonella foenum-graecum*), also eine seit der Antike bekannte Pflanze, die in deutscher Sprache als Bockshornklee

---

(Hrsg.): Deutsche Fachliteratur (2007), 230–231 [wie Fn 24]. Ausführlicher zur Blutinspektion vgl. auch: Burchardt: Higiena (1997), 51–54 [wie Fn 43].
46 Broda: Wskazówki o rodzaju (2013), 259–260 [wie Fn 4].
47 Zu Heinrich von Pfalzpaint und seinem Werk vgl. Richter, Claudia: Pflanzen in der Wundchirurgie des Deutschordensritters Heinrich von Pfalzpaint. In: Wenta, Jarosław; Hartmann, Sieglinde; Vollmann-Profe, Gisela (Hrsg.): Mittelalterliche Kultur und Literatur im Deutschordensstaat in Preußen. Leben und Nachleben. (Sacra Bella Septentrionalia, 1) Toruń (Thorn) 2008, 245–255; Schnell, Bernhard: Heinrich von Pfalzpaint: Ein Ahnherr der Plastischen Chirurgie auf der Marienburg. Ebd., 231–244.
48 Haeser; Middeldorpf (Hrsg.): Buch (1868), 176 [wie Fn 5].
49 Ebd., 162.

bekannt ist.⁵⁰ Der Chirurg verwendete auch eine lateinische Bezeichnung für Maiglöckchen, die im Werk als *lilium conuallium* erscheinen und für die heutzutage der lateinische Name *Convallaria majalis* gebräuchlich ist.⁵¹ In seinem Werk tritt auch *marrubium* (lat. *Marrubium vulgare*) auf, also der seit dem Mittelalter bekannte Gewöhnliche Andorn.⁵²

Überdies werden im Werk auch lateinische Namen von Mineralien angeführt. Hierzu gehören zum Beispiel seit der Antike bekannte arsenhaltige Mineralien: *Realgar* (As_4S_4), der im Werk als *arsenicum* erscheint, und *Auripigment* (As_2S_3).⁵³ Heinrich von Pfalzpaint verwendete lateinische Bezeichnungen auch für weitere Heilmittel wie zum Beispiel *popolium* als die Bezeichnungen für Pappelsalbe (lat. unguentum populeum)⁵⁴ oder ein Pulver namens *citrinum*.⁵⁵ Schließlich finden sich aus dem Lateinischen ins Deutsche entlehnte Bezeichnungen, wie etwa *opium*.⁵⁶

Wie aus den angeführten Quellen ersichtlich, wurden lateinische Bezeichnungen in den aus dem 15. Jahrhundert stammenden Texten aus dem Deutschordensstaat verhältnismäßig selten verwendet. Die deutschsprachigen Texte waren also keinesfalls mit lateinischen Ausdrücken gespickt, es traten darin lediglich einige wenige Bezeichnungen auf. Diese wurden in erster Linie als Eigennamen für Heilmittel, Kräuter und Mineralien verwendet, die im Mittelalter aus medizinischen Büchern und aus Kräuterbüchern bekannt waren.

---

50 Ebd., 22. Pfalzpaint erwähnte Bockshornklee auch in: ebd., 18, 43, 45, 76, 77, 83, 89, 95, 117, 118, 128. Zum Bockshornklee vgl. Nowiński: Dzieje upraw (1980), 99–100 [wie Fn 20].
51 Haeser; Middeldorpf (Hrsg.): Buch (1868), 25, 36, 112, 123, 128, 147 [wie Fn 5]. Zum Maiglöckchen vgl. Antkowiak, Lidia: Rośliny lecznicze. Poznań 1998, 138–139.
52 Haeser; Middeldorpf (Hrsg.): Buch (1868), 98, 144 [wie Fn 5]. Zum Gewöhnlichen Andorn vgl. Nowiński: Dzieje upraw (1980), 146 [wie Fn 20].
53 Haeser; Middeldorpf (Hrsg.): Buch (1868), 41, 45, 46, 139, 140 [wie Fn 5]. Zu arsenhaltigen Mineralien vgl. Wasilewski, Michał: Minerał jako lek. Między starożytnością a współczesnością. Warszawa 2008, 29–33.
54 Haeser; Middeldorpf (Hrsg.): Buch (1868), 9, 68, 74, 112, 124 [wie Fn 5].
55 Ebd., 45.
56 Ebd., 21.

Es scheint, dass man sich vor allem dann lateinischer Bezeichnungen bediente, wenn es im Frühneuhochdeutschen keine Bezeichnungen für die verordneten Heilmittel gab. Im Frühneuhochdeutschen waren Bezeichnungen für Pflanzen und Mineralien, deren Wirkstoffe für die Zubereitung von Heilmitteln Verwendung fanden, reichlich vertreten. Ein Paradebeispiel hierfür stellt das zitierte Werk Heinrichs von Pfalzpaint dar, in dem die genannten frühneuhochdeutschen Bezeichnungen sehr häufig, die lateinischen hingegen äußerst selten auftreten.

Franz A. Sich

Schutzmaßnahmen gegen die Pest von der Frühen Neuzeit bis heute dargestellt in der Sprache von Bildern

Ilustracje metod ochrony przed epidemiami zarazy w Niemczech

Zusammenfassung

Die Pest ist wahrscheinlich so alt wie die Menschheit. Erste Berichte über Seuchen liegen bereits aus der vorchristlichen Zeit vor, die jedoch keine klinischen Symptome beschreiben. In den Jahren 1347–1352 wütete eine Pestepidemie, die sich vom Nahen Osten auf ganz Europa verbreitete und 40 Millionen Opfer forderte. Eine wichtige Rolle spielten Maßnahmen zum Schutz vor der Verbreitung der Krankheit. Die Kirchen sahen in den Seuchen eine Art Strafe Gottes und empfahlen die Anrufung von Pestheiligen. Bei Krankenbesuchen benutzten Priester Pestziborien.

Streszczenie

Zaraza towarzyszy ludzkości najprawdopodobniej od zawsze. Pierwsze relacje pochodzą z okresu przed naszą erą, jednak nie zawierają one opisów symptomów klinicznych. W latach 1347–1352 szalała w Europie epidemia zarazy, która począwszy od Bliskiego Wschodu ogarnęła cały kontynent i pochłonęła 40 milionów ofiar. Nie było możliwości pomocy medycznej dla chorych, dlatego ważną rolę odgrywały metody zapobiegania rozprzestrzenianiu się epidemii. Kościoły widziały w epidemiach rodzaj kary boskiej i polecały modlitwę do świętych od zarazy. Podczas wizyt u zarażonych kapłani używali cyboria.

Die Pest ist wahrscheinlich so alt wie die Menschheit. Der Beitrag zeigt, wie in einer Zeit, in der Menschen keinen naturwissenschaftlichen Zugang zu der Seuche hatten, sich das Phänomen erklärten und welche Maßnahmen sie zur Vermeidung der Pest ergriffen. Diese Erklärungen sind stark geprägt von religiösen Deutungen.[1] Bei den Menschen bestand der nachvollziehbare Wunsch, das Unfassbare zu erklären und Maßnahmen zum Schutze des menschlichen Lebens daraus abzuleiten. Diese Maßnahmen wurden zu allen Zeiten in zahlreichen bildhaften Dokumenten festgehalten.

Abb. 1: Epitaph mit Pestvotivbild des Kanonikers Mornauer. Abb. Thoma, Hans Leinberger (1979) [Fn 3]

---

1 Dross, Fritz; Ruisinger, Marion Maria: Pest, Lepra, und ihre Patrone. Marion Maria Ruisinger (Hg.): Heilige und Heilkunst, (Ausstellung im Deutschen Medizinhistorischen Museum Ingolstadt 10. Dezember 2009 bis 05. April 2010) Ingolstadt 2009, 23–37.

Im Mittelalter und der Frühen Neuzeit sah der Klerus in der Pest eine Strafe Gottes und empfahl die Anrufung von Pestheiligen und der Mutter Gottes, die Beichte und den Empfang der Hl. Kommunion. Die Abbildung zeigt ein Epitaph mit dem Pestvotivbild des Kanonikers Alexander Mornauer[2] aus Moosburg. Es ist in einem Pfeiler des nördlichen Seitenschiffes im St. Kastulus Münster in Moosburg an der Isar zu finden. Das Pestvotivbild zeigt Gott Vater auf einem Thron über den Wolken, der Pestpfeile auf die sündige Menschheit schleudert. Die Christenheit flüchtet sich unter den Schutzmantel der Gottesmutter Maria (rechts im Bild). Gegenüber mit schützender Hand kniet ihr Sohn Jesus. Das Relief in Sandstein schuf 1515 der Landshuter Bildhauer Hans Leinberger.[3] Darunter befindet sich folgende Inschrift in lateinischer Sprache:

> Ad tuum supplex gremium recurro /
> o dei mater Maria atque virgo /
> fac tuus quaeso pius et benignus /
> sit mihi natus

> Zu deinem Schoß nehme ich flehend Zuflucht /
> O Gottes Mutter und Jungfrau Maria /
> ich bitte dich, hilf, dass dein Sohn mir /
> barmherzig und gnädig sei

In der Vorrede des Mirakelbuches von Tuntenhausen aus dem Jahre 1646 sieht der Probst von Tuntenhausen einen Zusammenhang zwischen dem Vertrauen zur Mutter Gottes und dem Schutz vor Erkrankung. Die Patres des Konvents, die sich alleine diesem Schutz anvertrauen, überlebten die Seuche:[4]

Obwolen die mit der schröcklichen Pest, welche 1634 fast allenthalben grassiert, verhaffte Personen hauffenweiß aus den umbliegenden Orten zugeloffen ihrer Seelen und Leibs hail zu Tundenhausen, durch die heilige Beicht und Communion gesucht, aber aus verhengknuß (Verhängnis) Gottes offt auß den Baichtsstühlen

---

2 Spitzlberger, Georg: Mornauer, Alexander, in: Neue Deutsche Biographie 18 (1997), 153 [Onlinefassung]; URL: http://www.deutsche-biographie.de/pnd137569890.htm.

3 Thoma, Hans: Hans Leinberger – seine Stadt – seine Zeit – sein Werk. Regensburg 1979, 146–147.

4 Scheichenstuel, Christian: „Denckwürdige Miracula und Wunderzaichen". Mirakelbuch Unserer Lieben Frau von Tuntenhausen 1646 (geschrieben unter Christian Scheuchenstuel), hg. v. Josef Vogt, Weißenhorn 2002, 8.

und Kirchen dahin gefallen und gestorben, doch keinem ainigen Conuentual und Beichtvatter jemalen ein laid widerfahren, auß unwidersprechlicher beschützung der Mutter Gottes Maria.

Krankenbesuche von Priestern, sog. „Versehgänge", waren normalerweise kleine, feierliche Prozessionen. Zur Pestzeit war das nicht möglich. Zum Schutz ihres eigenen Lebens wollten die Priester den direkten Kontakt mit den Erkrankten vermeiden. Dabei halfen ihnen die sog. Pestziborien. Alles, was der Priester für seine Tätigkeit benötigte, musste sauber, geschützt, verkapselt und sicher transportabel sein.

Bei Abbauarbeiten in der Sakristei der Evangelischen Citykirche in Schweinfurt im Jahre 2009 entdeckte der Pfarrer der Gemeinde ein Pestziborium.[5] Es ist ein schalenförmiges Gefäß aus dem Jahre 1348 mit einem Deckel und Stiel zum Aufbewahren geweihter Hostien. In dieser Zeit wütete in Schweinfurt die Pest. Um zum Kranken genügend Abstand zu halten, sich nicht anzustecken und dem Kranken die Hostie reichen zu können, wurde das Ziborium an einem langen Stock befestigt und dem Kranken gereicht.

Abb. 2: Pestziborium Schweinfurt, [Fn 5]

---

5 Evangelische Citykirche Schweinfurt. Evangelisches Kirchenblatt „evangelisch. de": Bericht des Pfarrers Heiko Kuschel vom 10.3.2010.

Abb. 3: Pestziborium in der Katholischen Kirche St. Peter in München. Kath. Stadtpfarramt St. Peter, Pfarrarchiv

Das gemeinsame Trinken aus dem Abendmahlskelch wurde damals von den evangelischen Christen ebenfalls unterlassen. Im Archiv der katholischen Kirche St. Peter in München befindet sich ein Versehgefäß aus Zinn aus dem Jahre 1685.[6] Es ist 33,8 cm groß, hat die Form eines Ziboriums und einen Deckel mit Drehverschluss. Auf dem Deckel befindet sich ein kleines Ölgefäß und in der Cupa ein weiteres kleines Gefäß mit einem Deckel mit Hakenverschluss. Auf dem Fuß des Gefäßes und auf dem Deckel befindet sich eine Gravur: *Tempore contagionis Parochialis Ecclesiae S. Petri Monachy. 1685.*

---

6 Münchner Kirchenanzeiger Nr. 43 vom 22.–28. Oktober 2000.

Das Gefäß wurde demnach 1685 zusammen mit einem zweiten Ziborium zur Versorgung der Pestkranken angeschafft, als mehrere Priester der Peterskirche und der benachbarten Klosterkirchen für die Krankenprovisur eingesetzt wurden.[7] Der Deckel des Gefäßes konnte samt dem Ölgefäßzylinder abgenommen werden. Im Kelch befanden sich geweihte Hostien. Im oben aufgesetzten abnehmbaren Zylinder befand sich das Salb- bzw. Krankenöl.[8]

Durch die Pest wurden ganze Ortschaften ausgerottet. Aus Dankbarkeit vor Verschonung oder zum Ende der Pest haben Überlebende Pestkreuze und Pestsäulen errichtet. Aus dem 17. Jahrhundert stammt ein Pestkreuz in Leiberg (Gemeinde Bad Wünneberg, Kreis Paderborn) auf dem dortigen Friedhof, das 400 Pesttoter des Jahres 1635 gedenkt. In Pfraundorf (Gemeinde Raubling, Landkreis Rosenheim) steht noch eine Pestsäule, die an die Epidemie der Jahre 1633–35 erinnert, die nur 7 Menschen des Ortes überlebt haben sollen.

Abb. 4: *Pestkreuz auf dem Pestfriedhof bei Leiberg. Archiv der Stadt Bad Wünnenberg*

---

7 Ebd.
8 Katholisches Pfarrarchiv St. Peter, Rindermarkt 1, 80381 München. Bericht des Pfarrarchivars Johannes Haidn vom 04.07.2012.

Abb. 5: Pestsäule aus Granit in der Seestraße in Pfraundorf. Fot. F. A. Sich

Im Jahre 1633 gelobten die Bürger der Gemeinde Oberammergau in Bayern, regelmäßig ein Passionsspiel aufzuführen, wenn sie von der Pest verschont blieben. Tatsächlich blieben sie verschont und erfüllten ihr Gelübde. Die erste Aufführung fand 1634 statt und wird seither von Laiendarstellern der Gemeinde alle 10 Jahre aufgeführt.

Abb. 6: Holzstich nach Original-Zeichnung von C. E. Doepler, Passionsspiel 1860. Gemeindearchiv Oberammergau

Aus dem Mittelalter stammt folgende Legende: Niemand traute sich die Häuser der Verstorbenen zu betreten. Eine Diebesbande von vier Halunken drang in die Häuser ein und stahl die Habseligkeiten der Toten. Die Diebe versteckten sich in einem Schuppen. Im Schuppen stand ein Bottich mit Essig, in dem bündelweise Kräuter schwammen. Von diesem Essig tranken sie jeden Tag und erkrankten nicht. Man nahm an, dass die Vier sich durch das Getränk immunisiert und damit vor dem sicheren Tod bewahrt hatten. Als sie gefangen wurden, drohte ihnen das Todesurteil. Das Hohe Gericht sagte ihnen jedoch zu, sie zu begnadigen, wenn sie das Rezept verrieten. Das Rezept überdauerte Jahrhunderte. Der Apotheker der St. Alto-Birgitten-Apotheke in Altomünster hütet die Rezeptur der Mixtur und vermarktet sie unter dem Namen „Essig der 4 Diebe" heute noch gegen verschiedene Beschwerden.[9]

---

9 Schultes, Peter (Alto-Birgitten-Apotheke, Altomünster), Schreiben vom 1. März 2013.

Abb. 7: Etikett zum Essig der 4 Diebe. ApoManum GmbH Altomünster

Der Schweizer Tropenarzt Alexandre John Emile Yersin (1863–1943) entdeckte 1894 den Pesterreger, das stäbchenförmige Bakterium, das durch Flohstiche von Mensch zu Mensch übertragen wird. In den Jahren 1997 und 1998 wurden bei Ausgrabungen an einem frühmittelalterlichen Gräberfeld am Aschheimer Bajuwarenring im Landkreis München 444 Gräber entdeckt. Im Grab 120 befanden sich zwei Frauenskelette und das Skelett eines Kindes. Wissenschaftler aus Arizona, Mainz und der Ludwig-Maximilians-Universität München haben die Überreste untersucht und nachgewiesen, dass sich bei einem der Skelette aus dem Grabe 120 die DNA-Reste des Y-Pesterregers befinden und dass es sich um denselben

Erreger handelt wie bei der Pestepidemie im 6. Jahrhundert.[10] Wahrscheinlich stammt das Bakterium aus Asien.

Mit der Entdeckung des Pesterregers Ende des 19. Jahrhunderts wurden die religiös und abergläubisch geprägten Verhaltensweisen im Umgang mit der Pest durch medizinisch fundierte Maßnahmen abgelöst.

---

10 Wagner, David M; Klunk, Jennifer; Harbeck, Michaela; Devault, Alison; Waglechner, Nicholas; Sahl, Jason W; Enk, Jacob; u. a.: Yersinia pestis and the Plague of Justinian 541–543 AD: a genomic analysis. The Lancet Infectious Diseases 14 (2014), 319–26 <http://dx.doi.org/10.1016/S1473-3099(13)70323-2>.

Julian Heigel

Zur therapeutischen Wirkung von Musik im musiktheoretischen Diskurs des 17. und beginnenden 18. Jahrhunderts

Muzyczno-teoretyczna nauka o afektach w dyskursach medycznych

Zusammenfassung

Mein Beitrag beschäftigt sich aus einer musikhistorischen Perspektive mit der Sprache der Medizin. Im 17. und 18. Jahrhundert wird unter dem Begriff des Affekts eine Repräsentationsform von Emotionen verhandelt, die einerseits religiös-ethische Einschreibungen erfährt und die andererseits eng verbunden ist mit dem Gesundheits- und Krankheitsdiskurs. Die richtige ‚Mixtur' der Affekte wird ähnlich wie die Balance der vier Körpersäfte als entscheidend für die physische und psychische Gesundheit eines Menschen angesehen und in diesem Sinne lassen sich die Affektlehren von Descartes oder Spinoza als Vorläufer der modernen Psychophysiologie beschreiben. Historische Konzepte der Affektregulierung – moraltheologisch oder medizinisch motiviert – bedienen sich in der Regel der Idee der mechanistischen Opponierung von unterschiedlichen Affekten. ‚Negative' Affekte werden also gedämpft oder zurückgedrängt, indem ihnen bestimmte ‚positive Affekte' entgegengesetzt werden. Als affektsteuerndes Mittel gilt neben zahlreichen anderen auch die Musik, der eine besonders hohe affektive Wirkkraft zugeschrieben wird. Die musiktheoretischen Affektlehren von Athanasius Kircher, Johann Mattheson oder Friedrich Wilhelm Marpurg schließen die musikalische Affektion ebenfalls an körperlich-sinnliche Vorgänge an. So charakterisiert Mattheson beispielsweise weite Intervalle als ein Ausweiten der Lebensgeister und enge Intervalle als ein krankhaftes Zusammenziehen des Körpers. Die therapeutische Funktion von Musik als Beruhigungs- oder Regenerationsmittel und auch ihr Gegenteil, nämlich die affektmäßige Destruktion, sind also nicht nur Gegenstand der Moraltheologie, sondern werden auch im anthropologisch-medizinischen

Diskurs verhandelt. In diesem Sinne ist das Sprechen über den musikalisch erzeugten Affekt eine Form der Versprachlichung von Krankheit und Therapie, die ich in meinem Beitrag eingehender aufbereiten möchte.

Streszczenie

Mój referat dotyczy języka medycyny z perspektywy muzyczno-historycznej. W XVII i XVIII wieku pod pojęciem afektu rozprawiano o formie reprezentującej emocje, która to z jednej strony pojawia się we wpisach religijno-etycznych, a z drugiej strony jest blisko związana z dyskursem zdrowotno-chorobowym. Odpowiednia „mieszanka" afektów była postrzegana podobnie jak balans czterech soków fizjologicznych i decydująca o fizycznym i psychicznym zdrowiu człowieka i w tym znaczeniu, w nowoczesnej psychofizjologii, nauki o afektach Kartezjusza lub Spinozy da się określić jako prekursorskie.

Historyczne koncepcje regulacji afektów – motywowane czy to moralnoteologicznie czy medycznie- wykorzystują z reguły ideę mechanistycznego oponowania różnym afektom. „Negatywne" afekty są przytłumiane lub spychane poprzez przeciwstawianie im pewnych „pozytywnych afektów". Do środków sterujących afektami należy między wieloma innymi też muzyka, której przypisuje się szczególnie wysoką siłę afektywnego działania. Nauki teoretyczne o muzyce Athanasiusa Kirchera, Johanna Matthesona zaliczają muzykalny afekt również do procesów fizyczno-duchowych. Tak więc Mattheson charakteryzuje na przykład długie interwały jako rozszerzanie ducha życia a krótkie interwały jako chorobliwe kurczenie się ciała. Terapeutyczna funkcja muzyki, jako środka uspokajającego lub regeneracyjnego, lub też ich przeciwieństwo, mianowicie afektywna destrukcja, są więc nie tylko przedmiotem teologii moralnej, ale też są wymieniane w dyskursie antropologiczno-medycznym. W związku z tym muzycznie wytworzone afekty są jedną z form werbalizacji choroby i terapii, które chcę w moim referacie bliżej omówić.

Dieser Beitrag nähert sich der Versprachlichung von Krankheit und Therapie aus einer musikwissenschaftlichen Perspektive. In der Frühen Neuzeit berichten zahlreiche medizinische Schriften davon, dass Musik als Medizin zur Heilung von Gemütskrankheiten eingesetzt wird, allerdings stellen sie – soweit ich sehe – keine Theorie für die heilenden Kräfte der Musik bereit. Dies wird erst im 17. Jahrhundert geleistet, wobei die entscheidenden Impulse zunächst nicht von der Medizin, sondern von der Musiktheorie ausgehen. Die Musiktheoretiker geben indes keine praxisnahen Anleitungen zum Gebrauch der Musik als Arzneimittel, sondern sie erörtern die heilenden Kräfte der musikalischen Gesetze aus einer musiktheoretischen Perspektive. Im Folgenden sollen die historischen Konzepte der therapeutischen Wirkung von Musik im 17. und beginnenden 18. Jahrhundert skizziert werden, die nicht nur über die historischen Vorstellungen von der Wirkung der Musik auf den Körper Aufschluss geben, sondern auch über die historischen Auffassungen von Krankheit und Gesundheit. Im Zentrum dieses Aufsatzes steht die einflussreiche Lehre des Universalgelehrten und Jesuiten Athanasius Kircher (1602–1680), der den Diskurs über den Nexus von Musik und Medizin nachhaltig formt. Außerdem werden Texte der Musiktheoretiker Agostino Steffani (1654–1728), Andreas Werckmeister (1645–1706) und Johann Mattheson (1681–1764), die alle zugleich auch als Komponisten tätig sind, einbezogen.

Athanasius Kircher beschäftigt sich mehrfach mit der heilenden Wirkung von Musik:[1] zum einem in seinem musiktheoretischen Hauptwerk, der zweibändigen *Musurgia Universalis* aus dem Jahr 1650,[2] außerdem im dritten Buch seiner im Jahr 1641 erscheinenden Schrift *Magnes sive*

---

1 Zu Kirchers Theorie siehe: Ulf Scharlau: Athanasius Kircher (1601–1680) als Musikschriftsteller. Ein Beitrag zur Musikanschauung des Barock. Kassel 1969; Rolf Dammann: Der Musikbegriff im deutschen Barock. Köln 1967; Wilhelm Katner: Musik und Medizin im Zeitalter des Barock. Wissenschaftliche Zeitschrift der Karl-Marx-Universität Leipzig. Mathematisch-naturwissenschaftliche Reihe 2 (1952/53), 477–508; Werner Kümmel: Musik und Medizin. Ihre Wechselbeziehung in Theorie und Praxis von 800 bis 1800 (Freiburger Beiträge zur Wissenschafts- und Universitätsgeschichte 2). Freiburg/München 1977.
2 Athanasius Kircher: Musurgia Universalis Sive Ars Magna Consoni Et Dissoni In X. Libros Digesta […]. [2 Bände.] Rom 1650. Die deutsche Übersetzung der beiden Bände erscheint im Jahr 1662: Athanasius Kircher: Artis Magnae de Consono & Dißono Ars Minors, Das ist/ Philosophischer Extract und Auszug/ aus […] Musurgia Universalis […]. Ausgezogen und verfertiget/ auch mit einem nötigen Indice gezieret/ von Andrea Hirschen […]. Schw[äbisch] Hall 1662.

*De Arte Magnetica*³ sowie am ausführlichsten in seiner 1673 erscheinenden Schrift *Phonurgia Nova*.⁴ Grundlage seiner Theorie ist die antike Humoralpathologie oder Vier-Säfte-Lehre, die im medizinischen Diskurs des 17. Jahrhunderts omnipräsent ist. Diese geht von vier Körperflüssigkeiten aus, nämlich der gelben Galle, der schwarzen Galle, dem Schleim und dem Blut, die mit den vier Temperamenten verbunden werden, nämlich dem cholerischen, phlegmatischen, melancholischen und dem sanguinischen Temperament. Gemäß der Humoralpathologie neigt grundsätzlich jeder Mensch zu einem der vier Temperamente und je nach Veranlagung benötigt er eine bestimmte Mixtur der vier Säfte, die als entscheidend für seine physische und psychische Gesundheit angesehen wird. Ist der Mensch krank, dann ist sein spezifischer Affekthaushalt in Unordnung. Er wird geheilt, indem die Körpersäfte wieder ins Gleichgewicht gebracht werden.

Die regulierende Kraft der Musik illustriert Kircher unter anderem anhand der Heilung des Königs Sauls durch das Saitenspiel Davids oder anhand des topischen Tarantelstichs, dessen Gift durch Musik ausgeschwitzt werde. Dem naturwissenschaftlich ambitionierten Kircher gilt Musik allerdings nicht (ausschließlich) als ein magisches Wundermittel, sondern er versucht die musiktherapeutischen Erfolge rational zu begründen. Daher beschränkt er die heilende Wirkung von Musik auf Krankheiten, die die gelbe und schwarze Galle betreffen – ein abgestorbener Körperteil kann durch Musik also nicht wiederhergestellt werden.⁵

Kirchers Theorie der musikalischen Wirkung gründet sich im Wesentlichen auf dem von ihm beobachteten physikalischen Phänomen der

---

3 Athanasius Kircher: Magnes sive De Arte Magnetica Opus Tripartium. Quo Praeterquam Quod Universa Magnetis Natura, eiusque in omnibus Artibus & Scientiis usus nova methodo explicetur […]. Rom 1641.

4 Athanasius Kircher: Phonurgia Nova Sive Conjugium Mechanico-physicum Artis & Naturae Paranympha Phonosophia Concinnatum […]. Campidonae 1673. Die deutsche Übersetzung des Buches erscheint im Jahr 1684: Athanasius Kircher: Neue Hall= und Ton=Kunst/ Oder Mechanische Geheim=Verbindung der Kunst und Natur […]. In unsere Teutsche Mutter=Sprach übersetzet Von Agato Carione. Nördlingen 1684. Das entsprechende Kapitel *Von heylsamer Thon=Kunst* befindet sich im II. Buch, II. Abteilung, 137–152.

5 Kircher: Musurgia [deutsch] (1662), 172 [wie Fn 2].

Resonanzschwingung, nämlich der Übertragung der Schwingung einer angeschlagenen Saite auf eine benachbarte Saite, die ähnliche Schwingungsverhältnisse aufweist.

Abb. 1: *Hohlkörper mit aufgespannten Saiten, in: Kircher, Phonurgia Nova (1673)* [Fn 4]

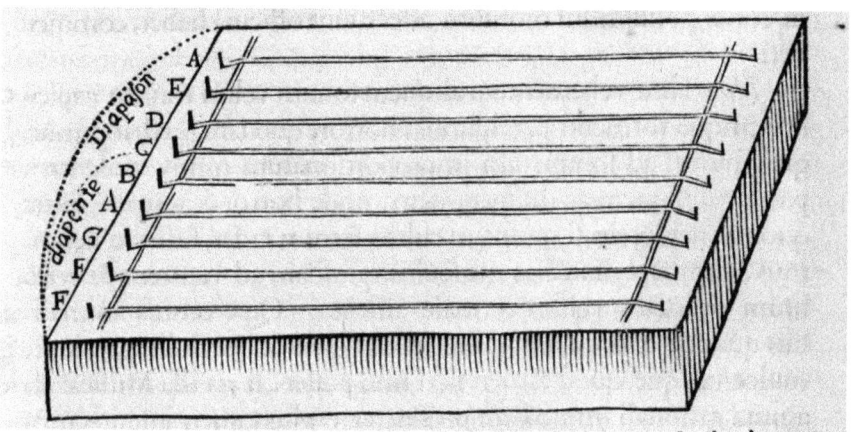

Die in der *Phonurgia Nova* abgedruckte Abbildung illustriert ein von Kircher beschriebenes Experiment: Auf einem Klangkörper werden ähnlich wie bei einer Gitarre mehrere Saiten aufgespannt. Schlägt man die erste Saite, hier ein F, an, dann schwingt auch die benachbarte, ebenfalls auf F gestimmte Saite. Mithilfe einer Feder lassen sich zudem feinere Schwingungen bei denjenigen Saiten nachweisen, die ähnliche Saiten-Längen-Verhältnisse zu der angeschlagenen Saite haben wie beispielsweise die Oktave oder die Quinte. So wie die verhältnisgleichen oder -ähnlichen Saiten durch Resonanz zum Schwingen gebracht werden, so erklärt Kircher auch die Übertragung der akustischen Schwingung auf eine von ihm geltend gemachte innere Schwingung im Körper:

> *Zum dritten setz ich/ daß unser gantzer Leib durch=wehend oder durchlufftet seye/ und daß die Spaan= und Sehn=Ader/ wie auch die so genannte Fleisch=Mäuse oder* Musculi, *von dem äusserlichen Thon oder Hall/ eben die* impression *und Fühlung haben/ welche die auff leichtem und* resonirendem *Holtz auffgespannte Saitten empfinden. Gleichwie nun diese nicht allein durch den äusserlichen proportionirten Lufft=Thon und Hall/ sondern auch den innerlichen beweget werden/ also werden auch die Spaan=adern und* Musculi *durch den eingepflantzten*

> *Geist/ Wind oder Lufft/ so dieser bewegenden Krafft gleichsam Anführer ist/ getriben und beweget; Wann dann die Seel solch proportionirte und vergleichende Art empfindet/ so müssen nothwendig so mancherley Aenderungen der Freude/ Traurigkeit und dergleichen/ folgen.*[6]

Kircher erläutert hier, dass die besagte innere Schwingung durch die äußere Schwingung der Musik ausgelöst wird, wenn die Schwingungsverhältnisse übereinstimmen beziehungsweise ähnlich sind. Der physikalische Vorgang der akustischen Schwingung wird also zu einem psychischen Geschehen umgeformt, indem der Körper auf die akustischen Signale reagiert und dies in der Seele zu Gemütsveränderungen führt. Auch wenn Kircher die Analogie der Resonanzschwingung im Körper nicht nachweisen kann, dient sie ihm dazu, die Übertragung eines physikalischen Phänomens auf die Psyche anschaulich zu beschreiben.

Es ist klar, dass dieser Idee die Vorstellung eines Dualismus von Körper und Seele zugrunde liegt, die beide gleichwohl in Wechselwirkung zueinander stehen. Kircher lehnt sich hier eng an René Descartes an, der die sogenannten Lebensgeister oder *spiritus animales*, eine Art Dunst in den Nervenbahnen, als Vermittlungsinstanz zwischen Materie und Geist geltend macht. Nach Descartes gehen die akustischen Schwingungen vom Trommelfell auf die Gehörnerven und werden durch die Lebensgeister zum Gehirn und zum Herzen übermittelt.[7] Diesen Vorgang reformuliert Kircher folgendermaßen:

> *Dann weilen das Hertz die Residenz und Sitz deß Geistes ist/ so empfahen und führen diese Lebens=Geister den zittrenden und springenden Lufft in die Brust/ und kommen also mit dem geführten Thon überein; Diesen folgen so dann die Geisterlein in den andern Gliedmassen/ und bewegen die Musculos oder so genannte Fleisch=Mäuse/ oder halten selbige ein/ nachdem die Bewegung der Thon starck und geschwind/ oder aber langsam und gemach/ gelind und gleichsam die Ruhe suchend […].*[8]

---

6 Kircher: Thon=Kunst (1684), 138 [wie Fn 4].
7 René Descartes: Die Leidenschaften der Seele. Französisch – Deutsch. Hrsg. u. übers. v. Klaus Hammacher. Hamburg² 1996, hier: Erster Teil, Artikel 12–16, S. 21–33. Siehe auch die ausführliche Einleitung von Klaus Hammacher, ebd., XV–XCVII.
8 Kircher: Thon=Kunst (1684), 133 [wie Fn 4].

Indem die Lebensgeister durch Musik in bestimmte Schwingungen versetzt werden, werden die seelischen Zustände oder Affekte temperiert. Da sich die Affekte immer auch körperlich äußern, zeitigt ihre Justierung wiederum körperliche Reaktionen.

Der Einsatz der Musik als Behandlungsverfahren bei Gemütskrankheiten wie übermäßiger Melancholie oder Cholerik ist naheliegend. Wie oben angedeutet, veranschaulicht Kircher die musikbasierte Heilung der Melancholie am Beispiel des biblischen Königs Saul.[9] In 1Sam 23,16 wird davon berichtet, dass König Saul von einem bösen Geist gequält wird. Saul lässt einen Musiker suchen, der für ihn musiziert; dies ist der junge Harfenspieler David, der später Sauls Nachfolge antreten wird. Sooft sich der böse Geist Sauls bemächtigt, spielt David auf der Harfe, sodass es Saul leichter ums Herz wird und der böse Geist von ihm weicht, zumindest solange das Spielen andauert. Diesen Genesungsprozess beschreibt Kircher ausführlich:[10] Gemäß der Vier-Säfte-Lehre beeinträchtigt ein Übermaß an dickflüssiger schwarzer Gallenflüssigkeit die Lebensgeister des Melancholikers Saul. Daher gilt es zunächst, die Lebensgeister zu bewegen, damit diese die melancholische Feuchtigkeit, nämlich die schwarze Galle, durch Wärme dünnflüssiger machen, sodass die schwarze Galle aus dem Gehirn und über die Drüsen ausgeschwitzt werden kann. Doch damit ist es nicht getan, denn anschließend müssen die erwärmten Lebensgeister wieder gedämpft werden, damit diese in ihrer Bewegung das Gehirn nicht verletzen. Zur Dämpfung der Lebensgeister empfehlen sich *langsame Thon/ und kurtze intervalla*, damit durch *solche langsame Thon=Bewegung solche Geister/ und scharffe Dämpffe/ welche auß dem Magen/ Miltz und Seiten oder Weiche in das Hirn steigen/ langsamer und ruhiger gemachet/ auch den Menschen in Ruhe lassen.*[11] Die Affekttemperierung der Melancholie ist nach Kircher also ein zweischrittiger Prozess, der sowohl

---

9 Werner Kümmel: Melancholie und die Macht der Musik. Die Krankheit König Sauls in der historischen Diskussion. Medizinhistorisches Journal 4 (1969), 189–209.
10 Kircher: Musurgia [deutsch] (1662), 172–175 [wie Fn 2]; Kircher: Thon=Kunst (1684), 139–141 [wie Fn 4].
11 Kircher: Thon=Kunst (1684), 139 [wie Fn 4].

die Erregung der Lebensgeister als auch deren Besänftigung umfasst. Beides kann die Musik leisten.

Es ist nur folgerichtig, dass sich Kircher auch mit den musikalischen Mitteln der Affekterregung beschäftigt. Er erläutert die affekthafte Wirkung von Intervallen, Harmonien, Tonarten, Tonumfängen, Tonlagen, Tempi, Rhythmen und Klangfarben. Alle diese Parameter werden hinsichtlich ihrer Effekte auf die Harmonie der Körpersäfte beziehungsweise der Seele beschrieben. Dabei betont Kircher stets, dass die musikalische Affekterregung auch immer von der affektiven Disposition des jeweiligen Zuhörers abhängig sei. Wiederum argumentiert er mit den Körpersäften:

Soll demnach die Music bewegen/ gehört ein solch subjectum *darzu/ dessen natürliche feuchtigkeit mit der Music übereinstimmet.* Ex. gr. Doria harmonia *bewegt nicht alle/ sondern nur diejenige/ denen sie übereinstimmet: die Ursach ist der Unterscheid der Complexionen/ zu dem thut auch der* numerus *und die* proportio *der Bewegung und der Zeit mächtig viel zu dieser sach. Also die* melancholici, *welche einen langsamen* humorem *haben/ abhorriren geschwinde reine Clauseln/ können sie nicht leiden/ weil der harmonische* motus *dem langsamen Geist nicht in gleicher Zeit übereinstimmet. Dargegen die* Cholerici, *welche einen hurtigen beweglichen Geist haben/ haben grosse Lust zu solchen geschwinden und reinen Clauseln/ weil ihr sinnlicher Geist zu dem harmonischen Luft auf gleiche und einerlei weis angerühret wird.*[12]

Kircher begründet hier, warum die Zuhörer je nach Anlage und Temperament in unterschiedlicher Weise auf die Musik reagieren. Mit dieser Differenzierung schließt sich Kircher an die Affektlehren der Rhetoriker an, die die unterschiedlichen Rezeptionsleistungen der Zuhörer in ihre Textproduktion einbeziehen.[13]

Kirchers Theorem, dass die Musik als akustische Schwingung zunächst auf den Körper einwirkt, indem sie die Lebensgeister in Bewegung setzt und auf diese Weise bestimmte Affekte zur Folge hat, prägt den musiktheoretischen Diskurs über viele Jahrzehnte. Diese Prämisse liegt beispielsweise

---

12 Kircher: Musurgia [deutsch] (1662), 137 f. [wie Fn 2].
13 Von Seiten der Musiktheorie wird das Problem der Rezeptionsspanne beispielsweise von Kuhnau thematisiert. Johann Kuhnau: Musicalische Vorstellung Einiger Biblischer Historien/ In 6. Sonaten/ Auff dem Claviere zu spielen [...]. Leipzig 1700, Bl. [A2]ʳ.

Agostino Steffanis Traktat *Quanta certezza abbia da' suoi principii la musica* aus dem Jahr 1695 zugrunde, das Andreas Werckmeister unter dem Titel *Send=Schreiben* im Jahr 1699 ins Deutsche überträgt und ausführlich kommentiert. Steffani stellt mit Rückgriff auf astrologisch-kabbalistische Traditionen ein Ordnungsprinzip der Schwingungsverhältnisse in den Mittelpunkt seiner Überlegung, das er als *harmonia* oder *Proportion* bezeichnet. Diese dynamische Proportion sei ein konstituierender Bestandteil der Schöpfung und wirke nach dem Resonanzprinzip in den menschlichen Gemütern, die die göttliche Ordnung in Maß, Zahl und Gewicht widerspiegelten. Konkret beschreibe die Proportion das Gleichgewicht der vier Säfte im Körper, deren Balance – wie bei Kircher – die Bedingung für die physische und psychische Gesundheit darstelle.

Werckmeister greift diese Idee in seinen extensiven Anmerkungen auf und beschreibt die *harmonische Proportion* als eine *forma substantialis*, die die Zusammensetzung der vier Körpersäfte beziehungsweise den Affekthaushalt regelt. Wie Kircher führt Werckmeister die Lebensgeister als operative *vehicula* an, die die Impulse der Seele in körperliche Phänomene umleiten: *[S]o begibt sichs z.e. daß sie [=die Lebensgeister] durch den Zorn aufschwellen und gleichsam aufkochen/ durch die Furcht oder durch den Schmertz sich zusammenziehen/ und durch die Freude und Wollust sich erweitern und ausbreiten.*[14] Im Rekurs auf Kircher koppelt Werckmeister die Ausdehnung der Lebensgeister nun an das Saiten-Längen-Verhältnis der Intervalle:

> Man beobachte die 2. Consonantien/ die Octava und Quinta, *man höre sie mit rechter Aufmercksamkeit an/ so wird man darinne eine gewisse Erweiterung der Lebens=Geister finden/ und zwar eine grössere durch die erste; als durch die anre [sic]. Dieses kommt her von der Grösse der* proportionum *die ihre Form sind 1. 2. 2. 3. die erste erweitert die Lebens=Geister mehr/ als die andere/ weil die Helffte grösser ist/ als das dritte eines gantzen.*[15]

---

14 Andreas Werckmeister: D. A. Steffani: Send=Schreiben/ darinn enthalten wie grosse Gewißheit die Music Aus ihren Principiis, und Grund=Sätzen habe/ und in welchen Werthe/ und Würckung Sie bey denen Alten gewesen/ Aus dem Italiänischen ins Hochdeutsche befördert; dann der Würde/ und Nutzen so darinnen enthalten/ mit einigen Anmerckungen erläutert/ und dem Druck übergeben von Andr. Werckmeister/ Musico und Organisten S. Martini in Halberstadt. Quedlinburg 1699, 63.

15 Werckmeister: Send=Schreiben (1699), 64 f. [wie Fn 14].

Die *Erweiterung* der Lebensgeister und mithin deren Wirkung auf die Affekte wird hier also in Abhängigkeit von dem Zahlenverhältnis eines Intervalls gedacht. Beispielhaft vergleicht Werckmeister die große und die kleine Terz miteinander, deren unterschiedliche Saiten-Längen-Proportionen 4:5 und 5:6 unterschiedliche Empfindungen hervorriefen. Alle Intervalle, deren Proportionen durch größere Zahlen ausgedrückt würden, verursachten die Zusammenziehung der Lebensgeister; entsprechend steige der Ekel, je größer die Zahlen würden.

Die Analogsetzung der Intervallverhältnisse mit der Ausdehnung der Lebensgeister ist nicht neu, aber die in diesem Zusammenhang herangezogene regelhafte Applizierung der mathematisch bestimmten Intervalle auf ihre Affektionsleistung ist bemerkenswert. Ihren Nachhall findet dieses Theorem – vermutlich vermittelt durch Christoph Raupachs Schrift *Veritophili Deutliche Beweis=Gründe* (1717)[16] – in der musikalischen Affektlehre von Johann Mattheson, dessen Ausgangspunkt die psychologische Durchdringung der Affekte ist.[17] Mattheson erklärt, dass jede Gemütsregung durch eine bestimmte Bewegung der Lebensgeister hervorgerufen werde, die in Analogie zu den Intervallproportionen beziehungsweise zu der Größe der Intervalle selbst stehe:

> *Da z. E. die Freude durch Ausbreitung unsrer Lebens=Geister empfunden wird, so folgt vernünfftiger und natürlicher Weise, daß ich diesen Affect am besten durch weite und erweiterte Intervalle ausdrücken könne. § 57. Weiß man hergegen, daß die Traurigkeit eine Zusammenziehung solcher subtilen Theile unsers Leibes ist, so stehet leicht zu ermessen, daß sich zu dieser Leidenschafft die engen und engesten Klang=Stuffen am füglichsten schicken. § 58. Wenn wir ferner erwegen, daß die Liebe eigentlich eine Zerstreuung der Geister zum Grunde hat, so werden wir uns billig in der Setz=Kunst darnach richten, und mit gleichförmigen Verhältnissen der Klänge* (intervallis n. diffusis & luxuriantibus) *zu*

---

16 Veritophilus [= Christoph Raupach]: Deutliche Beweis=Gründe/ Worauf der rechte Gebrauch der Music, beydes in den Kirchen/ als ausser denselben/ beruhet […]. Samt einer Vorrede heraus gegeben Von Mattheson. Hamburg 1717, 21 f.

17 Vgl. dazu Julian Heigel: „Vergnügen und Erbauung". Johann Jacob Rambachs Kantatentexte und ihre Vertonungen. (Hallesche Forschungen, Bd. 37) Halle 2014, 204 ff.

Wercke gehen. § 59. Die Hoffnung ist eine Erhebung des Gemüths oder der Geister; die Verzweiflung aber ein gäntzlicher Niedersturtz derselben.[18]
Stärker noch als bei Kircher vollzieht sich die Heilung von Krankheiten durch Musik bei Werckmeister beziehungsweise bei Mattheson auf einer psychologischen Ebene. Insbesondere Werckmeister exponiert die Musik als ein Mittel zur Manipulation des Gemüts, mit deren affektiver Wirkkraft unterschiedliche Zwecke erreicht werden können: Musik dient demnach zur politischen Meinungsbildung, zur Weissagung, zur Anfeuerung von Soldaten, zur Bekehrung von Heiden, zur Eindämmung von Aufständen oder zur Verhexung von Feinden. Selbstverständlich wirke die *Artzney des Gemüths*[19] auch bei psychischen und körperlichen Krankheiten, sodass Werckmeister von der Kurierung von *Geisteskrankheit*, Raserei, Pest, Hüftlähmung, Otternbissen und dem obligatorischen Tarantelstich berichten kann. Den Begriff der *inneren Luft* bemüht Werckmeister nicht, zumal er einzig die räumliche Ausdehnung der Lebensgeister fokussiert und nicht detailliert auf das Prozedere der Resonanzübertragung zwischen der musikalischen Proportion und ihrer körperlichen Rezeption eingeht. Ihm genügt es, in den mathematisch aufgeschlüsselten Klängen die Gesetze des Kosmos zu erkennen und mit diesen das Phänomen der musikalischen Affektion zu begründen.

Das von allen genannten Musiktheoretikern geltend gemachte Konzept von Musik als einem psychotherapeutischen Instrument changiert zwischen spekulativer Alchemie, Physiologie und Psychologie. Die Idee der Resonanzübertragung beruht einerseits auf der nicht belegbaren Annahme der Lebensgeister und Körpersäfte und wird doch mit mathematischen Gesetzen errechnet und physikalischen Experimenten begründet. Bevor die physiologische Wirkweise der Musik von Medizinern wie Johann Wilhelm Albrecht (1734) oder Ernst Anton Nicolai (1745) in

---

18   Johann Mattheson: Der Vollkommene Capellmeister, Das ist Gründliche Anzeige aller derjenigen Sachen, die einer wissen, können und vollkommen inne haben muß, der einer Capelle mit Ehren und Nutzen vorstehen will: Zum Versuch entworffen von Mattheson. Hamburg 1739, 16. Auch wenn Mattheson seine Affektlehre hier als Kompositionsanweisung stilisiert, zeigt er in erster Linie Möglichkeiten des Affektausdrucks auf, wie aus dem Gesamtzusammenhang hervorgeht. Vgl. Heigel: Vergnügen (2014), 205 [wie Fn 17].
19   Werckmeister: Send=Schreiben (1699), 73 [wie Fn 14].

Auseinandersetzung mit den zeitgenössischen Kenntnissen der Anatomie diskutiert wird und auch bevor die Philosophen sich im 18. Jahrhundert anschicken, die *Gemütsbewegungen* rational zu durchleuchten, begründen die Musiktheoretiker an der Schwelle zur Aufklärung das Konzept einer musikgesteuerten Therapie, das im Sinne eines ganzheitlichen Ansatzes Körper und Psyche als einheitlichen Wirkungsmechanismus zusammendenkt. Dabei ist auch bei der direkten Einwirkung der Musik auf körperliche Prozesse immer die Psyche mit einbezogen, von der letztlich alle körperlichen Regungen abhängig sind.

Die historische Idee der therapeutischen Wirkung von Musik mag mit ihrem alchemistisch-physikalischen Zugriff auf die Konsistenz der Körpersäfte naiv anmuten, der leidenschaftliche Impetus, mit dem die Musik(theoretik)er die therapeutischen Kräfte der Musik zur Heilung des Gemüts geltend machen, legt jedoch nahe, dass sie diese aus eigener Erfahrung kennen.

Anita Magowska

Metafora jako narzędzie narracji w rozprawach i artykułach polskich lekarzy w XIX wieku

Metapher als Erzählwerkzeug in den Abhandlungen und Artikeln polnischer Ärzte im 19. Jahrhundert

Streszczenie

Metafora stanowi ważne i ponadczasowe narzędzie narracji, wiążące tekst w całość nie za pomocą logicznego wnioskowania, lecz odwołania do wyobraźni. W różnych kulturach i okresach autorzy tekstów literackich, naukowych i innych posługiwali się różnymi zbiorami metafor. Ich zadaniem było organizowanie treści oraz wprowadzanie do świadomości zbiorowej nowych pojęć.

Celem niniejszego referatu jest analiza metafor znajdujących się w rozprawach doktorskich i artykułach opublikowanych w XIX w. przez polskich lekarzy. Niniejsza analiza opiera się na założeniu, że metaforyczna narracja była cechą charakterystyczną nauk medycznych i przyrodniczych w XIX wieku, a więc można ją rozpoznać w różnych językach. Analizie poddano kilka rozpraw doktorskich w języku łacińskim oraz kilkanaście artykułów w językach niemieckim i polskim. Były to najważniejsze języki, w jakich publikowali Polacy w XIX wieku.

Zusammenfassung

Die Metapher ist ein wichtiges und zeitloses Erzählinstrument, das einen Text nicht durch logische Konklusion, sondern durch Zurückgreifen auf die Phantasie zusammenhält. In verschiedenen Kulturen und Zeitperioden bedienten sich die Verfasser literarischer, wissenschaftlicher und anderer Texte verschiedener Metaphern. Die Aufgabe der Metaphern war es, die Inhalte zu gestalten und neue Begriffe in das kollektive Bewusstsein einzuführen. Gegenstand des Beitrags ist die Analyse von Metaphern in Doktorarbeiten und in wissenschaftlichen Artikeln polnischer Ärzte des 19. Jahrhunderts. Die Analyse beruht auf der Annahme, dass die metaphorische Erzählweise für die Natur- und medizinischen Wissenschaften des 19. Jahrhunderts auch über die Sprachgrenzen hinweg charakteristisch war. Da Latein, Deutsch und Polnisch die wichtigsten Sprachen waren, in denen die Polen im 19. Jahrhundert publizierten, werden im Beitrag lateinischsprachige Dissertationen sowie wissenschaftliche Artikel in deutscher und polnischer Sprache analysiert.

Metafora a żywioł języka

Według Hansa-Georga Gadamera (1900–2002), podstawowym sposobem bycia człowiekiem jest rozumienie świata. Nie byłoby ono możliwe bez języka, a zwłaszcza bez metafory, czyli wyrażenia językowego służącego do nadawania słowom znaczeń. Pierwsze refleksje nad metaforą podjęli Arystoteles, Cycero i Kwintylion, rozważając ją na poziomie językowym i przyjmując, że jest figurą stylistyczną pozwalającą na przenoszenie znaczenia z jednego słowa, nazwy lub terminu, na inne. Dokonujący się w XX w. rozwój językoznawstwa przyczynił się do ponownego zainteresowania metaforą. Analizowano ją nie tylko jako wyrażenie językowe, prowadzące do nadawania słowom nowego znaczenia,[1] ale także jako element żywiołu języka, który w kulturach pierwotnych oparty jest na grze obrazów i wiążących się z nimi asocjacjach.[2]

Ciekawe światło rzuciły na metaforę badania Noama Chomsky'ego nad sztuczną inteligencją, błyskotliwie rozwinięte przez George Lakoffa i Marka Johnsona ("Metaphors We Live By", 1980). Lakoff i Johnson zauważyli, że metafora jest narzędziem tworzenia nowych pojęć poprzez przenoszenie różnorodnych doznań, doświadczeń i śladów utrwalonych w pamięci na płaszczyznę artykulacji werbalnej. Według Lakoffa i Johnsona, metafora składa się z dwóch domen, źródłowej i docelowej, a kategoryzacja obiektów

---

[1] Kowalski, Andrzej P.: Aksjologia i kulturowe konteksty genezy wyrażeń metaforycznych. In: Pałubicka, Anna: Dominiak, Grzegorz (Hrsg): Aksjologiczne źródła pojęć: zbiór rozpraw. (Epigram) Bydgoszcz 2005, 43–60.

[2] Kowalski: Aksjologia, 55.

i doświadczeń dokonuje się poprzez transfer pojęcia już ustalonego z jednej do drugiej. Badając zależności między domenami, można rozpoznać nie tylko mechanizm percepcji, ale też myślenia i działania człowieka.[3] W ciągu ostatnich kilkunastu lat przeprowadzono wiele badań eksperymentalnych w zakresie lingwistyki kognitywistycznej i wykazano, że percepcja metafor jest różna. Te, w których domeną docelową jest podmiot (*nominal metaphor*), są przyswajane przez umysł bezpośrednio, natomiast te, w których domeną docelową jest orzeczenie (*predicative metaphor*) – dwuetapowo.[4] Z kolei jeśli domena docelowa odnosi się do czasu, jej przyswojenie ułatwią zawarte w domenie źródłowej odniesienia do przestrzeni i ruchu[5]. W paradygmacie kognitywistycznym język nie jest bytem kulturowym, ale zbiorem procesów umysłowych, a metafory są efektem głębokich procesów mentalnych zachodzących w nieświadomości, a kształtowanych przede wszystkim przez doznania fizykalne osiągane za pomocą zmysłów. Według Lakoffa, metafory ukształtowały aparat pojęciowy nauki, uniemożliwiając właściwą falsyfikację hipotez badawczych. Metaforyczny rodowód pojęć naukowych sprawia, że hipotezy można jedynie odrzucić na podstawie empirycznych obserwacji, zresztą także opartych na wyrażeniach metaforycznych.[6]

Krytycy tego paradygmatu wskazują, że opiera się on na biologicznej wizji człowieka i nie uwzględnia wpływu środowiska na język, a przecież różnice między językami istnieją i wynikają z transferowania do nich doświadczeń poszczególnych ludów. Np. rodzajem metafory właściwej dla języka norweskiego jest *kennig*, czyli wyrażanie jednego pojęcia w terminach drugiego, mające charakter mowy rytualno-magicznej, a pierwotnie obecne w języku północno-germańskim używanym do końca XIII w. w Skandynawii.[7]

---

3 Pawelec, Andrzej: Metafora pojęciowa a tradycja. Kraków 2006, 30–33.
4 Utsumi, Akira; Sakamoto, Maki: Indirect Categorization as a Process of Predicative Metaphor Comprehension. Metaphor and Symbol 26 (2011), 299–313.
5 Matlock, Teenie; Holmes, Kevin J.; Srinivasan, Mahesh; Ramscar, Michael: Even Abstract Motion Influences the Understanding of Time. Methaphor and Symbol 26 (2011), 260–271.
6 Weelden van, Joosta Lisanne; Maes, Alfons; Schilperoord, Joost; Cozijn, Reinier: The Role of Shape in Comparing Objects: How Perceptual Similarity May Affect Visual Metaphor Processing. Metaphor and Symbol 26 (2011), 272–298.
7 Pawelec: Metafora pojęciowa (2006), 54.

Problem obecności metafor w medycynie podjął jako pierwszy Neil Pickering, który w 1999 r. porównał metafory obecne w poezji i w naukach medycznych. Dowiódł, że w jednym i drugim przypadku są one dziełem wyobraźni, ale w medycynie są także ważną podstawą tworzenia nowych pojęć i procedur.[8] Z innych prac warto przypomnieć artykuł Miltosa Liakopoulosa dotyczący metafor używanych w latach 1973–1996 w prasie brytyjskiej celem spopularyzowania biotechnologii i pozyskania akceptacji społecznej dla eksperymentów biotechnologicznych.[9] Z podobnej perspektywy Ursula Mittwoch przedstawiła historię terminu *klon* i jego recepcji społecznej wśród Anglików[10].

Celem niniejszej pracy jest rozpoznanie i dekonstrukcja metafor występujących w wybranych rozprawach naukowych polskich lekarzy z pierwszej połowy XIX w. Trzy z wybranych prac miały za cel upowszechnienie nowych, oryginalnych koncepcji naukowych, a siedem sumowało doniesienia literaturowe i własne obserwacje autorów dotyczące określonych symptomów chorobowych. Przy okazji omawiania problemów klinicznych, autorzy oceniali sytuację zawodu lekarskiego.

Metafory w teorii życia według Jędrzeja Śniadeckiego

Za oryginalny polski wkład do nauki uważa się rozprawę Jędrzeja Śniadeckiego (1768–1838) „Teorya jestestw organicznych", wydaną drukiem w 1804 r. w Warszawie. Śniadecki, absolwent studiów lekarskich w Krakowie i dodatkowych w Wiedniu, Milano, Pawii i Edynburgu, przedstawił w niej nawiązującą do teorii Browna fizyko-chemiczną koncepcję świata organicznego oraz zastosował ją do fizjologii i patologii człowieka. Wprowadzając nowe pojęcia, zachęcając do dostrzegania niezauważalnych wcześniej fenomenów życia, posługiwał się metaforami. I tak, całość organizmów żywych („jestestw organicznych") przedstawił

---

8 Pickering, Neil: Metaphors and models in medicine. Theoretical Medicine and Bioethics 20 (1999), 361–375.
9 Liakopoulos, Miltos: Pandora's Box or panacea? Using metaphors to create the public representations of biotechnology. Public Understanding of Science 11 (2002), 5–32.
10 Mittwoch, Ursula: "Clone": The history of a euphonious scientific term. Medical History 46 (2002), 381–402.

jako społeczeństwo, które spajają: praca, rząd i wewnętrzna organizacja. Doświadczenia społeczne były w oczywisty sposób bardziej zrozumiałe i *dotykalne* niż mikrostruktury życia w wymiarze biologicznym.[11] Ponadto dla uświadomienia spójności świata przyrody porównał organizmy żywe do *kryształów solnych zdolnych do zrastania*, a więc ściśle wpasowujących się jeden w drugi, które dla potencjalnych czytelników również mogły stanowić element doświadczania najzwyklejszej codzienności.[12]

Wyjaśniając, czym jest *ogólny układ kuli ziemskiej*, Śniadecki posłużył się pojęciami: *przetaka, przez który sączy się bezprzestannie i rozdziela materia i żywej planety, w której wnętrznościach jest zanurzona materia i która połyka z atmosfery tlen*, a ponadto jest *łożyskiem wszystkich zwłok roślinnych i zwierzęcych*.[13] Metafora miała na celu wykazanie, że nie tylko ludzie, zwierzęta i rośliny są żywi, ale i cała planeta dynamicznie zmienia się. Życie w tym ujęciu było rodzajem ruchu, *ciągłą przemianą formy* i *dziedzictwem materii*.[14] Jeżeli jednak *skład materii jest nadwyrężony*, albo *materia traci kształt organiczny*, przestaje ona *utrzymywać życie* i przechodzi do stanu martwoty, a więc człowiek umiera.[15] Co ciekawe, w stuleciu odkrywania życia płodowego człowieka embrion długo pozostawał atrakcyjną metaforą dla uczonych lekarzy. Np. Alfred Rothe (najbardziej znany jako założyciel zakładu psychiatrycznego w Tworkach) przyrównał ówczesny stan psychiatrii polskiej do embrionu.[16]

Jędrzej Śniadecki przytaczał też słynną metaforę La Mettrie'go, że człowiek jest *machiną*, działającą w określonym trybie *fabryką*. Wskazywał na podobieństwo między organizmami żywymi, bo przecież nawet *rośliny psują związki chemiczne* (czyli rośliny przekształcają jedne związki chemiczne w inne).[17] Jaką rolę przewidywał dla lekarza? *Bieg życia idzie swoim porządkiem dalej*,[18] a lekarz pozostaje wobec niego co najwyżej *dobrym*

---

11 Śniadecki, Jędrzej: Teorya jestestw organicznych. Poznań 1905, 8.
12 Ibidem, 23.
13 Ibidem, 21.
14 Ibidem, 25.
15 Ibidem, 11–12.
16 Rothe, Adolf: Krótki rys historii psychiatrii. Tygodnik Lekarski 18 (1864), 47.
17 Śniadecki: Teorya jestestw (1905), 97.
18 Ibidem, 78.

aktorem na niebezpiecznej scenie.[19] Znamienne, że Jędrzej Śniadecki przedstawił życie ludzkie w kategoriach przestrzeni i ruchu, bo każdy moment życia uznał za *krok* [na drodze] *do śmierci*, a więc znów intuicyjnie zastosował wyrażenie metaforyczne odnoszące się do codziennych doświadczeń człowieka.[20]

Trzydziestoparoletni profesor Uniwersytetu Wileńskiego u progu życiowej kariery stosował metafory zaczerpnięte z literatury zachodnioeuropejskiej, ale też własne, nawiązujące do najżywszych wtedy problemów naukowych i społecznych, a więc budowy kryształów i wewnętrznej struktury nowoczesnego społeczeństwa. Te dwa pojęcia i ich ówczesny kontekst stanowiły najważniejsze domeny źródłowe dla metafor wyjaśniających jedność świata przyrody.

Tab. 1: *Metafory dotyczące fizykochemicznej koncepcji życia w „Teoryi jestestw organicznych" (1804) Jędrzeja Śniadeckiego*

Domena docelowa	Życie	Świat przyrody	Pojedynczy organizm	Cechy materii	Lekarz
Domena źródłowa	Gatunek ruchu Dziedzictwo materii Ustalony porządek zmian Droga do śmierci	Społeczeństwo Ciało kobiety (łożysko, wnętrzności, płód) Przetak (rodzaj sita) Kryształy soli	Ośrodek ruchu Machina Fabryka	Zachowuje uporządkowany kształt Organiczna jedność (skład gałęzi podobny do składu pnia, jak płód do rodziców) Rządzi powinowactwami Jedna forma materii przechodzi w drugą (łańcuch)	Dobry aktor na niebezpiecznej scenie

Źródło: Jędrzej Śniadecki, Teorya jestestw organicznych, Poznań 1905.

---

19 Ibidem, 5.
20 Ibidem, 81.

W 1810 r. Joseph Moriz przetłumaczył błyskotliwe dzieło Śniadeckiego na niemiecki i wydał drukiem w Królewcu. Rozprawę Śniadeckiego przywołał w swoim podręczniku fizjologii człowieka („Handbuch der Physiologie des Menschen") Johannes Peter Mueller (1801–1858), jednak poza Polską nie zyskała ona rozgłosu.

Metafory w rozprawie Józefa Dietla

Pół wieku później inną medyczną rewolucję przeprowadzał Józef Dietl, który w rozprawie „Praktyczne obserwacje na podstawie wyników badań w Szpitalu Okręgowym w Wiedniu", opartej o własne doświadczenia zawodowe zebrane w latach 1841–1843, starał się zmienić rutynowe postępowanie lekarza. Związany z nową szkołą wiedeńską i rozpoznawalny w skali europejskiej dzięki nowatorskiemu zastosowaniu statystyki w pracach medycznych, Dietl był entuzjastą terapii powiązanej z naukową patologią, która wtedy jeszcze nie istniała. Podobnie jak pozostali uczniowie Karla Rokitansky'ego, Dietl był przekonany o znaczeniu anatomii i fizjologii dla praktyki lekarskiej, dlatego z nich czerpał wyrażenia metaforyczne. Ponadto sięgał do literatury pięknej (*wiatraki Don Kichota*) i języka potocznego.

Krytykując sztukę lekarską opartą na wielowiekowej empirii, wskazał, że jest *bez dna* i jej *podstaw nie można zobaczyć*, a więc zweryfikować. Ponadto przyjmuje ona *oddawaną sobie cześć*, chociaż *wybiła jej ostatnia godzina*.[21] Empiria bowiem *wypełnia pierś nowicjusza sangwinistycznymi nadziejami, aby go wkrótce zawieść. Sangwinistyczne nadzieje* były skrótem myślowym nawiązującym do stosowanych w różnych chorobach, ale jak wykazywał Dietl bez rezultatu, upustów krwi. Jego zdaniem, wsparta o matematykę medycyna dostarczy w przyszłości wiedzy o skutecznych metodach terapii i w ten sposób *rozbroi znachorów i sekciarzy*, konkurujących z lekarzami, wtedy jeszcze słabo zorganizowanymi jako środowisko zawodowe.

---

21 Dietl, Józef: Praktyczne obserwacje na podstawie wyników badań w Szpitalu Okręgowym w Wiedniu. Acta Medicorum Polonorum 2 (2013), 149–200.

Tab. 2: *Metafory dotyczące terapii i choroby w „Praktycznych obserwacjach..."* *Józefa Dietla*

Domena docelowa	Sztuka lekarska oparta o empirię	Terapia uzasadniona naukowo	Choroba („indywiduum patologiczne")	Lekarz
Domena źródłowa	Ma korzenie w intuicji i fantazji Bezużyteczna tandeta Walka z mistycznymi demonami i wiatrakami Don Kichota Sterta / armia nieprzydatnych leków Mizerny szkielet po ustąpieniu oszukańczych fantomów Pełne przepychu słowa skrywają nieobecność pojęcia	Ma korzenie w umyśle Jutrzenka lekarza Chemia rozsiewa iskry i rozświetla zakamarki organizmu Teoria bez tchu podąża za wyprzedzającymi ją badaniami praktycznymi Nauka rozbroi sekciarzy, znachorów i konowałów Patologia kroczy inną drogą niż pozostałe nauki przyrodnicze	Odrębny byt Spowodowana grzechami niewiedzy, nieumiarkowania, rozpusty i rodziców Patologiczne indywidua o tej samej naturze łączą się w gatunek, gatunki w rodzaj, rodzaje w rząd, rzędy w klasę Świecąca gwiazda lekarza Zachorowanie to akt spłodzenia indywiduum chorobowego, wyzdrowienie to jego śmierć	Nie zgładzi grzechów niewiedzy, nieumiarkowania, rozpusty i rodziców Uzdrowiciel to pseudonim artystyczny lekarza Podpora ludzkiej ułomności

Źródło: Dietl, Józef: Praktyczne obserwacje na podstawie wyników badań w Szpitalu Okręgowym w Wiedniu. Acta Medicorum Polonorum 2 (2013), 149–200.

Dietl stosował metafory antropomorficzne. Domenami źródłowymi były dla niego zarówno rzeczowniki jak i czasowniki. Chemia *rozsiewała*, a więc była jak siewca, nauka *rozbrajała*, a wiec była jak żołnierz, teoria *podążała bez tchu*, a więc była jak sprinter. Jego wieloczłonowe metafory obdarzały instrumenty lekarskie własnym bytem, a nawet personifikowały je, np. *stetoskop podsłuchuje tajemnice klatki piersiowej* i *wykrywa wadę serca, mikroskop dociera do atomów ciała*. Dietl nobilitował instrumentarium, bo wiedział, że dzięki nim powstają nowe pojęcia, tworzywo dla nowych teorii, tak bardzo potrzebnych ówczesnej praktyce lekarskiej.[22] Kompetencje lekarza oceniał z rozwagą. Uważał, że lekarz nie może *zgładzić grzechów niewiedzy, nieumiarkowania, rodziców*, ale w przyszłości, mając *świecącą gwiazdę* w postaci wiedzy o jednostkach chorobowych, *indywiduach patologicznych*, stanie się *podporą ludzkiej ułomności*. Po latach niemiecki historyk medycyny Julian Petersen uznał retorykę Dietla za namiętną i reprezentatywną dla szkoły wiedeńskiej, ale jego poglądy dotyczące zadań lekarza i ich ontologicznych aspektów za częściowo nieuzasadnione.[23]

Domeny źródłowe metafor zmieniających znaczenie zastanych i przyszłych metod terapii Dietl czerpał z głównie z botaniki (*korzenie, gatunki, rodzaje, rzędy, klasy*), co stanowiło europejskie signum temporis wobec sukcesu systematyki Linneusza i w XIX w. znakomicie postępujących badań nad anatomią i geografią roślin, a także z fizjologii (*wnętrzności planety*).

Metafory w rozprawach doktorskich polskich lekarzy

Warto jeszcze wspomnieć o napisanej przez Karola Marcinkowskiego (1800–1846), lekarza cieszącego się dużym autorytetem nie tylko w zaborze pruskim, rozprawie o kołtunie opublikowanej w 1836 r. Zawiera ona szereg wyrażeń metaforycznych nawiązujących do codziennych doświadczeń fizykalnych, jak: *doścignąć naturę choroby na drodze teorii, zabobony słodzą dolegliwości cielesne, rzeczy ważnością swą nas uderzają, myśl jest obłąkana zarysem teorii, którą przypadek nastręcza, szukamy bardziej ukrytych sprężyn w rzeczach, spostrzeżenia w duchu urojeń zbierane, spostrzeżenia zmuszamy do teorii,*[24] *patrzymy przez okulary teorii*.[25] Rozprawa dotyczyła

---

22 Dietl, Józef: Aforyzmy kliniczne na ścisłym badaniu osnute. Przegląd Lekarski 1 (1862), 2.
23 Petersen, Julius: Rozwój historyczny terapii lekarskiej. Przegląd Lekarski 21 (1882), 682–685.
24 Marcinkowski, Karol: Uwagi nad historią i naturą kołtuna, ze względu na przyczyny i sposób leczenia tego fenomenu. Kraków 1836, 2.
25 Marcinkowski: Uwagi nad historią, 22.

nie tylko problematyki kołtuna, ale też krytyki lekarskiej, stąd domenami źródłowymi stały się pojęcia czerpane z fenomenologii.

Tab. 3: *Metafory w rozprawie o kołtunie (1836) Karola Marcinkowskiego*

Domena docelowa	Chory	Choroba	Lekarz
Domena źródłowa	Zabobony słodzą dolegliwości cielesne chorego	Spływ okoliczności szkodliwych	Ściga naturę choroby na drodze teorii
		Pomieszanie zmysłów	Jego myśl jest obłąkana zarysem teorii
		Brak równowagi funkcji organów	Szuka ukrytych sprężyn w rzeczach
		Epidemiczne lub endemiczne potęgi wzniecają iskrę choroby	Zbiera spostrzeżenia w duchu urojeń
		Kołtun zasłania przed gwałtownymi zapaleniami oczu, płonieniem uszu, wyrzutami na ciele	Myśl błędna zabija obserwację
			Zmusza spostrzeżenia do teorii
			Patrzy przez okulary teorii
			Uskarża się na niemożność dania dokładnego opisu
			Poty w postać kameleona ubiera jako chorobę właściwą
			Poskramia przyczyny zjawień chorobliwych

Źródło: Marcinkowski, Karol: Uwagi nad historią i naturą kołtuna, ze względu na przyczyny i sposób leczenia tego fenomenu. Kraków 1836, 56.

Takiej pewności siebie i doświadczenia zawodowego nie mieli autorzy rozpraw doktorskich przygotowanych na wydziałach medycznych uniwersytetów w Wilnie i Berlinie. W rozprawach zbierali i porządkowali wiedzę kliniczną i anatomopatologiczną o określonych jednostkach chorobowych. Aby zachować czytelność myśli i ułatwić innym lekarzom stawianie diagnozy, posługiwali się anty-retorycznym stylem i nielicznymi metaforami, w których wykorzystywali doświadczenia powszechnie znane, uniwersalne.

Charakterystyczna metafora znajduje się w rozprawie doktorskiej Walentego Czermińskiego o przepuklinie (1820 r.), gdzie napisał on o *tętnie drutowatym i niskim*, przedstawiając – zgodnie z tradycją – wielkość tętna w kategoriach wertykalnych miar objętości (dużo, czyli wyższy poziom w miarce, mniej – niższy poziom w miarce); do dziś zresztą używa się określenia *niskie tętno*.[26]

Wincenty Herberski w rozprawie o puchlinie kanału kręgowego z 1812 r. nazwał rdzeń kręgowy *drugim mózgiem* (nie wskazał cytowania, a więc mogło to być jego skojarzenie)[27]. Maciej Gałęzowski pisząc o hemoroidach nazwał jelito proste *kanałem*,[28] a za obowiązek lekarza uznał *naprawę środowiska jelita*.[29] Franciszek Zabiełło w 1823 r. wskazał w pracy o ukrytym zapaleniu wątroby, że chory może mieć ostre spojrzenie i że istnieją *gorączki gastryczne*. Gorączka została opisana w terminach przewodu pokarmowego, ponieważ uważano, że ma *początek w trzewiach*.[30] Natomiast w rozprawie doktorskiej o encefaloidzie z 1821 r., Tomasz Porcyanko zaczerpnął z dzieł Laenneca porównanie *materii guzów* do *masy mózgokształtnej* (dziś mówi się o guzach neuroendokrynnych).[31]

---

26 Czermiński, Walenty: Rozprawa doktorska z chirurgii praktycznej o wrodzonej przepuklinie pachwinowej. Wilno 1820, 6.
27 Herberski, Wincenty: O puchlinie kanału kręgowego. Wilno 1812, 3.
28 Gałęzowski, Maciej: Rozprawa inauguracyjna medyczno-praktyczna o guzach krwawniczych. Wilno 1812, 7.
29 Gałęzowski: Rozprawa, 19.
30 Zabiełło, Franciszek: O ukrytym zapaleniu wątroby naśladującym gorączkę gastryczną. Wilno 1823, 22.
31 Porcyanko, Tomasz: O encefaloidzie (guzie mózgokształtnym). Wilno 1821, 1–2.

Tab. 4: *Metafory dotyczące choroby, chorego i lekarza w rozprawach doktorskich lekarzy z pierwszej połowy XIX w*

Domena docelowa	Choroba	Chory	Lekarz
Domena źródłowa	Ukrywa się pod postacią stanu podgorączkowego	Przekazuje siebie lekarzom do leczenia	Wychodzi naprzeciwko chorobie
	Zanika, nie potrafiąc się dalej rozwijać	Może mieć ostre spojrzenie	Naprawia środowisko jelita
	Przygotowuje zasadzki		
	Duszność nadchodzi nieoczekiwanie		Poskramia czkawkę
	Senność atakuje		
	Krosty oszukują pozorami wysypki potówkowej		
	Wysypka jak wiosenny kwiatek więdnie pod wpływem ciepła słonecznego		
	Mdłości i wymioty przyniosły wysypkę		

Źródło: Czermiński, Walenty: Rozprawa doktorska z chirurgii praktycznej o wrodzonej przepuklinie pachwinowej. Wilno 1820; Galewski, Herman: O anestezji twarzy. Berlin 1837; Herberski, Wincenty: O puchlinie kanału kręgowego. Wilno 1812; Gałęzowski, Maciej: Rozprawa inauguracyjna medyczno-praktyczna o guzach krwawniczych. Wilno 1812; Porcyanko, Tomasz: O encefaloidzie (guzie mózgokształtnym). Wilno 1821; Rymkiewicz, Feliks: Rozprawa inauguracyjna medyczno-praktyczna zawierająca porównanie obserwacji w chorobie, która zwana jest błonicą. Wilno 1821; Zabiełło, Franciszek: O ukrytym zapaleniu wątroby naśladującym gorączkę gastryczną. Wilno 1823.

W 1824 r. Seweryn Gałęzowski w rozprawie doktorskiej o ospie złagodzonej szukał określeń zrozumiałych dla lekarzy praktyków, wskazujących na kolejność i siłę objawów, np. *mdłości i wymioty przyniosły wysypkę, ospa złagodzona ukrywa się pod postacią zwykłego stanu podgorączkowego*,[32]

---

32 Gałęzowski, Seweryn: Rozprawa doktorska medyczno-praktyczna na temat ospy złagodzonej. Wilno 1824, 13.

choroba zanika, nie potrafiąc się dalej rozwijać,[33] *krosty oszukują pozorami wysypki potówkowej*.[34] Gałęzowski m.in. zacytował metaforę jednego z byłych profesorów Uniwersytetu Wileńskiego, Johanna Petera Franka, że: *wysypka w ospie złagodzonej jest jak wiosenny kwiatek, który pod śniegiem rozkwita, ale pod wpływem silniejszego ciepła słonecznego więdnie, a jest silniejszy w chłodniejszej atmosferze*.[35]

W 1837 r. na Uniwersytecie Berlińskim Herman Galewski obronił rozprawę „O anestezji twarzy", w której znalazło się jedno tylko metaforyczne wyrażenie: *nerwy twarzowe zostały uczynione zarządcami różnych funkcji*.[36] W innych artykułach i rozprawach lekarskich z pierwszej połowy XIX w. pojawiały się wyrażenia metaforyczne obrazujące dynamikę choroby i postępowanie lekarza, w których użyto czasowników wyrażających ruch, np. *chorego atakowała senność, duszność nadeszła nieoczekiwanie, po pojawieniu się choroby, wyjdź jej naprzeciw*,[37] albo lekarz *poskramiał czkawkę, choroba przygotowała zasadzki*,[38] *szczepionka – z nieba zesłany wynalazek*,[39] ale także *chora przekazała siebie lekarzom do leczenia*.[40]

Wnioski

Tak więc, w pierwszej połowie XIX w. doświadczeni lekarze tworzyli metafory nader swobodnie, odwołując się przede wszystkim do codziennych ludzkich doświadczeń. Metafory wykorzystywane w przygotowanych w tym okresie rozprawach doktorskich służyły wyjaśnianiu nowych pojęć opisujących nowo odkrywane funkcje fizjologiczne i objawy chorobowe. W rozprawach przyjęte było opisywanie nowych terminów medycznych w kategoriach ustalonych już terminów, np. gorączka gastryczna, guz mózgokształtny, a także porządkowanie pojęć w systemy klasyfikowania,

---

33 Ibidem, 14.
34 Ibidem, 12.
35 Ibidem, 25.
36 Galewski, Herman: O anestezji twarzy. Berlin 1837, 15.
37 Rymkiewicz, Feliks: Rozprawa inauguracyjna medyczno-praktyczna zawierająca porównanie obserwacji w chorobie, która zwana jest błonicą. Wilno 1821, 20.
38 Porcyanko: O encefaloidzie, 41.
39 Gałęzowski: Rozprawa, 4.
40 Galewski: O anestezji, 14.

skuteczne narzędzie budzenia wiary w potęgę ludzkiego umysłu. Szereg metafor stosowanych przez polskich lekarzy miało charakter antropomorficzny lub nawiązywało do wypadków wojennych, będących wszakże udziałem i autorów, i czytelników. Trafne metafory przedstawione publicznie przez wybitnych lekarzy europejskich, takich jak René Laennec i Johann Peter Frank, żyły własnym życiem i były wtórnie cytowane wiele razy. Język lekarski zaczął zmieniać społeczeństwa Europy i nic nie było w stanie zatrzymać tego procesu.

Philipp Teichfischer

Zur Geschichte medizinischer Klassifikationssysteme: Neue Erkenntnisse zu Johann Lukas Schönleins Klassifikationssystem der Krankheiten

O historii medycznych systemów klasyfikacji – nowe wyniki badań dot. systemu klasyfikacji chorób Johanna Lukasa Schönleina

Zusammenfassung

„Sprache und Medizin" betrifft auch medizinische Klassifikationssysteme und Nomenklaturen. Sprache dient hier sowohl der systematischen Ordnung medizinischen Wissens als auch einem normierten Sprechen über dieses Wissen. Die Basler anatomische Nomenklatur ist ein Beispiel für eine verbindliche Sammlung von Benennungen für den Bereich der Anatomie. In der medizinischen Klinik gibt es ebenfalls bereits seit Längerem Bemühungen, ein einheitliches Klassifikationssystem für Krankheiten zu schaffen – als heute (zumindest in der westlichen Welt) verbreitetstes System kann die International Statistical Classification of Diseases and Related Health Problems (ICD) angesehen werden, die die Krankheiten aktuell (nach ICD-10) in insgesamt 22 Krankheitskapitel, 261 Krankheitsgruppen und mehrere tausend drei- und vierstellige Krankheitsklassen unterteilt, wobei die Einteilungskriterien topographischer, ätiologischer oder pathologischer Art sind. Historisch betrachtet gibt es eine ganze Reihe von Versuchen, ein solches System zur Klassifikation der Krankheiten bzw. Krankheitsbezeichnungen zu schaffen. Bereits Carl von Linné (1707–1778) hat 1759 – beeinflusst von seinen beiden Zeitgenossen Francois Boissier de Lacroix, (1706–1767) und Herman Boerhaaven (1668–1738) – eine kleine Schrift unter dem Titel „Genera morborum" herausgegeben, in der er eine Nosologie nach Ordnungen, Klassen und Familien entwarf. Einer der prominentesten Versuche des 19. Jahrhunderts stammt von Johann Lukas Schönlein (1793–1864), der als Begründer der modernen deutschen Klinik gilt. Auch Schönlein – unter dem Einfluss Linnés und der Naturphilosophie von Lorenz Oken (1779–1851) stehend – hat sich seit den 20er Jahren des 19. Jahrhunderts darum bemüht, ein nosologisches Klassifikationssystem zu entwickeln, in dem Krankheiten wie die Organismen des Pflanzen- und Tierreiches nach Arten, Gattungen, Familien und Ordnungen klassifiziert wurden. Ob Schönlein dabei Krankheiten als ontologische Entitäten bzw. als eigenständige Organismen betrachtet, wie dies ein Teil der unter dem Einfluss der Naturphilosophie stehenden deutschen Mediziner zu Beginn des 19. Jahrhunderts tatsächlich tat, oder ob Schönlein hier lediglich bestimmte epistemische Verfahren der Naturgeschichte nutzt, ohne die Analogie von Krankheiten und Organismen wörtlich zu verstehen, wird bis heute unterschiedlich bewertet. Schönlein hat entgegen eigener Ankündigungen nie seine geplante „Naturgeschichte der Europäischen Krankheiten" veröffentlicht. Lediglich ein von ihm nicht autorisierter Druck von Mitschriften seiner Vorlesungen gibt heute noch Auskunft über das von ihm entworfene System. Im Beitrag sollen neue Erkenntnisse anhand wiederentdeckter Vorlesungsmitschriften präsentiert werden. Schönlein selbst soll – so zumindest seine wohlwollenden Historiographen – deshalb dieses Werk nicht vollendet haben, weil ihn neue medizinische Erkenntnisse beständig zum Überarbeiten seines Entwurfes zwangen und er schließlich auf eine schriftliche Fixierung des Status quo verzichtete. Die vorliegenden Vorlesungsmitschriften aus den Jahren 1819–1832 zur allgemeinen Pathologie und speziellen Therapie geben nun die Möglichkeit, diese Ansicht zumindest kursorisch und anhand einiger ausgewählter Beispiele zu beurteilen. Daneben soll aber auch nach anderen plausiblen Gründen für das Scheitern dieses Projektes gefahndet werden – Ausgangspunkt stellen hierfür neu entdeckte Archivalien dar.

Streszczenie

„Język i medycyna" – tytuł konferencji odnosi się także do medycznych systemów klasyfikacji i nazewnictwa. Język służy systematycznemu uporządkowaniu wiedzy medycznej, ale i unormowanemu mówieniu o tej wiedzy. Nomenklatura anatomiczna z Bazylei jest przykładem zbioru obowiązujących nazw z zakresu anatomii. W klinice medycznej starano się od dłuższego czasu wprowadzić jednolity system klasyfikacji chorób; w świecie zachodnim przyjmuje się, że najbardziej rozpowszechniony system to International Statistical Classification of Diseases and Related Health Problems (ICD), dzielący obecnie choroby (wg ICD-10) na 22 rozdziały, 261 grupy i kilka tysięcy klas określanych liczbami trzy i czterocyfrowymi, przy czym kryterium podziału są czynniki topograficzne, etiologiczne lub patologiczne. W perspektywie historycznej istniał szereg prób stworzenia takiego systemu klasyfikacji chorób wzgl. ich określeń. Już Karol Linneusz (1707–1778) wydał w roku 1759, zainspirowany współczesnymi badaczami Francoisem Boissier de Lacroix'em (1706–1767) i Hermanem Boerhaaven'em (1668–1738), dzieło pt. „Genera morborum", w którym proponował nozologię według rodzajów, klas i rodzin. Jedną z najsłynniejszych prób klasyfikacji w XIX w. podjął Johann Lukas Schönlein (1793–1864), uznawany za założyciela nowoczesnej niemieckiej kliniki. Pod wpływem badań Linneusza oraz filozofii naturalnej Lorenza Okena (1779–1851) Schönlein pracował od lat 20-tych XIX w. nad stworzeniem nozologicznego systemu klasyfikacji nie tylko dla chorób, ale i organizmów flory i fauny, według rodzajów, klas i rodzin. Do dzisiaj trwają dykusje nt. tego, czy Schönlein postrzegał choroby jako ontologiczne jednostki wzgl. osobne organizmy, tak jak część niemieckich lekarzy, będących pod wpływem filozofii naturalnej na początku XIX w., lub czy korzystał jedynie z pewnych epistemicznych metod historii naturalnej, bez dosłownego pojmowania analogii między chorobami a organizmami. Wbrew własnym zapowiedziom Schönlein nigdy nie opublikował planowanej „Historii naturalnej europejskich chorób", jedynie nieautoryzowany przez niego druk spisanych wykładów informuje o naszkicowanym systemie. W referacie zaprezentujemy nowe konkluzje na podstawie odkrytych manuskryptów. W interpretacji sprzyjających mu historyków, Schönlein nie dokończył dzieła, gdyż nowe odkrycia medyczne skłoniły go do ciągłej aktualizacji szkicu, a ostatecznie zrezygnował z pisemnego podsumowania status quo. Odkryte manuskrypty wykładów nt. patologii ogólnej i terapii specjalnej z lat 1819–1832 stwarzają możliwość weryfikacji tego poglądu, wyrywkowo i na podstawie wybranych przykładów. Ponadto staramy się poszukać dalszych powodów niepowodzenia projektu, co czynimy na bazie nowo odkrytych materiałów archiwalnych.

Einleitung

Medizin und Sprache – die Sprache der Medizin: dies betrifft zuerst medizinische Klassifikationssysteme und Nomenklaturen. Sprache dient sowohl der systematischen Ordnung medizinischen Wissens als auch dem normierten Sprechen über dieses Wissen. Historisch betrachtet gibt es eine Reihe von Versuchen, ein System zur Klassifikation der Krankheiten bzw. Krankheitsbezeichnungen zu schaffen. Bereits Carl von Linné (1707–1778) legte 1759 unter dem Titel *Genera morborum* eine Nosologie nach Ordnungen, Klassen und Familien vor. Einer seiner prominentesten Nachfolger war Johann Lukas Schönlein (1793–1864), der als Begründer der modernen deutschen Klinik gilt. Unter dem Einfluss Linnés und der Naturphilosophie Lorenz Okens (1779–1851) bemühte sich Schönlein seit den 1820er Jahren darum, ein nosologisches Klassifikationssystem zu entwickeln, in dem Krankheiten analog den Organismen des Pflanzen- und Tierreiches nach Arten, Gattungen, Familien und Ordnungen klassifiziert wurden. Ob Schönlein dabei Krankheiten als ontologische Entitäten bzw. eigenständige Organismen betrachtete, wie dies ein Teil der unter dem Einfluss der Naturphilosophie stehenden deutschen Mediziner zu Beginn des 19. Jahrhunderts tatsächlich tat, oder ob er lediglich bestimmte epistemische Verfahren aus der Naturgeschichte nutzte, ohne die Analogie von Krankheiten und Organismen wörtlich zu verstehen, wird bis heute kontrovers diskutiert.

Schönleins System der Krankheiten und seine Schulzugehörigkeit

Die Schönleinsche Nosologie gewann in der Blütezeit der „naturhistorischen Schule" (etwa 1825–1845), als deren Begründer Schönlein gilt,[1] eine herausragende Bedeutung im medizinischen Diskurs. Noch im Jahre 1839, als die naturhistorische Schule bereits wieder an Einfluss verloren hatte und sich an ihrer Stelle stärker an den modernen Naturwissenschaften orientierte Strömungen durchsetzten, wurde Schönlein im Zuge seiner bevorstehenden Berufung an die Berliner Universität in einer Stellungnahme der medizinischen Fakultät wegen seiner *geistvollen Auffassung der*

---

1 Bleker, Johanna: Die naturhistorische Schule 1825–1845: ein Beitrag zur Geschichte der klinischen Medizin in Deutschland. Stuttgart 1981.

natürlichen Verwandtschaften der Krankheiten gelobt und auf Platz eins der Berufungsliste der Fakultät gesetzt.[2]
Bereits von Schönleins Zeitgenossen und dann vor allem von seinen späteren Historiographen wurde darüber debattiert, ob es Schönlein mit der Analogie zwischen Krankheiten und Organismen ernst gewesen sei oder ob er diese nur benutzt habe, um das für das Pflanzen- und Tierreich bis dahin bewährte Linnésche Ordnungs- und Klassifikationsverfahren auch auf die Krankheitslehre zu übertragen.[3] Dies nicht etwa, um zu behaupten, dass Krankheiten auf eine ähnliche Art und Weise verwandt seien wie Tiere und Pflanzen, sondern um ein systematisches Gebäude der Krankheitslehre für den klinischen Unterricht zu entwerfen, das nicht nur das Erlernen der Krankheitslehre erleichtern sollte, sondern in seiner Systematik auch Hinweise auf die Beziehungen der Krankheiten untereinander und damit auf ihre Prognose und Therapie enthalte.

Bei der Debatte um die Schönleinsche Krankheitslehre ging es von Anfang an darum, Schönlein und seine Schule für bestimmte Entwicklungstendenzen zu vereinnahmen: Die Behauptung, für Schönlein seien Krankheiten organismusähnliche Entitäten (*Krankheitswesen*), rückt ihn zugleich in die Nähe einer rückwärtsgewandten, naturphilosophisch-romantisch orientierten Medizin. Die Annahme hingegen, Schönlein bediene

---

2 Geheimes Staatsarchiv Preußischer Kulturbesitz, Rep. 76 Kultusministerium Va Sekt. 2 Tit. IV Nr. 6 Bd. 4, Bl. 17 r.
3 Vgl. etwa Mührys Darstellung – Mühry, Adolf: Rezension zu: Schönlein's klinische Vorträge in dem Charité-Krankenhause zu Berlin. Redigirt und herausgegeben von Dr. L. Güterbock. Hannoversche Annalen für die gesammte Heilkunde 2 (Neue Folge) (1842), 731–752; Henle, Jakob: Medizinische Wissenschaft und Empirie. Zeitschrift für rationelle Wissenschaft 1 (1844), 1–30, S. 23. Griesinger nennt Schönlein sogar den *Herrscher im Reiche der deutschen ontologischen Medicin* – Griesinger, Wilhelm: Herr Ringseis und die naturhistorische Schule. Archiv für physiologische Heilkunde an den Hochschulen Niederlands 1 (1842), 43–90, S. 79 ff. Zu diesem Streit insgesamt vgl. Bleker (1981) [wie Fn. 1], S. 132 ff. und Schmiedebach, Heinz-Peter: Robert Remak (1815–1865) ein jüdischer Arzt im Spannungsfeld von Wissenschaft und Politik. Stuttgart [u. a.] 1995, S. 122–124. Zuletzt hat Wittkau-Horgby Schönlein als Vertreter einer *ontologischen Pathologie* charakterisiert – Wittkau-Horgby, Annette: Materialismus. Entstehung und Wirkung in den Wissenschaften des 19. Jahrhunderts. Göttingen 1998, S. 37 f.

sich lediglich bestimmter naturgeschichtlicher Klassifikationsverfahren,[4] sieht ihn als Protagonisten einer fortschrittlichen, naturwissenschaftlichen Medizin in Deutschland. Letztlich hat sich in der Medizingeschichte das Bild von Schönleins naturhistorischer Schule als das von einer Übergangsphase durchgesetzt.[5]

Schönlein hat allerdings entgegen eigener Ankündigungen nie seine geplante *Naturgeschichte der Europäischen Krankheiten* veröffentlicht. Lediglich ein von ihm nicht autorisierter Druck von Mitschriften gibt Auskunft über das von ihm entworfene System: die erstmals 1832 unter dem Titel *Allgemeine und specielle Pathologie und Therapie* erschienenen Vorlesungen von Schönlein.[6] Hier finden sich im einführenden Teil des ersten Bandes (*Allgemeine Pathologie*) Ausführungen, die – wenn sie denn Anspruch auf Authentizität erheben dürfen – auch Aufschluss hinsichtlich der Frage nach der Schulzugehörigkeit Schönleins geben könnten. Nur liegt genau hierin das Problem: Schönlein selbst hat nämlich die Authentizität dieser Nachschriften vehement abgestritten.

Aus diesem Grunde liegt es nahe, sich eingehender mit den noch existierenden ungedruckten Vorlesungsmitschriften und dem Zustandekommen des von Schönlein nicht autorisierten Druckes auseinanderzusetzen, um den tatsächlichen Wert der gedruckten Vorlesungsmitschriften besser beurteilen zu können und den Wert der bislang ungedruckten Vorlesungsmitschriften herauszuarbeiten. Die folgenden Ausführungen können diese Fragen keinesfalls erschöpfend beantworten, sie dienen vielmehr einer ersten Annäherung.

---

4 So wie Linné auch an Boissier de Sauvages geschrieben hat, die Symptome für die Krankheiten seien *was die Blätter und die Stützen für die Pflanzen sind* – zit. nach Lepenies, Wolf: Das Ende der Naturgeschichte. Wandel kultureller Selbstverständlichkeiten in den Wissenschaften des 18. und 19. Jahrhunderts. München [u. a.] 1976, S. 78.
5 Bleker (1981) [wie Fn. 1].
6 Schönlein, Johann Lukas: Allgemeine und specielle Pathologie und Therapie. Nach J.L. Schönlein's Vorlesungen niedergeschrieben und herausgegeben von einem seiner Zuhörer. Würzburg 1832.

Schönleins Vorlesungsmitschriften

Studentische Mitschriften von Vorlesungen entstanden oft dann, wenn die Vortragenden nicht selbst rechtzeitig für die Veröffentlichung ihrer Lehrmeinung sorgten. Sie zirkulierten unter den Studierenden und dienten der Memorierung des Vorlesungsstoffes und der Vorbereitung auf die medizinischen Examina. Derzeit sind sieben handschriftliche Mitschriften von Schönleinschen Vorlesungen aus dessen Würzburger Periode (1818–1832) bekannt:[7] 1. Franz Riegel (allgemeine Pathologie, 1819);[8] 2. Johann Baptist Ullersperger (allgemeine Pathologie und spezielle Therapie, 1819/1820);[9] 3. Conrad Heinrich Fuchs (spezielle Therapie, 1821–1825; 1826);[10]

---

7   Es existiert noch eine Mitschrift von Theodor von Hessling (1816–1899) aus den ersten Jahren von Schönleins Berliner Periode: *Schönlein's Vorlesungen über specielle Pathologie und Therapie nachgeschrieben zu Berlin in den Jahren 1840.42.43 Dr. Theodor v. Hessling* (Universitätsbibliothek Würzburg, Msc.misc.70/72/37–39). Eine weitere Mitschrift von Bernhard Trier aus den Jahren 1827/28, die laut Fuhrmann von der Würzburger Universitätsbibliothek erworben wurde, lässt sich heute nicht mehr nachweisen – Fuhrmann, Heinz R.: Dr. Johann Lucas Schönlein, der Begründer einer neuen Zeit in der Medizin. Berichte der Physikalisch-medizinischen Gesellschaft Würzburg NF 62 (1938), 131–180, S. 179. Aus Schönleins Züricher Zeit (1833–1839) sind keine Mitschriften bekannt.
8   Es handelt sich wahrscheinlich um Franz Michael Riegel (1796–1871), der 1816 mit seinem Studium in Würzburg begann und 1823 zum Doktor der Medizin promoviert wurde. Das Vorlesungsskript hat sich in der Universitätsbibliothek Uppsala erhalten (Sign. Ms cod.–00046).
9   Johann Baptist Ullersperger (1798–1878) aus Neuburg an der Donau wurde 1817 an der Universität Würzburg immatrikuliert. Das Manuskript, das in der Bayerischen Staatsbibliothek aufbewahrt wird (Sign. Cgm 5321), umfasst insgesamt 5 Bände: Band 1, 2, 4 und 5 = Spezielle Therapie; Band 3 = Allgemeine Pathologie und Therapie. Band 1, 2 und 3 sind datiert (1819–1820), Band 4 und 5 dagegen undatiert.
10 Conrad Heinrich Fuchs (1803–1855) war Assistent von Schönlein in Würzburg und gilt als einer seiner wichtigsten Schüler. Von Fuchs sind zwei Vorlesungsnachschriften in der Universitätsbibliothek Göttingen erhalten: *Specielle Nosologie und Therapie. Zweiter Band. Nachgeschrieben von Dr. C.H. Fuchs. Würzburg 1826* (Sign. 4 Cod. Ms. Nat. 62 r). Das unter der Signatur 4 Cod. Ms. Nat. 62 erhaltene Manuskript besteht aus insgesamt 5 nachträglich miteinander verbundenen Teilen und scheint zumindest teilweise Band 1 der *Speciellen Nosologie und Therapie* darzustellen. Inhaltlich scheint es sich bei den Teilen 3–4 um den Anschluss an Band 2 zu handeln.

4. Peter Jakob Felber (allgemeine Pathologie, 1825–1827);[11] 5. Leonhard von Muralt (überwiegend spezielle Therapie, 1829);[12] 6. Michael Katzenberger (spezielle Therapie, 1830);[13] 7. Theodor Schilgen (spezielle Therapie, 1831/32).[14]

Dazu kommt ein weiteres Manuskript, das bereits zu Beginn der 1830er Jahre unter den Würzburger Medizinstudenten kursierte und das eine Kompilation aus Mitschriften verschiedener Studenten darstellte – ein Abdruck dieses Manuskript erschien angeblich in geringer Auflagenzahl ohne Schönleins Billigung.[15] Bislang war kein Exemplar dieser ersten

---

11 Peter Jakob Felber (1805–1872) – schweizerischer Arzt und Politiker. Das Manuskript befindet sich in Privatbesitz und ist momentan leider nicht zugänglich.

12 Leonhard von Muralt (1806–1891) – schweizerischer Arzt. Das in der Bibliothek des Medizinhistorischen Instituts und Museums der Universität Zürich befindliche Manuskript (Sign. Ms D 122) wurde bereits im Rahmen einer Dissertationsarbeit ediert – vgl. Köpfli, Katharina: Schönleins Würzburger Klinik von 1829: Aufzeichnungen des Zürcher Arztes Leonhard von Muralt. Zürich 1998.

13 Michael (Adam) Katzenberger (1808–? [nach 1874]) aus Würzburg immatrikulierte sich 1827 als *cand. phil.* in Würzburg; im Wintersemester 1831/32 sowie im SS 1832 wird er als Medizinstudent geführt und im selben Jahr mit der Arbeit *Von den Wunden im Allgemeinen* promoviert. Das Manuskript heißt *Vorlesungen über specielle Pathologie und Therapie von Schoenlein* und befindet sich in der Universitätsbibliothek Würzburg (Sign. M. ch. f. 361).

14 Theodor Schilgen (keine Lebensdaten) aus Rheine/Westf. ist für das WS 1831/1832 und das SS 1832 als Student in Würzburg nachgewiesen. Das Manuskript befindet sich ebenfalls in Privatbesitz.

15 Vgl. hierzu und zum Folgenden Schemmel, Bernhard: Johann Lukas Schönlein (1793–1864) Arzt und Mäzen; *... und ewig erklingen wird sein Ruhm ...*; Ausstellung der Staatsbibliothek Bamberg. Bamberg 1993, S. 75–77. Schemmel scheint sich dabei ganz auf das von August Siebert (1805–1855), einem Schönlein-Schüler, Mitgeteilte zu verlassen (Siebert, A.: Die Schlange des Aeskulap und die Schlange des Paradieses: eine Remonstration im Interesse der freien Wissenschaft gegen die Restauration des Dr. Johann Nepomuk Ringseis. Jena 1841, S. 83 f.). Eine ausführliche zeitgenössische Darstellung der Vorgänge findet sich auch im *Wochenblatt für Buchhändler, Musikhändler, Buchdrucker und Antiquare.* 14. Jg., 1833, S. 164–170.

Auflage ausfindig zu machen,[16] doch jetzt ist es gelungen, ein Exemplar in der Universitätsbibliothek Kiel aufzuspüren.[17] Dieses Exemplar besteht aus vier Bänden, wobei der erste Band in zwei drucktechnisch getrennten Abteilungen ausgeliefert wurde. Dem Exemplar fehlt ein Titelblatt mit Impressum,[18] stattdessen ist handschriftlich mit Tinte auf die Innenseite des Buchdeckels der ersten Abteilung des ersten Bandes der Titel *Schönlein Pathologie und Therapie I.1* vermerkt. Ähnlich wurde auch bei den anderen Bänden verfahren. Alle Bände tragen auf der Vorderseite des ersten Blattes den mit gleicher Handschrift geschriebenen Personennamen *Steindorff*. Im Verzeichnis des Personals und der Studierenden der Universität Würzburg ist für das Wintersemester 1832/33 ein *stud. med.* namens Magnus Steindorf(f) verzeichnet, der als ursprünglicher Eigentümer des Exemplars in Frage kommt.[19]

Als dann 1832 ein vierbändiges Werk unter dem Titel *Allgemeine und specielle Pathologie und Therapie. Nach J.L. Schönlein's Vorlesungen niedergeschrieben und herausgegeben von einem seiner Zuhörer. Zweite, verbesserte Auflage* in Kommission des Würzburger Buchhändlers Carl Christian Etlinger (1782–1837) erschien, distanzierte sich Schönlein explizit von dieser Veröffentlichung mittels einer *Erklärung*, die er unter anderem in der *Neuen Würzburger Zeitung* und *Allgemeinen Augsburger Zeitung* veröffentlichte. Zugleich erhob er Anklage gegen Etlinger vor dem Königlichen Kreis- und Stadtgericht Würzburg.[20] In Schönleins Erklärung heißt

---

16 Schemmel schreibt: *Die erste Auflage von 1831 ist in den Bücherverzeichnissen nicht nachgewiesen, wird auch in der Schönlein-Literatur nirgends zitiert; Bleker hat sie vergeblich in (west-) deutschen Bibliotheken gesucht.* – Schemmel (1993) [wie Fn. 15], S. 75.
17 Kieler Zentralbibliothek, Sign. Kd 2890.
18 Möglicherweise wurde es in der Würzburger Druckerei von Friedrich Ernst Thein (1803–1883) gedruckt, zumindest gab dies Gottfried Eisenmann (1795–1867) gegenüber Virchow an. Virchow, Rudolf: Gedächtnisrede auf Joh. Lucas Schönlein. Gehalten am 23. Januar 1865, dem ersten Jahrestage seines Todes in der Aula der Berliner Universität. Berlin 1865, S. 69.
19 Magnus Friedrich Steindorff (1811–1869) – deutscher Arzt und Politiker. Steindorff starb in Kiel, was den Verbleib seines Exemplars in der Kieler Bibliothek erklären könnte.
20 Der Vorgang hat sich teilweise im Staatsarchiv Ludwigsburg erhalten (Sign. StAL E 173 I).

es: *Die Etlinger'sche Buchhandlung in Würzburg bietet unter dem Titel: ‚Allgemeine und specielle Pathologie und Therapie nach J. L. Schönlein's Vorlesungen' ein Werk zum Verkaufe aus, das meine früheren Vorträge so unvollständig, so höchst fehlerhaft und häufig zu solchem Unsinne entstellt wiedergibt, daß ich mich genöthigt sehe, öffentlich gegen diese Mißhandlung zu protestiren, und zugleich das ärztliche Publikum aufmerksam zu machen, gegen diesen literarischen Betrug auf seiner Hut zu seyn.*[21]

Schönleins gerichtliche Schritte führten zwar zur Unterbindung des Etlingerschen Druckes, konnten aber die baldige Weiterverbreitung des Werkes durch einen Schweizer Verleger nicht verhindern.[22] Schon 1834, ein Jahr nachdem Schönlein seine Lehrtätigkeit in Zürich aufgenommen hatte, veröffentlichte das Litteratur-Comptoir Herisau eine im Vergleich zur Etlinger-Ausgabe nur geringfügig geänderte, aber als *neue, sehr verbesserte* angepriesene Auflage. Der Schweizer Verlagseigentümer Friedrich Egli (1806–1842)[23] war dafür bekannt, dass er vor allem Nachdrucke (u. a. von Goethe und Ludwig Börne) sowie in Deutschland konfiszierte Schriften verlegte. Die 1834er Ausgabe müsste eigentlich als dritte Auflage der Schönleinschen Vorlesungsmitschriften gelten, aber erst die im Jahr 1837 im selben Verlag erscheinende Auflage wird offiziell

---

21 Zitiert nach *Wochenblatt für Buchhändler, Musikhändler, Buchdrucker und Antiquare.* 14. Jg., 1833, S. 164. Erich Ebstein hat diese Erklärung, von der er ein Exemplar in der Brockhausschen Autographensammlung entdeckt hatte, als erster publiziert (Ebstein, Erich: Über einige verschollene Schriften Joh. L. Schönleins. Archiv für Geschichte der Medizin 5 (1912), S. 450); Bleker hat dies 70 Jahre später versehentlich noch einmal getan (Bleker, Johanna: Eine bisher unbeachtete Erklärung Schönleins. Sudhoffs Archiv für Geschichte der Medizin 66 (1982), 186–187) – vgl. hierzu auch Brinkschulte, Eva; Teichfischer, Philipp: „Nachlassgeschichten" – über den Schönlein-Biographen Erich Ebstein (1880–1931) und die Wiederentdeckung eines Teils des Schönlein-Nachlasses. Medizinhistorisches Journal 47 (2012), S. 13, Fn. 53.

22 Bei Schemmel findet sich die Angabe, dass das Werk auch noch *bei verschiedenen Verlegern am Rhein [und] in Österreich* nachgedruckt wurde (Schemmel (1993) [wie Fn. 15], S. 76) – dafür konnten allerdings keine Belege gefunden werden. Schemmel hat diese Angabe möglicherweise wiederum von Siebert übernommen: Siebert (1841) [wie Fn. 15], S. 83.

23 Nähere Angaben zu Eglis Verlag finden sich bei Schläpfer, Walter: Pressegeschichte des Kantons Appenzell Ausserrhoden. Das Zeitungswesen im Kanton Appenzell Ausserrhoden in seiner geschichtl. Entwicklung. Herisau 1978, S. 60–67.

als *dritte, sorgfältig verbesserte Auflage* deklariert. Es folgen noch eine *vierte, sorgfältig- und vielverbesserte* (1839),[24] eine *fünfte sorgfältig verbesserte und vielvermehrte* (1841) und eine sechste Auflage (1846), die alle drei im Litteratur-Comptoir St. Gallen erschienen, wohin Egli seinen Verlag im Jahr 1838 verlegt hatte. Schönlein scheint nicht gerichtlich gegen diese Drucke vorgegangen zu sein, jedenfalls haben sich keine entsprechenden Hinweise im Staatsarchiv Zürich bzw. im Gemeindearchiv Herisau erhalten.

Schönleins eigene Veröffentlichungspläne

Schönleins gerichtliches Vorgehen gegen den Druck der Vorlesungsmitschriften geht möglicher Weise auch auf eigene Veröffentlichungspläne zurück. 1832 berichtete Schönlein Johann Friedrich Dieffenbach (1792–1847) von seinen Ambitionen in Bezug auf die Veröffentlichung seiner Vorlesungen: *Ich wiederhohle Ihnen, was ich schon früher gegen Sie äußerte, daß der Aufenthalt in Berlin*[25] *mir jetzt besonders wünschenswert wäre, weil ich dort die persönlichen u. materiellen Unterstützungen allein zu hoffen finde, die für die Beendigung meines Werkes über spezielle Pathologie u. Therapie mir so sehr Noth thun. Ein Werk, dessen endliches Erscheinen für mich aber jetzt wahrer Ehrenpunkt geworden ist; nachdem einige meiner Zuhörer die Unverschämtheit hatten, einen Abdruck in 4 Bänden nach einem nicht bloß fehlerhaften, sondern wahrhaft unsinnigen Kollegienhefte zu veranstalten.*[26]

Schönlein zog allerdings Anfang 1833 nicht nach Berlin, sondern nach Zürich an die dort soeben gegründete Universität. Über seine weiteren Publikationspläne gibt ein in der Staats- und Universitätsbibliothek

---

[24] In der Auflage von 1839 wurden dann die Bände 1 und 2 wieder drucktechnisch in einem Band zusammengefasst, außerdem kam es an einigen Stellen zu größeren Kürzungen (Band 1 von 1834 hat 536 Seiten, Band 1 von 1839 nur noch 327 Seiten!) und inhaltlichen Umarbeitungen.

[25] Schönlein rechnete sich bereits 1832 nach seiner Entlassung in Würzburg Chancen aus, eine Anstellung an der Berliner Charité zu finden.

[26] Brief vom 05.11.1832 (Würzburg) – Geheimes Staatsarchiv Preußischer Kulturbesitz, VI. HA, NL Wilhelm Dorow.

Hamburg erhaltener Vertragstext zwischen der Weidmannschen[27] Buchhandlung (Leipzig) und Schönlein Auskunft:[28] Demnach plante Schönlein im Jahr 1833 die Herausgabe eines Werkes mit dem Titel *Allgemeine und specielle Pathologie und Therapie*. Das Werk sollte laut Vertragstext, der auf den 07. August 1833 (Zürich) datiert ist, sechs Bände umfassen, wovon der erste zu Ostern 1834, der letzte im Jahr 1836 erscheinen sollte.[29] Ob Schönlein dann durch die Herausgabe seiner Vorlesungen bei Egli vollends entmutigt wurde oder ob ihn berufliche und private Verpflichtungen in Zürich von seinen Veröffentlichungsplänen abhielten, ist nicht bekannt. Jedenfalls ist die beabsichtigte Publikation nie verwirklicht worden. Als Schönlein im Frühjahr 1840 seine Vorlesungen und den klinischen Unterricht in Berlin begann, wählte er als Lehrbuch bezeichnenderweise nicht seine Vorlesungen, sondern führte ab 1841 das *Handbuch der medicinischen Klinik* (1841–1843) seines Schülers Carl Friedrich Canstatt (1805–1850) ein.[30]

Krankheiten als Organismen

Welche Positionen ergeben sich aus den genannten Mitschriften hinsichtlich der oben gestellten Frage: Begriff Schönlein Krankheiten als organismusähnliche Entitäten? In dem nicht autorisierten Vorlesungsdruck von Etlinger gibt es keine Antwort auf diese Frage. Zwar liest man hier eine Reihe von eindeutig naturphilosophischen Reflexionen zur Natur der Krankheiten, es findet allerdings keine explizite Gleichsetzung mit Organismen statt.

Interessanterweise sieht dies in den beiden erhaltenen Mitschriften zur allgemeinen Pathologie aus den Jahren 1819 und 1820 etwas anders aus.

---

27 Virchow gibt hier im Anschluss an Christoph Ernst Bach (1810–1873), einen Schüler Schönleins aus Züricher Zeiten, fälschlicherweise *Reimer'sche* an – Virchow (1865) [wie Fn. 18], S. 70.
28 SUB Hamburg: CS 14: Schönlein: 5–6.
29 Die Veröffentlichung wird u. a. im *Repertorium der gesammten deutschen Literatur* (Bd. 1, 1834, S. 76) angekündigt, wobei hier seltsamerweise nur von zwei Bänden die Rede ist.
30 Vgl. hierzu Ebstein, Erich: Joh. Lukas Schönlein in Brüssel. Nach Gesprächen mit dem Kliniker Canstatt. Archiv für Geschichte der Medizin 9 (1916), 209–220, S. 210.

In Riegels Manuskript (1819) findet sich der folgende Satz: *Jede Krankheit ist ein Organismus, u. wird daher nicht stillestehen sondern stets fortschreiten, sie wird sich evolviren u. dieses sich durch besondre Symptome kund thun, die vorher nicht da waren, diese Metamorphose der Krankheit nennt man den Gang der Krankheit.*[31] Die Parallelstelle bei Ullersperger (1820) lautet: *Da d. Krankheit [ein/ im]*[32] *Organismus ist (da sie Realität besitzt), so wird sie nie stille stehen; sondern fortschreiten wie alles, was in der Zeit geworden; u. diese Metamorphose der Krankheit wird sich kundthun durch eine Reihe v. Modifikationen der primären Symptome und der Erscheinung neuer. Man nennt es Prozeß – Gang, Verlauf der Krankheit.*[33] In der Druckausgabe von 1832 heißt es dagegen: *Da jede einmal real gewordene Krankheit eine organische ist, so kann sie nicht stille stehen, sie schreitet fort, und erleidet in ihrem Fortschreiten verschiedene Modifikationen. Dieses Fortschreiten nennt man Gang oder den Verlauf der Krankheit.*[34]

Sieht man sich die zitierten Stellen in ihrem Kontext an, so wird schnell klar, dass die Verschiedenheit auf der Ausdrucksebene kaum inhaltlich-sachliche Folgen zeitigt. Vielmehr kam es Schönlein an dieser Stelle offenbar darauf an, den Prozesscharakter von Krankheiten zu verdeutlichen. Insofern scheint es sich bei der Verwendung des Ausdrucks *Organismus* im Jahre 1819 lediglich um einen metaphorischen Wortgebrauch zu handeln, der vielleicht auch ein Zugeständnis Schönleins an den Sprachduktus dieser Zeit darstellt.

Der Vergleich der beiden Manuskripte von Riegel und Ullersperger mit den Drucken von 1832 bzw. 1834 spricht zudem für die Authentizität großer Teile der *Allgemeinen Pathologie* in der gedruckten Vorlesungsmitschrift. Vergleicht man allerdings die Bände 1 und 2 (1819–1820) zur speziellen Therapie aus Ullerspergers Manuskript mit dem späteren Druck, werden

---

31 Vgl. oben Fn. 8.
32 Die Lesart ist an dieser Stelle nicht eindeutig.
33 Vgl. oben Fn. 9.
34 Schönlein (1832) [wie Fn. 6], S. 15. Identisch die Stelle in der 1834er Ausgabe, hier S. 16 – Schönlein, Johann Lukas: Allgemeine und specielle Pathologie und Therapie: Nach J.L. Schönlein's Vorlesungen. Niedergeschrieben und herausgegeben von einem seiner Zuhörer. Herisau 1834. Ebenfalls identisch im Steinhoffschen Exemplar der Erstauflage, hier S. 17.

auch Unterschiede deutlich: So scheint Schönlein sein naturhistorisches Klassifikationssystem der Krankheiten keineswegs schon zu Beginn seiner Vorlesungstätigkeit, sondern erst Anfang der 1820er Jahre entwickelt zu haben.[35]

---

35 Laut Würzburger Vorlesungsverzeichnis begann Schönlein seine Vorlesungen als Privatdozent im Sommersemester 1818 – vgl. Caspary, Dorothea: Johann Lukas Schönlein in seiner Würzburger Zeit (1813–1833): Quellen- und Literaturstudie. Würzburg 1972, S. 88. In den beiden undatierten Bände 4 und 5 aus Ullerspergers Manuskript findet sich dann allerdings das typisch naturhistorische Klassifikationssystem – diese sind demnach wahrscheinlich auf nach 1820 zu datieren.

Michael Sachs

Die letzten lateinischen und die ersten deutschsprachigen Dissertationen an den medizinischen Fakultäten der preußischen Universitäten in Berlin, Breslau, Halle und Königsberg im Jahre 1867

Pierwsze niemieckojęzyczne dysertacje na wydziałach medycznych uniwersytetów w Berlinie, Wrocławiu, Halle i Królewcu (1867 r.)

Zusammenfassung

Bis weit in das 19. Jahrhundert hinein musste an den preußischen Universitäten die Promotionsprüfung in lateinischer Sprache *mit Strenge* (daher *examen rigorosum*) vollzogen werden. Nicht nur die gedruckten Inaugural-Dissertationen sondern auch die mündlichen Disputationen mussten traditionsgemäß in lateinischer Sprache abgefasst bzw. gehalten werden. Erst durch den Erlass des preußischen Kultusministers (*Ministerium der geistlichen, Unterrichts- und Medicinal-Angelegenheiten*) Heinrich von Mühler (1813–1874) vom 22. Mai 1867 durften die medizinischen Dissertationen und Disputationen jetzt auch an allen preußischen Universitäten in deutscher Sprache abgefasst bzw. gehalten werden. Ausschlaggebend dafür war die Tatsache, dass infolge der Gebietserwerbungen Preußens nach dem preußisch-österreichischen Krieg 1866 die Universitäten Göttingen und Marburg unter preußische Herrschaft kamen, in denen schon Jahrzehnte vorher die Abfassung von deutschsprachigen Hochschulschriften erlaubt worden war. Daher erschien eine Vereinheitlichung angezeigt, zumal dem Minister bereits seit Jahren Anträge sämtlicher preußischer medizinischer Fakultäten auf Zulassung der deutschen Sprache vorlagen.

Streszczenie

Aż do drugiej połowy XIX wieku egzaminy doktorskie na pruskich uniwersytetach odbywały się w języku łacińskim, „surowo" (stąd określenie „examen rigorosum"). Nie tylko same dysertacje, ale i dysputacje należało formułować tradycyjnie w tym języku. Zdaje się, że dopiero w roku 1867 dopuszczono egzaminy w języku niemieckim. Należy przypuszczać, iż równoczesne występowanie doktoratów z zakresu medycyny w czerwcu i lipcu 1867 r. na czterech uniwersytetach w Berlinie, Wrocławiu, Halle i Królewcu wiąże się z nową ustawą bądź rozporządzeniem ministerialnym. W referacie przedstawiamy owe podstawy prawne oraz pierwsze niemieckojęzyczne doktoraty na wspominanych wydziałach medycznych. Nadto przeanalizujemy przebieg łacińskiego przewodu doktorskiego na podstawie wspomnień niektórych doktorantów.

Einleitung

Bei der systematischen Auswertung von mehreren Tausend Dissertationen für das Historische Ärztelexikon für Schlesien[1] war für mich überraschend, dass noch bis zur Mitte des Jahres 1867 sämtliche medizinische Dissertationen an den preußischen Universitäten Berlin, Breslau, Halle und Königsberg in lateinischer Sprache abgefasst worden waren, dann aber plötzlich seit Juni 1867 in deutscher Sprache publiziert wurden. Das zeitlich übereinstimmende Auftreten der ersten deutschsprachigen medizinischen Promotionen an den vier Universitäten Berlin, Breslau, Halle und Königsberg seit Juni 1867 ließ eine neue gesetzliche Regelung oder einen ministeriellen Erlass vermuten. Diese gesetzlichen Grundlagen und die Gründe für den Sprachwechsel werden im Folgenden dargestellt. Außerdem werden die ersten deutschsprachigen Promotionsarbeiten der genannten medizinischen Fakultäten vorgestellt.

---

1 Sachs, Michael: Historisches Ärztelexikon für Schlesien. Biographisch-bibliographisches Lexikon schlesischer Ärzte und Wundärzte (Chirurgen). 5 Bde. Wunstorf; Frankfurt a. M. 1997–2011.

Die Sprache in der Stadt Breslau und an der Universität Viadrina

Bevor wir auf die Sprache der Medizin an der Universität Breslau eingehen, folgt zunächst ein Blick auf die Sprache, die von der Bevölkerung in der Stadt Breslau gesprochen wurde. Nach der Volkszählung von 1910 hatten 97,9 % der Breslauer Bevölkerung Deutsch als Muttersprache (siehe unten Tab. 1). Dies überrascht, wird doch in neueren Publikationen das alte Breslau oft als multikulturelle Stadt dargestellt.[2]

Tab. 1: Die Bevölkerung Breslaus nach Muttersprache (1910)[3]

Gesamtbevölkerung Breslau	512 105	100 %
Muttersprache Deutsch	501 506	97,9 %
Muttersprache Polnisch	5440	1,1 %
Muttersprache Tschechisch oder Mährisch	456	>0,1 %
Muttersprache andere fremde Sprache	1041	0,2 %
Muttersprache Deutsch und Polnisch	3400	0,7 %
Muttersprache Deutsch und andere Sprache	262	>0,1 %

An den preußischen Universitäten Berlin, Breslau, Halle und Königsberg wurden sämtliche Dissertationen noch bis zur Mitte des Jahres 1867 in lateinischer Sprache abgefasst.[4] Auch die meisten Vorlesungsverzeichnisse[5] und Festschriften wurden in lateinischer Sprache abgefasst. Beispielsweise schrieb der Breslauer Arzt Johann August Burchard (1800–1866) eine Jubiläumsschrift zum goldenen Promotionsjubiläum seines Breslauer Kollegen Elias Henschel (1837–) in lateinischer Sprache.[6] In den Publikationen, die die Breslauer Chirurgenschule betrafen,

---

2 Vgl. z. B. Kozuschek, Waldemar: Geschichte der Medizinischen und Pharmazeutischen Fakultäten der Universität Breslau. Wroclaw 2002, S. 7.
3 Vgl. Statistisches Jahrbuch der Stadt Breslau 1 (1922), 11, S. 10.
4 Vgl. z. B. Deutsch, Carolus: De penitiori ossium structura observationes. Diss. Breslau 1834.
5 Vgl. z. B. Index lectionum in Vniversitate Vratislaviensis per aestatem A. MDCCCLIII a die XI mensis aprilis habendarum. Breslau 1853.
6 Burchard, Johann August: Eliae Henschel, medicinae et chirurgiae doctori ... summorum in arte medica honorum semisaeculara ... gratulatur Dr. Joannes Augustus Burchard. Breslau 1837.

verwendete er aber etwa zur gleichen Zeit (1834) bereits die deutsche Sprache,[7] da Deutsch die Unterrichtssprache an der Chirurgenschule für die jungen Wundärzte war. Lediglich die Habilitationsschriften durften an der Universität Breslau ab 1852 wahlweise in deutscher oder lateinischer Sprache verfasst werden (siehe unten Tab. 2). Die ersten beiden Habilitationsschriften an der Universität Breslau wurden 1852 *mit besonderer Erlaubnis des Ministeriums in deutscher Sprache* gedruckt: *Bemerkungen über die Knochenbrüche* von dem Chirurgen Albrecht Theodor Middeldorpf (1824–1868)[8] und *Beiträge zur Kenntnis der Funktion der Atrioventrikular-Klappen des Herzens* von dem Internisten Victor Julius Nega (1816–1857).[9]

Friedrich Trendelenburg (1844–1924) war einer der letzten Studenten der Universität Berlin, der noch im Jahre 1866 in lateinischer Sprache promovierte.[10] Der spätere Ordinarius für Chirurgie an der Universität Leipzig schreibt in seinen Lebenserinnerungen:[11]

Das examen rigorosum […] wurde nach damaliger Sitte in der Wohnung des Dekans v. Langenbeck abgehalten, der schriftliche Teil der Prüfung mit eingeschobenem guten Frühstück, der mündliche Teil nachmittags mit Kuchen und Konfekt; die feierliche Promotion wurde auf den 12. Juni 1866 angesetzt. Dabei hatte der Doktorandus die von ihm aufgestellten Thesen gegen seine drei Opponenten – bei mir meine Freunde […] – in lateinischer Sprache zu verteidigen. […] Natürlich war das Ganze eine Komödie. Jeder hatte ein Exemplar der schön rot gebundenen Dissertation in der Hand – in diesem Falle nur den Buchdeckel irgendeiner älteren – und las von dem eingelegten Zettel die wenigen

---

7 Burchard, Johann August: Ueber die sogenannte Muttertrompeten-Schwangerschaft (gravitas tubaria) nebst Beschreibung eines in Breslau beobachteten und abgebildeten Falles. Breslau 1834.
8 Middeldorpf, Albrecht Theodor: Bemerkungen über Knochenbrüche. Allgemeiner Theil. Breslau 1852. Habilitationsschrift der medizinischen Fakultät der Universität Breslau; erschien mit besonderer Erlaubnis des Ministeriums in deutscher Sprache.
9 Nega, Victor Julius: Beiträge zur Kenntniss der Funktion der Atrioventrikular-Klappen des Herzens, der Entstehung der Töne und Geräusche in demselben und deren Deutung. Breslau 1852. Die Schrift erschien mit besonderer Erlaubnis des Ministeriums in deutscher Sprache.
10 Trendelenburg, Friedrich: De veterum Indorum chirurgia. Diss. Berlin 1866.
11 Trendelenburg, Friedrich: Aus heiteren Jugendtagen. Berlin 1924, S. 153–154 u. 167 f. Die Promotion fand am 12. Juni 1866 in Berlin statt.

lateinischen Sätze ab, aus denen das wissenschaftliche Turnier sich zusammensetzte. Das wichtigste dabei war, die Stichworte nicht zu verpassen. Nachdem jeder der Opponenten sich für besiegt erklärt und dem Sieger gratuliert hatte [...], fragte der Doktorandus, ob auch einer der in der Korona Anwesenden zu opponieren wünsche. Es war dies eine leere Formel aus alter Zeit, die Frage wurde immer mit Stillschweigen beantwortet. Aber o Schrecken! In der Korona erhob sich mein Vater[12] *und griff eine meiner Thesen in wohlgesetzter, flüssiger lateinischer Rede an. Ich radebrechte unter allgemeiner Heiterkeit einige Sätze zur Entgegnung und brachte so auch diesen gefährlichsten Angreifer zum Schweigen. Dann wurde der Doktoreid abgelegt, dessen Formel dem schönen alten hippokratischen Eide ähnlich war. [...] Einige Dankesworte meinerseits und ein ebenfalls lateinisch in althergebrachter Formel gesprochenes Gebet beendeten die feierliche Handlung.*

Die ersten deutschsprachigen Promotionen an den preußischen Universitäten

Schon in der ersten Hälfte des 19. Jahrhunderts wurde in Preußen von vielen Hochschullehrern die Forderung gestellt, die deutsche Sprache auch in den Hochschulschriften zu verwenden. Als nur ein Beispiel sei hier der Dekan der medizinischen Fakultät Breslau genannt, der Medizinhistoriker August Wilhelm Eduard Theodor Henschel (1790–1856).[13] Er forderte bereits im Jahre 1848 – zwar nicht in seiner Eigenschaft als Dekan, sondern als anerkannter Medizinhistoriker – in der von ihm selbst herausgegebenen medizinhistorischen Fachzeitschrift *Janus* die Zulassung der deutschsprachiger Dissertationen an den preußischen Universitäten: *Ich setze voraus, dass die meisten Prüfungsacte in deutscher Sprache vollzogen werden [...] am Krankenbette selbst, werde lateinisch gesprochen.*[14]

Dabei muss betont werden, dass Henschel einer der besten Kenner der lateinischen Sprache war, er gab verschiedene mittelalterliche medizinische Handschriften der Breslauer Universitätsbibliothek erstmals in

---

12 Sein Vater Adolf Trendelenburg (1802–1872) war seinerzeit ordentlicher Professor der Philosophie und Theologie an der Universität Berlin.
13 Zu Henschel vgl. Sachs (2002), Bd. 3, S. 83 [wie Fn. 1].
14 Henschel, August Wilhelm Eduard Theodor: Das medicinische Doctorat, seine Nothwendigkeit und seine nothwendige Reform. Janus. Zeitschrift für Geschichte und Literatur der Medicin 3 (1848), 547–566.

lateinischer Sprache heraus und verfasste einen Katalog der medizinischen Handschriften in den Breslauer Bibliotheken.[15]

Tab. 2: Lateinische und deutsche Sprache in den Hochschulschriften der medizinischen Fakultät der Universität Breslau

Vorlesungsverzeichnisse	Deutsch und/oder Lateinisch
Habilitationen bis 1849	Lateinisch
Habilitationen 1852–1867	Lateinisch oder Deutsch
Habilitationen 1867–1945	Deutsch
Dissertationen bis 1867	Lateinisch
Dissertationen 1867–1945	Deutsch

Die erste deutschsprachige Promotion an der medizinischen Fakultät der Universität Berlin wurde 1867 von Ludwig Lichtheim (1845–1928) verfasst. Nach dem Studium der Medizin an den Universitäten Berlin und Zürich erfolgte 1867 die Promotion an der medizinischen Fakultät der Universität Berlin,[16] im Jahr 1868 dann die Approbation. Von 1869–1872 war Lichtheim Assistent der Inneren Klinik in Breslau unter dem damaligen Klinikdirektor Hermann Lebert (1813–1878). Von 1872–1873 arbeitete er als Assistent der Chirurgischen Klinik an der Universität Halle unter Richard von Volkmann (1830–1889). Daraufhin setzte er seine Tätigkeit an der Medizinischen Poliklinik der Universität Breslau fort (1873–1877). Seine Habilitation erfolgte 1876 an der medizinischen Fakultät der Universität Breslau. Im Jahr 1877 erhielt Lichtheim einen Ruf an die Universität Jena als a. o. Professor und Leiter der medizinischen Poliklinik. 1878 erfolgte dann der Ruf als Ordinarius für Innere Medizin nach Bern, wo er die nächsten 10 Jahre wirkte. Schließlich bekleidete er von 1888–1912 ein Ordinariat an der Medizinischen Universitätsklinik in Königsberg (Ostpreußen), bevor er 1912 emeritiert wurde. Seine letzten Lebensjahre verbrachte Lichtheim wieder in Bern. Die subkortikale

---

15 Henschel, August Wilhelm Eduard Theodor: Catalogus codicum medii aevi medicorum ac physicorum, qui manuscripti in bibliothecis Vratislaviensibus asservatur. Breslau 1847.
16 Lichtheim, Ludwig: Ueber den Einfluss der Rückenmarksreizung auf die Gallensecretion. Diss. Berlin 1867.

sensorische Aphasie wird auch *Lichtheimsche Krankheit* genannt. Lichtheim entdeckte außerdem eine bis dahin noch unbekannte degenerative Rückenmarkserkrankung als Begleiterscheinung der schweren Anämie. 1891 war er Mitbegründer der *Deutschen Zeitschrift für Nervenheilkunde* zusammen mit Adolf von Strümpell (1853–1925), Wilhelm Erb (1840–1921) und Friedrich Schultze (1848–1934).[17]

Die erste deutschsprachige Promotion an der medizinischen Fakultät der Universität Breslau 1867 wurde von Wilhelm Alter (1843–1918) geschrieben. Alter war Sohn eines armen evangelischen Dorfgeistlichen und besuchte die Dorfschule in Prauß, später das Magdalenen-Gymnasium in Breslau (1863: Reifezeugnis). Zwischen 1863–1867 folgte ein Medizinstudium an der Universität Breslau. Er hörte Vorlesungen u. a. bei Ferdinand Julius Cohn (1828–1898), Moritz Ludwig Frankenheim (1801–1869), Wilhelm Alexander Freund (1833–1917), Heinrich Haeser (1811–1885), Hermann Lebert (1813–1878), Albrecht Theodor Middeldorpf (1824–1868), Otto Spiegelberg (1830–1881) und Heinrich Wilhelm Waldeyer (1836–1921). Im Jahre 1866 nahm Alter am Krieg gegen Österreich teil. Seine Promotion fand 1867 in Breslau statt.[18] Nach seiner Approbation (1868) und dem Eintritt als Volontärarzt (seit1869: dritter Arzt) in die Irrenanstalt Leubus unter der Leitung von Moritz Martini (1794–1875), übernahm Alter 1871 die Leitung (seit 1879: Direktion) und alleinige ärztliche Versorgung der Provinzial-Irrenanstalt Brieg (ca. 200 Patienten). Von 1884–1912 war er Direktor der Provinzial-Irren-Heil-Anstalt zu Leubus (1876: 174 Patienten). In Leubus war in den Jahren 1884 und 1885 der später berühmt gewordene Psychiater Emil Kraepelin (1856–1926) sein Oberarzt. Auch Clemens Neisser (1861–1940) gehörte von 1887–1901 zu seinen Mitarbeitern.[19]

Die erste deutschsprachige Dissertationsarbeit an der medizinischen Fakultät der Universität Halle wurde 1867 von Robert Buch (1844–?) vorgelegt.[20] Über sein weiteres Schicksal ist nichts bekannt.

---

17 Zu Lichtheim vgl. Sachs (2006), Bd. 4, S. 69–70 [wie Fn. 1].
18 Alter, Wilhelm: Experimentelle Untersuchungen über die Ursachen des Icterus bei Phosphorvergiftung. Diss. Breslau 1867.
19 Zu Alter vgl. Sachs (1997), Bd. 1, S. 15–16 [wie Fn. 1].
20 Buch, Robert: Ueber Stricturen und Fisteln der Urethra. Diss. Halle 1867.

Eine der ersten deutschsprachigen Promotionen an der medizinischen Fakultät der Universität Königsberg erfolgte im November 1867 von Philipp Thal (geb. 19.1.1843 in Schönbruch/ Ostpreußen -?) publiziert. Er war Sohn des Superintendenten Carl August Thal zu Rastenburg (von 1852–1856 Pfarrer zu Bartenstein) und besuchte das Rastenburger Gymnasium (1862: Reifezeugnis). Thal studierte Medizin von 1862–1866 an der Universität Königsberg.[21] Über sein weiteres Schicksal ist nichts bekannt.

In Tabelle 3 werden noch einmal die ersten deutschsprachigen Promotionen an preußischen Universitäten für die medizinische, philosophische und juristische Fakultät zusammen dargestellt:

Tab. 3: Erste deutschsprachige Promotionen an den preußischen Universitäten

	medizinische Fakultät	philosophische Fakultät	juristische Fakultät
Breslau	20.07.1867 – Wilhelm Alter	28.05.1867	08.03.1876
Berlin	28.06.1867 – Ludwig Lichtheim	01.05.1868	19.04.1877
Halle	22.07.1867 – Robert Buch	13.11.1867	27.03.1869
Königsberg	1867	?	?

Zulassung deutscher Dissertationen und Disputationen bei den Promotionen an den preußischen Universitäten 1867 durch Ministerialerlass.

Der diesbezügliche Erlass des Ministers der geistlichen, Unterrichts- und Medizinal-Angelegenheiten Heinrich von Mühler (1813–1874) an die preußischen Universitätskuratoren vom 22. Mai 1867 lautete:

Zulassung deutscher Dissertationen und Disputationen bei den Promotionen an den Universitäten.

Die mannigfaltigen, seit Jahren schwebenden Verhandlungen über die Zulassung deutscher Dissertationen und Disputationen bei den Promotionen in den medicinischen und philosophischen Facultäten der Landes=Universitäten haben mit Rücksicht auf die Lage, worin sich diese Angelegenheit auf den nunmehr preußischen Universitäten zu Göttingen und Marburg befindet, endlich zum Abschluß gebracht werden müssen. In der Ueberzeugung, daß den von sämmtlichen medicinischen Facultäten in dieser Beziehung gestellten Anträgen die Genehmigung nicht länger vorenthalten werden könne, und daß auch dem Wunsche mehrerer philosophischer Facultäten, deutsche Dissertationen und Disputationen zulassen zu dürfen, in einem

---

21 Thal, Philipp: Ueber Carcinom des Oberkiefers. Diss. Königsberg 1867.

gewissen Umfange nachzugeben sei, will ich daher nach eingeholter Allerhöchster Genehmigung, soweit solche erforderlich war, den medicinischen Facultäten für die Zukunft überlassen, den Gebrauch der deutschen Sprache bei den Inaugural-Dissertationen und Disputationen zu gestatten, und den philosophischen Facultäten die Befugnis beilegen, insofern es sich nicht um Gegenstände aus dem Gebiet der classischen und orientalischen Philologie und Alterthumskunde, sowie aus der Geschichte und der alten Philosophie handelt, auf Antrag des Candidaten in jedem einzelnen Falle über die Zulässigkeit deutscher Inaugural=Dissertationen und Disputationen Beschluß zu fassen.

Hiervon sind sämmtliche Universitäten, die an den vorangegangenen Verhandlungen betheiligt waren, in Kenntniß gesetzt, den philosophischen Facultäten aber, welche von der Befugniß, deutsche Dissertationen und Disputationen zuzulassen, Gebrauch machen wollen, ist zur Bedingung gemacht, daß in Fällen dieser Art bei der mündlichen Promotionsprüfung jedesmal durch Interpretation einer Stelle aus einem der römischen Classiker eine ausreichende Kenntniß der lateinischen Sprache nachgewiesen und von einer derartigen Ermittelung des Bildungsstandes eines Candidaten eine Disputation nicht gestattet werde.

Ew. Hochwohlgeboren ersuche ich hiermit ergebenst, dem Herrn Rector und dem Senat der dortigen Universität, sowie der medicinischen und philosophischen Facultät, das Erforderliche gefälligst eröffnen zu wollen.

Berlin, den 22. Mai 1867.

Der Minister der geistlichen etc. Angelegenheiten

von Mühler.

An den Königlichen Universitäts=Curator etc. zu N.[22]

Ausschlaggebend für die Zulassung deutschsprachiger Dissertationen und Disputationen war demnach die Tatsache, dass infolge der Gebietserwerbungen Preußens nach dem preußisch-österreichischen Krieg 1866 die Universitäten Göttingen und Marburg unter preußische Herrschaft kamen, in denen schon Jahrzehnte vorher die Abfassung von deutschsprachigen Hochschulschriften erlaubt worden war. Aus Gründen der Vereinheitlichung innerhalb der preußischen Universitäten wurden jetzt endlich die Wünsche der *sämmtlichen medicinischen Facultäten* zur Zulassung deutschsprachiger Dissertationen erfüllt.

---

22 Vgl. hierzu Centralblatt für die gesammte Unterrichts-Verwaltung in Preußen 9 (1867), S. 268–269.

Aleksandra Szlagowska

Problemy komunikacyjne w relacjach lekarz – pacjent w kulturze typu ludowego oraz wynikająca z nich aprobata dla działalności znachorów i uzdrowicieli

Kommunikationsprobleme im Verhältnis Arzt – Patient in der Volkskultur und die daraus folgende Bewilligung für die Tätigkeit der Kurpfuscher und Heilpraktiker

Streszczenie

Artykuł będzie próbą opisania problemów komunikacyjnych w relacjach pacjent – lekarz akademicki oraz wynikającej z tychże problemów społecznej aprobaty i przyzwolenia dla praktyk uzdrowicieli i znachorów w kulturze ludowej. Będzie się on opierał na XIX–i XX wiecznych źródłach etnograficznych oraz historycznych, a także wynikach badań terenowych przeprowadzonych w latach 2002–2006 na Dolnym Śląsku oraz Zaolziu.

XIX–i XX wieczna, polska społeczność ludowa, której większość przynajmniej do lat 40 XX w. stanowili analfabeci, charakteryzowała się specyficznym podejściem do lekarzy oraz uzdrowicieli, co było m.in. efektem problemów komunikacyjnych z wykształconymi lekarzami. Współcześnie pomimo, iż nie spotyka się w zasadzie analfabetów problemy takie nadal występują, w nieco innym zakresie, nadal jednak przyczyniają się do zwiększania popularności uzdrowicieli.

Zusammenfassung

Der Beitrag versucht die Kommunikationsprobleme im Verhältnis Patient-Universitätsarzt und die daraus folgende gesellschaftliche Akzeptanz der Kurpfuscher und Heilpraktiker in der Volkskultur zu beschreiben. Zu

Grunde gelegt werden ethnographische und historischen Quellen aus dem 19. und 20. Jahrhundert sowie die Ergebnisse von Untersuchungen, die in den Jahren 2002–2006 in Niederschlesien und im Olsagebiet durchgeführt wurden. Die polnische Volksgemeinschaft des 19. und 20. Jahrhunderts, deren Mehrheit bis in die 1940er Jahre kaum alphabetisiert war, ist durch eine spezifische Einstellung zu den Ärzten und Heilpraktikern zu charakterisieren, was u. a. der Grund für die Kommunikationsprobleme mit akademisch ausgebildeten Ärzten war. Obwohl es heutzutage keine Analphabeten gibt, ist eine wachsende Popularität der Heilpraktiker zu verzeichnen.

Celem poznawczym artykułu jest przeprowadzenie analizy porównawczej dotyczącej problemów komunikacyjnych w relacji lekarz – pacjent w dwóch okresach: XIX w. i współcześnie, ponieważ pewne przekonania, których nośnikiem była i jest społeczność wiejska, społeczność typu ludowego, okazały się niezwykle trwałe i niezmienne. Społeczność tę cechuje swoista dla niej mentalność, kod kulturowy, który jest podstawą tworzenia pojęć uświadamianych, dyskursywnych i akceptowanych jako istniejące – m.in. mitów dotyczących zjawiska choroby, w tym specyficznego stosunku do znachorów oraz lekarzy z wykształceniem akademickim. Problemy komunikacyjne w relacji lekarz-pacjent wywarły znaczący wpływ na zwiększoną społeczną aprobatę i przyzwolenie dla praktyk uzdrowicieli i znachorów w kulturze ludowej.

Umiejętność komunikowania się lekarza z pacjentem jest często zaniedbywanym lub bagatelizowanym elementem sztuki lekarskiej. Od właściwej relacji lekarz – pacjent zależy efektywność diagnostyki i skuteczność terapii, dobre komunikowanie się lekarza z pacjentem jest także gwarantem satysfakcji pacjenta z pracy lekarza, oraz satysfakcji lekarza z dobrze wykonanej pracy. XIX-i XX-wieczna polska społeczność typu ludowego, której większość przynajmniej do lat 40 XX w. stanowili analfabeci, charakteryzowała się specyficznym podejściem do lekarzy oraz uzdrowicieli, co było m.in. efektem problemów komunikacyjnych z wykształconymi lekarzami. Współcześnie, pomimo iż nie spotyka się w zasadzie analfabetów, problemy takie nadal występują, w nieco innym zakresie, przyczyniając się do zwiększania popularności uzdrowicieli. Zasadnym wydaje się jednak porównanie obu społeczności. Pomimo iż egzystowały w różnych okresach, znaleźć można pewne elementy wspólne, głównie w obrębie światopoglądu, oraz różnice wynikające przede wszystkim ze zmian jakie zaszły w ciągu tego czasu – zarówno społecznych, jak i technologicznych. Referat opiera się na XIX- i XX wiecznych źródłach etnograficznych[1] oraz historycznych, dotyczących ziem polskich pod zaborami, a także źródłach wywołanych[2] – wynikach badań terenowych przeprowadzonych w latach 2002–2006 na Dolnym Śląsku oraz Zaolziu. W oparciu o oba typy źródeł można stwierdzić występowanie zaburzeń w komunikacji między lekarzem i pacjentem. Drugą społecznością, która została poddana badaniu, jest współczesna społeczność typu ludowego, zamieszkująca teren Dolnego Śląska oraz Zaolzia, złożona (zwłaszcza w przypadku Dolnego Śląska) z elementów napływowych z terytorium II Rzeczpospolitej w jej granicach z 1939 r., niosąca ze sobą przekaz kulturowy wyprowadzony z tradycji wszystkich trzech zaborów.

Istotną zmienną procesu mityzacji choroby w kulturze typu ludowego dla obu stuleci okazało się np. wygasanie pewnych przekonań, związane ze wzrostem ogólnego poziomu edukacji społeczeństwa i osłabieniem wpływu świadomości supranaturalistycznej. Do nich należy, w interesującym nas zakresie lecznictwa ludowego, m.in. tworzenie personifikacji chorób, czy wiara w demonologiczno-magiczne pochodzenie różnych chorób, które uległy już procesowi medykalizacji.

Istotną stałą okazało się natomiast utrzymywanie się na przestrzeni dwóch stuleci innych przekonań, odzwierciedlających alienację społeczności typu ludowego wobec współczesnego jej standardu medycyny akademickiej. Docierają do jej świadomości tylko niektóre jego elementy, które poddawane są recepcji dostosowanej do możliwości percepcyjnych społeczności receptywnej, co powoduje generowanie procesów mityzacyjnych. Idee dotyczące choroby i sposób jej rozumienia odzwierciedlają bowiem nie tylko stan wiedzy danej społeczności, lecz przede wszystkim jej ogólną wizję świata i system wartości. Do tego typu przekonań należy np.

---

1 Wzmianki o braku zaufania do lekarzy i niemożności opłacenia porady lekarskiej bardzo często pojawiały się w XIX-wiecznych tekstach etnograficznych — zarówno w monografiach m.in. Oskara Kolberga, czy w krótkich przyczynkach umieszczonych w czasopismach etnograficznych takich jak „Wisła", „Lud" lub „Materiały Antropologiczno-Archeologiczne i Etnograficzne".

2 Cytaty pochodzące z badań terenowych oznaczone są nazwą miejscowości oraz rokiem, w którym zostały pozyskane (np. Mrowiny 2001).

traktowanie choroby jako efektu kary bożej, czy mityzowanie przyczyn pojawiających się chorób.

Zaburzenia komunikacyjne występujące w relacjach lekarz – pacjent wynikają z konkretnych czynników, które mają w przypadku polskiej społeczności wiejskiej charakter permanentny, zaliczyć do nich można m.in. trwałość i niezmienność poglądów, analfabetyzm, stosowanie przez lekarzy akademickich niezrozumiałej terminologii, jak również występowanie różnic światopoglądowych wynikających głównie z faktu pochodzenia lekarzy z wyższej klasy społecznej (zwłaszcza w odniesieniu do XIX w.) lub legitymujących się wyższym wykształceniem (współcześnie).

Bariery komunikacyjne – trwałość i niezmienność tradycji

Na stosunek ludności wiejskiej w XIX w. do lekarzy z wykształceniem akademickim wpływało zasadniczo kilka różnych kwestii. Pierwszą była trwałość i niezmienność tradycji ludowej, która określała stosunki panujące w rodzinie wiejskiej oraz konkretne zasady moralne oparte w znacznej mierze na religii i tradycji właśnie. Znaczny wpływ na rzeczoną trwałość i niezmienność tradycji miała izolacja społeczności wiejskiej, co do której do dzisiaj trwają spory zarówno historyków, socjologów, jak i etnologów. Na przykład Izabella Bukraba-Rylska pisząc o istnieniu „mitu izolacji"[3], bierze pod uwagę jedynie aspekt mobilności ludności wiejskiej oraz wpływy zewnętrzne, natomiast Ludwik Stomma pisze o izolacji świadomościowej, nie przecząc jednocześnie temu, że istniał przepływ informacji z zewnątrz społeczności wiejskiej, związany zarówno z podróżami chłopów (np. służba wojskowa, wyjazdy na jarmarki, targi i pielgrzymki, a także migracje zarobkowe) oraz kontaktami, określanymi przez niego jako „pionowe", z dworem, poprzez kościół, karczmę, a także szkołę[4]. Jednocześnie jednak zarówno Bukraba-Rylska, Stomma jak i Norman Davies[5] zauważają tzw. „ducha pańszczyzny", czy istnienie „duszy pańszczyźnianej", która powodowała trwałość i niezmienność pewnych zachowań, a wypływała również z przywiązania chłopa do ziemi. Ludność

---

3 Bukraba-Rylska, Izabela: Socjologia wsi polskiej. Warszawa 2008, 447–448.
4 Stomma, Ludwik: Antropologia kultury wsi polskiej XIX wieku. Łódź 2002, 84–114, 160–184.
5 Davies, Norman: Boże igrzysko, t. II. Kraków 1991, 245–247.

wiejską cechował zatem bardzo mocny pragmatyzm i fatalizm zrodzony z kilku stuleci życia w poddaństwie.

Pomimo zróżnicowania ekonomicznego społeczeństwo wiejskie wykazywało się spójnością światopoglądową, także w odniesieniu do pojmowania choroby, jej przyczyn, podejmowanych kuracji oraz stosunku do lekarzy z wykształceniem akademickim. W medycynie ludowej nie znajdujemy przykładów recepcji standardu bakteriologii ani somatycznego standardu XIX-wiecznej medycyny klinicznej, które po 1860–1870 r. kształtowały stosunek polskich zamożnych warstw szlacheckich oraz miejskich do choroby. Nie spopularyzowała się także idea zapobiegania chorobom (profilaktyka), ponieważ ich wystąpienie tłumaczono jako wynik woli Bożej, a nie efekt działań ludzkich wynikających np. z braku higieny. Można w etiologii chorób ludowych odnaleźć pozostałości patologii humoralnej Hipokratesa, czy teorii *contagium vivum*. Lecznictwo ludowe przez wieki czerpało z medycyny oficjalnej i jak twierdzi Józef Burszta niemożliwe jest obecnie określenie, które elementy lecznictwa zostały wykształcone w obrębie kultury ludowej, a które są spadkiem po medycynie akademickiej[6]. Korzystano z licznych zielników, poradników i kalendarzy, ogólnie znanych i dostępnych. Seweryn Udziela twierdził nawet, że z zielników pochodziła część wiedzy znachorów i innych lekarzy wiejskich[7]. Oczywiście liczne informacje o metodach leczenia przenikały na wieś z dworu, a możliwe jest, iż proces ten przebiegał i w odwrotną stronę. Zmiany obserwujemy dopiero w drugiej poł. XX w., jednak trzeba podkreślić, że wiedza, jaka docierała i dociera na wieś, głównie dzięki różnym nośnikom kultury masowej (współczesne media, szczególnie Internet), w dalszym ciągu ulega pewnym przekształceniom, czy wręcz swoistym mutacjom. Zresztą paranaukowe definicje i wyjaśnienia przyczyn różnych chorób, czy ich pochodzenia, swego rodzaju wiedza zdroworozsądkowa łączona z potocznymi doświadczeniami, metafizyką, religią i magią, są wyznacznikami współczesnej medycyny niekonwencjonalnej[8].

---

6   Burszta, Józef: Lecznictwo ludowe. W: Kultura ludowa Wielkopolski, t. III. Poznań 1967, 401.
7   Udziela, Seweryn, Świat nadzmysłowy. Wisła, t. XIV (1900), 264.
8   Paluch, Adam: Wizerunek nasz, czyli ciało na scenie ponowoczesności. W: A. Paluch (red.), Transformacja, ponowoczesność wokół nas i w nas, Wrocław 1999, 126, przyp. 30.

Bariery komunikacyjne – analfabetyzm

W bogatych rodzinach chłopskich panował w XIX w. trend naśladownictwa zachowań rodzin szlacheckich oraz mieszczańskich, jednak nie sprawdził się on w przypadku znajomości wiedzy medycznej na ówczesnym poziomie akademickim, która znana była szlachcie i mieszczaństwu. Pojmowanie choroby przez przedstawicieli bogatego chłopstwa było takie same, jak u pozostałych członków wiejskiej społeczności. Ogromny wpływ miał na tę sytuacje analfabetyzm dotyczący większości mieszkańców wsi. W zaborze pruskim przymus szkolny wprowadzono na Śląsku w 1819 r., w Poznańskim w 1825 r., zaś w Prusach zachodnich w 1845 r., ale w Galicji dopiero w 1872 r. pod obrady Sejmu Krajowego trafił projekt ustawy *O zakładaniu i utrzymywaniu publicznych szkół ludowych*. Jeszcze w 1880 r. analfabeci stanowili ok. 94 % ludności wiejskiej Królestwa Polskiego i ponad 95 % Galicji[9]. W 1899 r. w Królestwie Polskim naukę pobierało zaledwie 17 % dzieci wiejskich, w Galicji liczbę te przekroczono 10 lat wcześniej[10]. Współcześnie, w zasadzie poza sporadycznymi przypadkami, nie możemy już mówić o zjawisku analfabetyzmu. Wydawałoby się wręcz, że dzisiaj, skoro wszyscy podlegają obowiązkowi szkolnemu, przynajmniej w zakresie podstawowym, na lekcjach biologii poznają anatomię człowieka, ich wiedza na temat położenia różnych organów ludzkich powinna być dobra. Socjologowie przeprowadzali liczne badania dotyczące stanu wiedzy pacjentów na temat informacji przekazywanych im przez lekarzy, rozmieszczenia poszczególnych organów w ludzkim ciele oraz samooceny zdrowia przez pacjentów[11]. We wszystkich tych przypadkach, zarówno rozpoznania poszczególnych organów i ich umieszczenia w ciele ludzkim, znajomości terminów medycznych oraz samooceny stanu zdrowia, widać wyraźny związek z wykształceniem, miejscem zamieszkania oraz wiekiem. Wydaje się to dość istotne na wsiach, gdzie, jak by

---

9 Stomma: Antropologia kultury (2002), 101.
10 Ibidem, 103.
11 Opisy przeprowadzonych badań zamieszcza m.in. Tobiasz-Adamczyk, Beata: Wybrane elementy socjologii zdrowia i choroby. Kraków 1995, 37–38; Tokarski, Stanisław: Uwarunkowania zdrowia ludności wiejskiej w okresie transformacji ustrojowej w Polsce (na przykładzie rejonu Środkowo-Wschodniego). Lublin 1999, 7–71.

wynikało z powyżej cytowanych badań, wiedza medyczna jest jeszcze na niedostatecznym poziomie. Ponadto ulega ona pewnym zniekształceniom pod wpływem pojawiających się współczesnych metod paramedycznych i różnego autoramentu uzdrowicieli.

Bariery komunikacyjne – skomplikowana terminologia

Jeszcze w XVIII w. ludność wiejska dzieliła swe przekonania na temat lekarzy akademickich z pozostałą częścią społeczeństwa polskiego, o czym świadczy m.in. cytat z wydanej pod koniec tegoż wieku pracy Stanisława Staszica, który w *Uwagach nad życiem Jana Zamojskiego* pisał: „Dzisiejsza nauka lekarska więcej szkodzi, niżeli towarzystwom dobrego czyni. «Sama natura chorych uzdrawia» mówi Hipokrates. «Sztuka lekarska tylko jej pomaga», jeszczey dotychczas ledwie nie codziennie trafia się, że ciężkie choroby leczone bywają przeciwnemi lekarstwy. Doświadczenie ukazuje, że w wielkiej liczbie chorych, tylu co do zdrowia przychodzi z tych, których samych naturze zostawiono, ile z tych, których najdoskonalsi lekarze doglądali. Cóż więc robią lekarze? Jeszcze nic dobrego. Oni tylko mieszają urządzenie Opatrzności, bo czasem utrzymują przy życiu tych, którzy zostawieni naturze umierać mieli, a zabijają owych, których natura by uzdrowiła. To jest pewne, że z lekarzami pomnażają się choroby... Lekarze nadto wielkim rozumowaniem wszystko popsuli"[12]. Jednak pod wpływem idei Oświecenia zaczęto przykładać coraz większą wagę do kwestii własnego zdrowia, a co za tym idzie miejsca medycyny w społeczeństwie. Od poł. XVIII w. w poradnikach medycznych zamieszczano fragmenty dotyczące etyki lekarskiej, ukazujące pracę lekarza jako rodzaj misji wobec osób chorych, dotrzymania przysięgi Hipokratesa, nakazującej lekarzowi ochronę zdrowia i życia pacjenta. Nie oznacza to jednak, że zawód swój medycy mieli wykonywać bezpłatnie, ale wskazywano, że lekarze mają „zachowywać się w tej mierze z wszelką uczciwością i ludzkością"[13]. Podkreślano również konieczność wypracowania przez

---

12 Staszic, Stanisław: Uwagi nad życiem Jana Zamojskiego. Kraków 1861, 18, 19.
13 Dykcjonarz powszechny medyki, chirurgii i sztuki hodowania bydląt, czyli lekarz wiejski...., t. I. Warszawa 1788, 10. Cyt. za Stojek-Sawicka, Karolina: Obraz lekarza w świetle osiemnastowiecznych kompendiów medycznych. Medycyna i okolice, t. I, 49.

lekarzy umiejętności komunikowania się z pacjentem bez stosowania skomplikowanej i obco brzmiącej terminologii, zwłaszcza w stosunku do niższych warstw społecznych[14]. Jednak postulat ten nie został zrealizowany i słownictwo jakim posługiwali się lekarze było zbyt skomplikowane nie tylko dla ludności wiejskiej, ale również niewykształconej ludności miejskiej. Podobnie sytuacja wygląda współcześnie, najczęściej pojawiającym się zarzutem w stosunku do współczesnych lekarzy akademickich jest niedostateczna ilość czasu poświęcana jednemu pacjentowi oraz stosowanie niezrozumiałej terminologii, używanego przez nich naukowego żargonu: „lekarze tylko pieniądze biorą, wymądrzają się" (Sulisławice 2002,18). Słowa takie wskazują nie tylko na równie często przytaczany problemy, czyli korupcję wśród lekarzy, ale niemożność porozumienia się z lekarzem. Często również wskazuje się na fakt iż prywatna służba zdrowia funkcjonuje znacznie lepiej niż państwowa, zwłaszcza w odniesieniu do uwagi poświęconej pacjentom, życzliwości lekarzy dla pacjentów, czy przestrzegania zasad informowania pacjentów o wszystkich sprawach związanych z przebiegiem leczenia[15]. Używanie zbyt naukowych sformułowań, rzadko kiedy tłumaczonych pacjentom, przypomina nieco praktyki stosowane przez znachorów, którzy szeptali jakieś zaklęcia i formułki, aby uleczyć chorego. Analogię taką podkreśla również niechęć lekarzy do objaśniania pojęć, jak również celowości podejmowania pewnych zabiegów, czy stosowania konkretnych lekarstw. Takie traktowanie pacjentów przez lekarza tworzy w ich relacjach nieporozumienia, co w konsekwencji może prowadzić do całkowitego zniechęcenia w stosunku do lekarzy.

Bariery komunikacyjne – różnice światopoglądowe

Wraz ze wzrostem prestiżu społecznego, lekarze akademiccy zaczęli wykazywać, wpierw w stosunku do znachorów i różnego autoramentu uzdrowicieli, później również całej społeczności wiejskiej, lekceważenie

---

14 Perzyna, Ludwik: Lekarz dla włościan, czyli rada dla pospólstwa w chorobach i dolegliwościach naszemu krajowi albo po większej części przyswojonych każdemu naszego kraju mieszkańcowi do świadomości potrzebna... Kalisz 1793, 76.
15 Komunikat z badań OBOP: Ocena funkcjonowania państwowej i prywatnej służby zdrowia. Warszawa 1989, 12.

ale i pogardę dla reprezentowanego przez nią światopoglądu. To z kolei pogłębiało przepaść pomiędzy nimi oraz powodowało utrudnienia, wręcz niemożność porozumienia się głównie w kwestiach medycyny i leczenia. Można również dostrzec pewną ambiwalencję w podejściu do ludności wiejskiej, która wynika przede wszystkim z narzucanego przez przedstawicieli tzw. „kultury wyższej", czyli m.in. pisarzy polskich tamtego okresu, obrazu kultury ludowej. Współcześnie można go odbierać jako zniekształcony – od nadmiernego entuzjazmu w opisach wszystkich aspektów ludowości, jaki reprezentowali Romantycy, przez konieczność „pracy u podstaw" Pozytywistów, czy kolejne zachłyśnięcie się ludowością, folkloryzmem przez przedstawicieli Młodej Polski. Patrzyli oni na pewne elementy kultury tradycyjnej, nie starając się odszukać kontekstu dla różnych sytuacji w obrębie tejże kultury. Podobne podejście cechowało lekarzy i badaczy opisujących medycynę ludową, próbujących odnaleźć „pierwiastek racjonalny" w zachowaniach społeczności ludowej. Na przykład Michał Zieleniewski, dr nauk medycznych, w swej rozprawie doktorskiej opublikowanej w 1845 r. *O przesądach lekarskich ludu naszego*, za cel postawił sobie: „przesądy ludu naszego zamierzam opisać, pod jakimkolwiek względem nauki lekarskiej dotyczące, wskazać ile siły dozwolą z jakich przyczyn wynikły, środki ich usunienia, nieodmawiając zbadać korzyści z ich dokładnego poznania spłynąć mogących"[16]. Autorzy licznych opracowań i tekstów podkreślali „ciemnotę ludu" i wiarę w zabobony, jednak wszelkie analizy wykonywali przez pryzmat wiedzy sobie znanej i dostępnej, co stało się powodem licznych konfliktów i nieporozumień. Wincenty Witos w swoich wspomnieniach o latach dzieciństwa i młodości pisze: „Lekarzy do chorych nie wzywano prawie nigdy. Nie dlatego jednak, by ludzie nie chorowali. Przyczyną był brak pieniędzy na lekarzy i lekarstwa, przesąd i znachorzy tak obcy, jak i miejscowi. Trzymano się zaś najczęściej zasady: że jak «co komu pisane, to go i nie minie, a jak kto ma umrzeć, to mu żadne lekarstwa ani doktór nie pomogą». Jeśli zaś czasem wezwano lekarza to zwykle robiono to w ostatniej chwili, gdy on nie będąc cudotwórcą, nie mógł zatrzymać uchodzącego już ducha, ale przez to utwierdzi bardzo wielu w przekonaniu, że był niepotrzebny. Przed sprowadzeniem lekarzy bronili się też bardzo mocno chorzy

---

16 Zieleniewski, Michał: O przesądach lekarskich ludu naszego. Kraków 1845, 1.

obawiając się że lekarze trują"[17]. Stanisław Polaczek w monografii wsi Rudawy pisze: „D-r Dura w Krzeszowicach kilka razy odcinał chorym dzieciom one kołtuny, a ponieważ los zrządził, że niektóre z tych dzieci zmarły więc lud utwierdził się jeszcze w tem przekonaniu, że to kołtun zagniewany śmierć dziecka sprowadził"[18]. Inny zaś autor przytaczał przykład lekarza, który w oczach swych pacjentów stał się sprawcą pogorszenia stanu jednego z chorych, ponieważ podał mu lekarstwo, do którego użył zimnej wody. Traf chciał, że ludność mazowiecka, wśród której praktykował wierzyła, że zimna woda symbolizuje wszystko co złe i że można zachorować od jej picia. Trudno więc zawierzać lekarzowi, w to że zastosowana przez niego kuracja będzie skuteczna, skoro podaje lek z założenia szkodliwy[19]. Z kolei O. Kolberg opisuje przypadek, gdy lekarz ociągał się z wykonaniem operacji kaleki, ze względu na jej wątpliwe skutki, a otoczenie chorego przyjęło to jako potwierdzenie obaw lekarza, że dolegliwości kaleki przejdą na niego[20]. Chodziło oczywiście o rozpowszechnione w społeczności wiejskiej przekonanie, iż kalek od urodzenia „nie godzi się operować, gdyż to kalectwo jest jakąś pokutą, którą z Bożego dopuszczenia ponosić muszą".

Znaleźli się lekarze, którzy potrafili wykorzystać swą wiedzę akademicką łącząc ją z wiedzą ludową, tak by pacjenci mieli zaufanie do podawanych leków. Melchior Wańkowicz wspomina: „Dr Rozen, szwagier babki, kiedy rzucił płatną praktykę i osiadł w Nowotrzebach, wyrobił sobie cały sposób postępowania. Lekarstwa dawał apteczne, ale jedne z nich trzeba było brać o wschodzie słońca na rozstajnych drogach (szło o to aby przed jedzeniem), inne przechowywać «pod nogą łóżka w ziemi od północnej strony» (lekarstwo wymagało trzymania w cieniu i chłodzie) itd."[21]. Również Ludwik Perzyna podkreślał, że lekarze akademiccy muszą szukać sposobów na przekonanie ludności wiejskiej do swoich umiejętności, a nie zniechęcać zachowaniem i wywyższaniem się[22].

---

17 Witos, Wincenty: Moje wspomnienia. Warszawa 1978, 127.
18 Polaczek, Stanisław: Wieś Rudawa. Lud, jego zwyczaje, obyczaje, obrzędy, piosnki, powiastki i zagadki. Warszawa 1892, 114.
19 Pełczyński, Jan: Przyczynki do lecznictwa ludowego. Wisła, t. VII, 166.
20 Kolberg, Oskar: Dzieła Wszystkie Oskara Kolberga, t. 34 Chełmskie, cz.2, Kraków 1964, 202.
21 Wańkowicz, Melchior: Szczenięce lata. Warszawa 1972, 46.
22 Perzyna: Lekarz dla włościan (1793).

Bariery komunikacyjne – pochodzenie lekarzy

Inną barierą wpływającą na komunikację pomiędzy lekarzem a pacjentem, była bariera pochodzenia, radykalny podział stosowany w społeczeństwie wiejskim na „swoich" i „obcych". Lekarz miastowy zawsze był obcym, tak jak i jego leki. Tadeusz Nowak, przedstawiciel tzw. nurtu chłopskiego w prozie polskiej, pisząc już w latach 80. XX w. opowieść *Półbaśnie*, włożył w usta jednego ze swych ludowych bohaterów słowa, że chłop: „w lekarstwa miastowe nie wierzył, lekarzowi nie ufał, choćby z tego powodu, że tego zaufania, tej ufności nie miał czym opłacić."[23] Pewną formą „oswajania" pochodzenia zastosowali niektórzy lekarze pracujący na wsi na początku XX w. Jak pisał Franciszek Bujak w monografii wsi Żmiąca: „Szpitala boi się jeszcze tutejsza ludność, ale pomocy lekarza, którym jest osiadły w Ujanowicach Dr Orzeł dość chętnie szuka, bo ma do niego zaufanie po części dlatego, że jest synem wieśniaka"[24]. Analogiczna sytuacja powtarza się współcześnie, informatorzy mówili np.: „mam dwoje dzieci i oboje są lekarzami i ufam im…"[25], albo „ogólnie to dobry, ale tylko dlatego, że mam we Wrocławiu kolegę lekarza i on mi załatwia ważne rzeczy; inni lekarze są fatalni"[26].

Podsumowanie

Już pod koniec XIX w. pojawiły się pewne zapowiedzi zmian w światopoglądzie ludowym odnoszące się do standardów medycyny klinicznej oraz podejścia ludności wiejskiej do lekarzy z wykształceniem akademickim, jednak były one sporadyczne. Eliza Orzeszkowa w swej relacji z podróży nad Niemen pisała: „W ogólności wstręt, czy nieufność do lekarzy znacznie w tych czasach zmniejszyła się pośród tutejszych chłopów"[27], zaś Zygmunt Wasilewski w monografii miejscowości Jagodne stwierdzał: „Nie można powiedzieć, żeby Jagodzianie unikali lekarzy, nie wierzyli im;

---

23 Nowak, Tadeusz: Półbaśnie. Warszawa 1986, 134.
24 Bujak, Franciszek: Żmiąca. Wieś powiatu limanowskiego. Stosunki gospodarcze i społeczne. Kraków 1903.
25 Bystřice 2001.
26 Mrowiny 2003.
27 Orzeszkowa, Eliza: Ludzie i kwiaty nad Niemnem. Wisła, t. IV, 14.

nie uciekają się do ich pomocy najczęściej dla tego, że ich nie stać na to materialnie"[28]. Ludwik Stomma uważa, opierając się m.in. na przykładzie braku zastosowania eksperymentów w lecznictwie ludowym, które miały miejsce w standardach medycyny klinicznej i doprowadziły do jej rozwoju, że późniejsza racjonalizacja medycyny ludowej jest głównie wynikiem akcji edukacyjnych lekarzy akademickich, a nie inicjatywy odśrodkowej środowiska wiejskiego[29].

W świadomości polskiej społeczności wiejskiej w XIX w., w zasadzie do wybuchu II wojny światowej nie nastąpiła szeroka recepcja standardu ówczesnej medycyny klinicznej, z różnych względów, przede wszystkim zaś dlatego, że powszechnie występowały w niej poglądy odmienne od tego standardu, dotyczące zarówno ogólnej koncepcji choroby, jak i metod terapii. Nie ufano lekarzom z wykształceniem akademickim, również dlatego, że okazywali pogardę dla ludowych poglądów. Jeśli jednak zwracano się do nich po pomoc robiono to zbyt późno dla chorego, który umierał, a jego zejście utwierdzało jedynie rodzinę w przekonaniu, że „miejscy lekarze" są nieskuteczni. W związku z tym korzystano z usług ludowych uzdrowicieli, których poglądy na temat choroby oraz interpretacja metod leczenia były takie same, jak pozostałych członków wiejskiej społeczności. Nie występowały również pomiędzy nimi żadne bariery komunikacyjne, które miałyby negatywny wpływ na proces leczenia, a które obecne były w relacjach lekarz akademicki – pacjent wywodzący się ze społeczności wiejskiej.

Jak widać więc na podstawie przytaczanych w tekście przykładów, zarówno tych XIX-wiecznych, jak i opartych na współczesnych badaniach terenowych, bariery komunikacyjne w relacjach lekarz akademicki – pacjent reprezentujący kulturę typu ludowego zawsze istniały. Część barier komunikacyjnych opartych jest w obu przypadkach na tych samych przyczynach – są to np. braki w wykształceniu pacjentów w zakresie podstaw anatomii, fizjologii, higieny; niezrozumienie specjalistycznego słownictwa; niezrozumienie poglądów dotyczących przyczyn choroby i terapii głoszonych przez lekarzy uniwersyteckich; brak zaufania do lekarzy uniwersyteckich wynikający najczęściej z ich pochodzenia oraz oparty na

---

28 Wasilewski, Zygmunt: Jagodne. Zarys etnograficzny. Warszawa 1889, 223.
29 Stomma: Antropologia kultury (2002), 234.

różnicach światopoglądowych. Część barier opierała się na innych przyczynach, ponieważ w XIX w. powszechny był analfabetyzm, chorobę postrzegano w kategoriach magicznych i mitycznych, utrudniony był dostęp do opieki medycznej, brakowało również profilaktyki rozumianej zgodnie ze współczesną definicją, co z kolei spowodowane było dominującym na wsi światopoglądem fatalistycznym. Współcześnie za to możemy mówić o nadmiarze wiedzy, którą dysponują potencjalni pacjenci, wiedzy pochodzącej z różnych źródeł, zwłaszcza w obrębie kultury masowej, która stanowi jeżeli nie barierę to na pewno problem w relacjach pacjenta z lekarzem. Wszystkie bariery jakie powodowały i nadal powodują problemy w relacjach lekarz akademicki – pacjent wywodzący się ze środowiska wiejskiego, skutkowały odwracaniem się od medycyny oficjalnej – na korzyść medycyny ludowej kiedyś, a paramedycyny współcześnie.

Joanna Nieznanowska

Lekarski głos w sporze o zakres definicji choroby w niemieckich prywatnych ubezpieczeniach zdrowotnych (Private Krankenversicherung, PKV) w odniesieniu do prawnej definicji choroby w ubezpieczeniach społecznych w pierwszych dekadach XX wieku

Ärztliche und juristische Standpunkte in der Debatte über die Krankheitsdefinition in der privaten und gesetzlichen Krankenversicherung in den ersten Jahrzehnten des zwanzigsten Jahrhunderts

Streszczenie

Niemiecki system ubezpieczeń zdrowotnych pierwszej połowy XX wieku różnił się od systemu przyjętego w Polsce po odzyskaniu niepodległości przede wszystkim tym, że obok ubezpieczeń społecznych, adresowanych głównie do robotników, istotną rolę pełniły w nim ubezpieczenia prywatne, które zyskały na znaczeniu zwłaszcza w trzeciej dekadzie stulecia, w wyniku kryzysu gospodarczego i zubożenia klasy średniej z jednej strony oraz znacznych postępów medycyny i wzrostu kosztów opieki medycznej z drugiej. Prywatne ubezpieczenia na wypadek choroby przejęły terminologię używaną w prawodawstwie ubezpieczeń społecznych, jednak nadały jej inne znaczenia. Z tych rozbieżności definicyjnych rodziły się nieporozumienia i konflikty pomiędzy ubezpieczycielami a pacjentami i lekarzami. Wieloaspektowy spór o sposób definiowania choroby w ubezpieczeniach prywatnych jest stosunkowo dobrze opracowany przez niemieckich historyków ubezpieczeń. Ich prace oparte są jednak przede wszystkim na analizie publikacji pisanych przez i adresowanych do prawników i ekonomistów, nie uwzględniają zaś materiału, jaki ukazywał się w periodykach lekarskich. Niniejsza praca jest próbą uzupełnienia tej luki. Jej celem jest ukazanie, które aspekty prawno-ekonomicznej debaty nad pojęciem choroby w kontekście ubezpieczeń zdrowotnych były dla lekarzy najbardziej problematyczne i niezrozumiałe oraz przedstawienie, w jaki sposób różnice definicyjne pojęcia choroby w społecznych i prywatnych ubezpieczeniach zdrowotnych były wyjaśniane w niemieckiej prasie lekarskiej. Autorka wspomina również o wątku ginekologiczno-położniczym sporu o definicję choroby w ubezpieczeniach, wątku, który rzucił światło na pewne szczególnie bolesne wady systemu prywatnych ubezpieczeń zdrowotnych w przedwojennych Niemczech, a dotychczas nie doczekał się opracowania historycznego.

Zusammenfassung

Der größte Unterschied zwischen dem polnischen und dem deutschen Gesundheitssystem der Zwischenkriegszeit war das in Deutschland gut ausgebaute Angebot privater Krankenversicherungen. Diese wurden Mitte der 1920er Jahre recht populär in Deutschland, wo sie angesichts der wirtschaftlichen Krise die bürgerlichen Mittelschichten durch steigende Kosten für die medizinische Versorgung besonders stark trafen. Insbesondere um die Definition von „Krankheit" und die daraus resultierende Verpflichtung der Versicherungen, entsprechende Behandlungskosten zu übernehmen, entwickelte sich eine im Kaiserreich wurzelnde Debatte zwischen den Versicherungen, den Ärzten sowie den Behandelten, die bislang vorwiegend unter wirtschaftshistorischen Aspekten untersucht wurde. In diesem Beitrag soll der Schwerpunkt auf Beiträge zur Rezeption dieser juristischen und ökonomischen Debatte durch Ärzte und in der medizinischen Fachpresse gelegt werden. Ein weiterer Schwerpunkt liegt schließlich in der heiklen Frage, inwiefern die Schwangerschaft (versicherungsrechtlich) als Krankheit zu verstehen, und die Kosten für medizinische Betreuung und Behandlung von Schwangerschaft, Entbindung und Wochenbett auch von privaten Versicherungen zu übernehmen seien.

Temat prywatnych ubezpieczeń chorobowych w Niemczech przed II wojną światową może być dla polskiego czytelnika dość egzotyczny, a to ze względu na różnice dzielące niemiecki i polski system ubezpieczeń zdrowotnych. W II Rzeczypospolitej system ten opierał się całkowicie na ubezpieczeniach społecznych, w dużej mierze wzorowanych na rozwiązaniach wprowadzonych w latach 1880-tych w Niemczech. Nie istniał rozwinięty (lub, co wydaje się bardzo prawdopodobne, nie istniał w ogóle) system prywatnych ubezpieczeń na wypadek choroby. Powyższe zdanie piszę opierając się na fakcie, iż nie udało mi się zlokalizować choćby jednej polskiej pozycji bibliograficznej poświęconej temu szczególnemu zagadnieniu (nie ma takich publikacji w zebranej przez prof. Stanisława Konopkę Polskiej Bibliografii Lekarskiej za lata 1901–39[1], również w opracowaniach poświęconych historii ubezpieczeń zdrowotnych w Polsce pisze się wyłącznie o ubezpieczeniach społecznych[2]). Tymczasem w Niemczech obowiązywał (i nadal obowiązuje) dwufilarowy system ubezpieczeń zdrowotnych, którego drugą częścią, obok obowiązkowych ubezpieczeń pracowniczych, były właśnie ubezpieczenia prywatne[3].

Działalność prywatnych towarzystw ubezpieczeń zdrowotnych, usankcjonowana w 1901 r. ustawą o prywatnych zakładach ubezpieczeniowych[4],

---

1 Bibliografia dostępna na stronie Głównej Biblioteki Lekarskiej: http://pbl-ikk.gbl.waw.pl (stan z dnia 17.07.2013). Jedyna w tej bazie danych publikacja odnosząca się do specyficznych aspektów ginekologicznych lecznictwa ubezpieczeniowego przedstawiała konieczność możliwie szerokiego ujęcia lekarskiej opieki nad kobietą w ramach ubezpieczeń społecznych – nie pojawiają się tam żadne z kontrowersji będących głównym tematem niniejszej pracy: Boczkowski, Edmund: Społeczne znaczenie chorób kobiecych i ich stosunek do świadczeń ubezpieczeniowych chorobowych i inwalidzkich. Medycyna Praktyczna 10 (1936), 266–271.
2 Najważniejsza i najpełniejsza monografia poświęcona temu tematowi: Sadowska, Jolanta: Lecznictwo ubezpieczeniowe w II Rzeczypospolitej (rozprawa habilitacyjna). Akademia Medyczna w Łodzi 1990.
3 Najważniejsze opracowania dotyczące historii prywatnych ubezpieczeń zdrowotnych w Niemczech ze szczególnym uwzględnieniem okresu III Rzeszy: Koch, Peter: Von der Zunftlade zum rationellen Großbetrieb – Kleine Geschichte der privaten Krankenversicherung in Deutschland. Karlsruhe 1971; Koch, Peter: Geschichte der Versicherungswirtschaft in Deutschland. Karlsruhe 2012 („Drittes Reich", 280–282); Böhle, Ingo: Private Krankenversicherung (PKV) im Nationalsozialismus. Frankfurt a/M 2003 („PKV im Dienst der nationalsozialistischen Gesundheits- und Bevölkerungspolitik: 83–93).
4 Tekst ustawy wraz z wykładnią prawną: Rehm, Hermann: Reichsgesetz über die privaten Versicherungsunternehmungen vom 12. Mai 1901, erläutert. München 1907. Dostęp elektroniczny: http://archive.org/stream/reichsgesetzber00rehmgoog#page/n4/mode/2up (stan z dnia 17.07.2013).

adresowana była do tych warstw ludności, które nie były objęte ubezpieczeniami społecznymi, przede wszystkim do kupiectwa i uprawiających wolne zawody. Popularność prywatnych kas chorych wzrosła zwłaszcza po zakończeniu I wojny światowej, co było wynikiem nałożenia się trzech ważnych czynników. Po pierwsze, stan zdrowia całej populacji w wyniku wojny uległ znacznemu pogorszeniu. Po drugie, tzw. klasa średnia (Mittelstand), dotychczas wydolnie radząca sobie z samodzielnym pokrywaniem kosztów generowanych przez choroby, została szczególnie mocno dotknięta konsekwencjami głębokiego kryzysu gospodarczego i towarzyszącej mu hiperinflacji. Po trzecie wreszcie, dokonujący się wówczas dynamiczny rozwój medycyny skutkował nie tylko nowymi, efektywniejszymi metodami diagnostycznymi i terapeutycznymi, ale też znacznym wzrostem kosztów opieki lekarskiej. W latach 1924–25 prywatne ubezpieczenia zdrowotne w Niemczech przeżyły bezprecedensowy napływ klientów, w ciągu kilkunastu miesięcy zwiększając czterokrotnie liczbę ubezpieczonych i dziesięciokrotnie sumy pobieranych składek. Ten gwałtowny wzrost, połączony z nieumiejętnym szacowaniem wysokości składek oraz bardzo liberalnymi zasadami obejmowania ochroną rodziny ubezpieczonego, doprowadził wkrótce do poważnych kłopotów z wypłacalnością wielu towarzystw. Kryzys ten zaowocował konsolidacją mniejszych zakładów ubezpieczeniowych w związki (pierwszy z nich zrzeszał towarzystwa działające w okolicach Drezna i nazwany został od tego miasta), wypracowaniem racjonalniejszych metod ustalania wysokości składki ubezpieczeniowej, opartych na analizie danych statystycznych i obliczeniach matematycznych, znacznym ograniczeniem zasięgu ochrony ubezpieczeniowej dla członków rodziny ubezpieczonego oraz ostrożniejszym podejściem do definicji choroby objętej ubezpieczeniem[5]. W 1932 r. ukazały się „Normatywne warunki prywatnych ubezpieczeń chorobowych", zatwierdzone przez Urząd Nadzoru Ubezpieczeń Prywatnych (Reichsaufsichtsamt für Privatversicherung) i stanowiące swego rodzaju ubezpieczeniowy program minimum[6];

---

[5] Wagner-Braun, Margarethe: Anfang und Entwicklung der modernen privaten Krankenversicherung, w: Wagner-Braun, Margarethe: Zur Bedeutung berufsständischer Krankenkassen innerhalb der privaten Krankenversicherung in Deutschland bis zum Zweiten Weltkrieg. Stuttgart 2002, 151–191.
[6] Veröffentlichungen des Reichsaufsichtsamtes für Privatversicherung 31 (1932), 151–162.

poszczególne towarzystwa i ich związki zachowały jednak znaczną autonomię w kreowaniu treści umów ubezpieczeniowych. Na początku lat trzydziestych XX wieku działało w Niemczech 36 prywatnych towarzystw ubezpieczeń chorobowych skupiających niebagatelną liczbę 3,5 milionów członków[7], zaś dziesięć lat później prywatnymi ubezpieczeniami chorobowymi objętych było 8,8 milionów Niemców[8].

Spór o definicję choroby objętej prywatnym ubezpieczeniem zdrowotnym toczył się w Niemczech z różnym natężeniem przez całe dwudziestolecie międzywojenne i nie został nigdy definitywnie rozstrzygnięty. Źródłem licznych nieporozumień pomiędzy ubezpieczonymi a prywatnymi kasami chorych było daleko posunięte podobieństwo nazw i terminów używanych w społecznych i prywatnych ubezpieczeniach chorobowych przy ich znacznie odmiennych znaczeniach prawnych. Sądząc po ilości publikacji wyjaśniających owe różnice w prasie lekarskiej, zarówno ogólnej jak i specjalistycznej, medycy również mieli poważne kłopoty z orientacją w tych odmiennościach. Już sam termin „ubezpieczenie chorobowe" znaczył w każdym z typów ubezpieczeń co innego. Tak wyjaśniali to w 1932 r. berlińscy profesorowie medycyny sądowej, Victor Müller-Heß i Ferdinand Wiethold[9]: podstawowym celem społecznego ubezpieczenia chorobowego, adresowanego przede wszystkim do pracowników fabryk i zakładów przemysłowych i regulowanego normami prawa publicznego, było utrzymanie stanu zdrowia populacji robotników na takim poziomie, by byli oni zdolni do wykonywania pracy. Pod jego ochronę wchodziło się automatycznie w momencie zatrudnienia w zakładzie pracy podlegającym ustawowemu obowiązkowi ubezpieczeniowemu. Tym samym większość populacji objętej społecznym ubezpieczeniem chorobowym stanowili ludzie zdrowi, zdolni do pracy, i na nich (oraz pracodawcach, którzy opłacali

---

7 Müller-Heß, Victor, Wiethold, Ferdinand: Aus dem Gebiete der Versicherungsmedizin. Der Krankheitsbegriff in der Privatversicherung. Jahreskurse für ärztliche Fortbildung 23 (1932), 68–76 (informacja o liczbie ubezpieczonych w prywatnych kasach chorych: 68).
8 Böhme, Ingo: Private Krankenversicherung (PKV) im Nationalsozialismus, w: Böhme, Ingo: „Juden können nicht Mitglieder der Kasse sein". Versicherungswirtschaft und die jüdischen Versicherten im Nationalsozialismus an Beispiel Hamburg. Hamburg 2003, 43.
9 Müller-Heß, Wiethold: Aus dem Gebiete (1932), 68–69 (przyp. 8).

część składki) spoczywał ciężar finansowy opieki ubezpieczeniowej nad stanowiącymi mniejszość chorymi.

Tymczasem prywatne ubezpieczenie chorobowe było szczególnym przypadkiem ubezpieczenia gospodarczego, regulowanym przez normy prawa prywatno-cywilnego. Jego podstawowym celem było zapewnienie ubezpieczonemu ochrony przed ekonomicznymi skutkami i następstwami choroby. Było zawierane dobrowolnie, a przekrój ubezpieczonych był odmienny. Jak zauważali autorzy, większość stanowili tu starsi drobni rzemieślnicy czy przedstawiciele wolnych zawodów, którzy najczęściej na własnej skórze przekonali się już, jak ciężkim ciosem dla gospodarstwa domowego może być choroba, i którzy słusznie obawiali się, że ponownie zachorują. Różnicę między znaczeniem wyrażenia „ubezpieczenie chorobowe" w kontekście społecznym i prywatnym jeszcze dobitniej ujął piszący dla „Deutsche medizinische Wochenschrift" radca prawny, Karl Schmidt[10]: ubezpieczenie społeczne nie jest w zasadzie ubezpieczeniem na wypadek choroby, lecz „opieką chorobową" (Krankenfürsorge). W związku z tym kluczową kwestią jest w nim jedynie rozstrzygnięcie, *czy* u danego ubezpieczonego wystąpił stan klasyfikowany jako choroba. W prywatnym ubezpieczeniu chorobowym decydujące znaczenie miała odpowiedź na pytanie *kiedy* doszło do rozwinięcia choroby (podkreślenia Schmidta). Müller-Heß i Wiethold zwracali uwagę, że właśnie dlatego zawarta w prawie o ubezpieczeniach społecznych definicja choroby nie może być przenoszona do przepisów o ubezpieczeniach prywatnych. Przede wszystkim definicja ta jest w istocie jedynie wykazem warunków uruchamiających działanie ubezpieczenia (konieczność opieki lekarskiej i/lub zastosowania leków, i/lub niezdolność do pracy). W dodatku zdolność do pracy inaczej była definiowana u robotników i w wolnych zawodach – w sporej części przypadków przedstawiciel wolnego zawodu (artysta, pisarz etc.) mógł go wykonywać pomimo choroby. Wreszcie, prywatne ubezpieczenia chorobowe, podobnie

---

10 Schmidt, Karl: Der Krankheitsbegriff im Versicherungsrecht. Deutsche medizinische Wochenschrift 57 (1931), 65–66. Patrz też: Schoen, Rudolf: Das Problem des „alten Leidens" in der individualen Krankenversicherung. Deutsche medizinische Wochenschrift 60 (1934), 271–276 (przegląd najważniejszych prób sformułowania medycznej definicji choroby); Wörner: Das Problem des „alten Leidens" in der individualen Krankenversicherung. Deutsche medizinische Wochenschrift 60 (1934), 328–332 (aspekty prawne definicji choroby).

jak inne ubezpieczenia gospodarcze, były zawierane na okoliczność możliwej, ale trudnej do przewidzenia szkody (jak w przypadku pożaru, na wypadek którego nie można się ubezpieczyć, gdy dobytek już płonie). Z tego względu nie obejmowały one chorób, które były u kandydata do ubezpieczenia obecne już w momencie podpisywania umowy[11].

Chociaż w teorii zapis ten nie budził większych zastrzeżeń, z jego realizacją było bardzo dużo problemów. Próbowano je rozwiązać konstruując precyzyjną i uniwersalną prawną definicję choroby. Niestety, każde z zaproponowanych ujęć tej definicji generowało szereg poważnych kontrowersji. Prof. Gotthold Bohne, wieloletni kierownik Instytutu Kryminologii uniwersytetu w Kolonii (i absolwent studiów lekarskich – stąd być może jego szczególne zainteresowanie zagadnieniami medyczno-prawnymi), wyjaśniał owe kontrowersje następująco. Subiektywna definicja choroby zakładająca, że chorym może być tylko ten człowiek, który rozpoznaje u siebie patologiczne objawy i czuje się chory, była nie do przyjęcia dla ubezpieczycieli, bo nie pozwalała im na weryfikację roszczeń. Z kolei do definicji obiektywnej, określającej chorobę jako odbiegający od normy, obiektywnie stwierdzalny i wykryty w badaniach lekarskich stan, niezależnie od tego, czy człowiek, u którego się go rozpoznaje, ma poczucie choroby i wie o niej, poważne zastrzeżenia mieli ubezpieczeni (ale też lekarze), bo oparcie się o nią skutkowało często budzącą poczucie niesprawiedliwości odmową włączenia ochrony ubezpieczeniowej. W ogromnej większości chorób obiektywne zmiany patologiczne, rozpoznawalne dla lekarza, lecz często niezauważalne dla pacjenta, poprzedzały o miesiące lub nawet lata wystąpienie subiektywnych objawów. Tym samym powstawało niebezpieczeństwo, iż w niemal każdym przypadku roszczenia, zwłaszcza mocno obciążającego ubezpieczyciela, ten ostatni będzie w stanie przedstawić ekspertyzę dowodzącą, iż obiektywny początek choroby miał miejsce przed podpisaniem umowy ubezpieczeniowej. Co gorsza, poszczególne sądy rozstrzygające spory dotyczące prywatnych ubezpieczeń chorobowych posługiwały się dość dowolnie obiema definicjami, co pogłębiało wrażenie chaosu prawnego.

Zdaniem Bohnego, bałagan ten był możliwy do usunięcia pod dwoma warunkami. Po pierwsze, należało uznać, że przeciętny klient przystępujący

---

11 Müller-Heß, Wiethold: Aus dem Gebiete, 69 (przyp. 8).

do prywatnego ubezpieczenia zdrowotnego nie jest ekspertem w dziedzinie medycyny i prawa, a więc chorobę pojmuje zgodnie z jej potoczną, subiektywną definicją, i tak też rozumie pojęcia figurujące w umowie ubezpieczeniowej. Po drugie, prywatne kasy chorych, w ramach przysługującego im prawa do swobodnego formułowania warunków umów ubezpieczeniowych, winny jak najbardziej precyzyjnie i jasno określać granice ochrony ubezpieczeniowej; im więcej niejasno zdefiniowanych sformułowań w umowie, tym bardziej ewentualne wątpliwości i spory sądy powinny rozstrzygać na korzyść ubezpieczonych[12]. Niestety, mimo upływu lat i rosnących doświadczeń, ani sądy nie doszły do jednomyślności w interpretacji definicji choroby w kontekście prywatnych ubezpieczeń, ani towarzystwa ubezpieczeniowe nie doprecyzowały warunków umów – to ostatnie bywało tłumaczone tym, że większość spornych spraw dotyczyła roszczeń generowanych przez choroby diagnozowane i leczone wkrótce (tygodnie i miesiące) po zawarciu umowy, co stanowiło stosunkowo niewielki odsetek wszystkich roszczeń w prywatnych ubezpieczeniach zdrowotnych[13].

Choroby kobiece również bywały przyczyną sporów o zakres ochrony w prywatnych ubezpieczeniach chorobowych. Pisał o nich m. in. prof. Max Henkel, kierownik kliniki ginekologicznej uniwersytetu w Jenie[14]. Poza trudnościami z precyzyjnym określeniem początku choroby w niezakaźnych schorzeniach układu rodnego, zwłaszcza w guzach nowotworowych, biegli ginekolodzy często stawali wobec problemu nakładania się lub współistnienia kilku spraw, między którymi związek przyczynowo skutkowy był mniej lub bardziej prawdopodobny, a z których przynajmniej jedna wymagała pilnej interwencji lekarskiej, podczas gdy inna (uznawana za pierwotną przyczynę pozostałych) nie była objęta ochroną ubezpieczeniową, bo istniała już w momencie podpisywania umowy. Podawał przykłady z własnej praktyki: kilka przypadków skrętu jajnika, w których podczas interwencji chirurgicznej odkrywano guza (towarzystwa

---

12 Bohne, Gotthold: Rechtsfragen aus der ärztlichen Praxis. Deutsche medizinische Wochenschrift 60 (1934), 1354–1356.
13 Schmidt: Der Krankheitsbegriff (1931), 66 (przyp. 11); Bamberger, Georg: Ein Beitrag zur Bestimmung des Krankheitsbegriffes im Versicherungsrecht. Deutsche medizinische Wochenschrift 57 (1931), 1206–1207.
14 Henkel, Max: Versicherungspraxis und Rechtsgefühl. Deutsche medizinische Wochenschrift 56 (1930), 2219–2220.

ubezpieczeniowe odrzucały roszczenia pacjentek argumentując że guz, choć nierozpoznany, musiał istnieć już na długi czas przed podpisaniem polisy). Szczególnie oburzyła go sytuacja, w której kolizja dwóch stanów, mięśniaka macicy i ciąży, samych w sobie i z osobna nie wymagających ingerencji ze strony lekarza, doprowadziła do konieczności przeprowadzenia operacji ze wskazań naglących. W tym przypadku prywatna kasa chorych odmówiła pokrycia kosztów leczenia powołując się na zapisy wykluczające ciążę i jej następstwa z kategorii choroby w rozumieniu prawa ubezpieczeniowego.

Rzeczywiście, przepisy regulujące kwestie ubezpieczeń zdrowotnych, zarówno społecznych jak i prywatnych, głosiły iż ciąża jako taka nie jest chorobą w rozumieniu prawa o ubezpieczeniach[15]. Jednak podczas gdy prawo o ubezpieczeniach społecznych w miarę upływu czasu coraz dobitniej podkreślało, iż związane z ciążą, porodem lub połogiem stany wymagające pilnej interwencji lekarskiej spełniają kryteria definicyjne choroby i powinny być objęte odpowiednią ochroną[16], prywatne towarzystwa ubezpieczeniowe niezmiennie traktowały ciążę i jej następstwa jako stany całkowicie i bezwyjątkowo wyłączone spod działania polisy. W latach trzydziestych doprowadziło to do zmasowanej kampanii ginekologów na rzecz zmiany przepisów prawnych. Ponieważ stosowane w dotychczasowej, wieloletniej debacie argumenty logiczne, prawnicze i biologiczno-medyczne nie przynosiły zamierzonego skutku w postaci zrównania w prawach kobiet objętych społecznym i prywatnym ubezpieczeniem zdrowotnym, grupa

---

15 Ubezpieczenia społeczne: Die Reichsversicherungsordnung, 19.07.1911: Reichsgesetzblatt 1911 Teil I, 779 nn; nowelizacja ustawy z 1924 r.: Reichsgesetzblatt 1924 Teil I, 779 nn (par. 195a precyzował, pod jakimi warunkami objętej ubezpieczeniem kobiecie przysługuje konieczna pomoc lekarska podczas porodu i połogu, nie odnosił się jednak do okresu ciąży). Zapisy obowiązujące w ubezpieczeniach prywatnych były formułowane w różny sposób przez poszczególne towarzystwa asekuracyjne, jednak przepis o wyłączeniu ciąży i jej następstw spod ochron ubezpieczeniowej był stosowany powszechnie.

16 Entscheidungen des Bundesamtes für das Heimatwesen 45 (1913), 96; 47 (1914), 73, 84; 49 (1915), 88. Zweites Gesetz über Abänderungen des Zwiten Buches der reichsversicherungsordnung, 09.07.1926: Reichsgesetzblatt 1926 Teil I, 407–408, art. 1 (zmieniający brzmienie par. 195a ustawy; ustęp 1 paragrafu jednoznacznie stwierdzał teraz, że kobiecie niezbędna pomoc lekarska przysługuje również podczas ciąży).

lekarzy związanych z towarzystwem ginekologicznym i kliniką chorób kobiecych w Düsseldorfie podjęła próbę wpłynięcia na stanowisko prywatnych ubezpieczycieli poprzez zastosowanie retoryki i argumentacji narodowosocjalistycznej propagandy. Omówienie tego ciekawego, a niezauważonego przez historyków ubezpieczeń epizodu, jak również analiza motywacji stojących za językiem użytym przez lekarzy podczas wspomnianej debaty będą przedmiotem odrębnej publikacji.

Maria Elżbieta Kempa

Wpływ chirurgii niemieckiej na rozwój „śląskiej szkoły chirurgicznej" w XX wieku (w związku z 110 rocznicą urodzin prof. dr hab. n. med. Józefa Gasińskiego)

Der Einfluss der deutschen Chirurgie auf die Entwicklung der schlesischen chirurgischen Schule des XX. Jahrhunderts (anlässlich des 110. Geburtstages von Prof. J. Gasiński)

Streszczenie

J. Mikulicz-Radecki (1850–1905) to pionier nowoczesnej chirurgii, który należał do kultury dwóch narodów- polskiego i niemieckiego. Z Polską związany był z powodu pochodzenia, mowy ojczystej i działalności, z narodem niemieckim przez studia, pracę w Wiedniu a także związek małżeński z Henriette Pacher. Wyprzedził o 100 lat proces zjednoczenia Europy. Ze szkoły chirurgicznej J. Mikulicza-Radeckiego wywodzi się m.in. śląska szkoła chirurgiczna XX wieku. Kontynuatorem szkoły J. Mikulicza na Śląsku był Prof.dr hab.n.med. Józef Gasiński (1903–1989) kierownik jednej z pierwszych Katedr i Klinik Chirurgii Śląskiej Akademii Medycznej. W pracy przedstawiono najważniejsze zasługi tego wybitnego chirurga w związku z mijającą w bieżącym roku 110 rocznicą Jego urodzin.

Zusammenfassung

J. Mikulicz-Radecki, Pionier der modernen Chirurgie, war auf Grund seiner Herkunft, Sprache und seiner Tätigkeiten in Polen verwurzelt. Darüber hinaus bestand eine enge Verbindung mit dem deutschen Kulturkreis, vor allem durch sein Studium und seine Arbeit in Wien, als auch seine Ehe mit Henriette Pacher. Er war ein Vorreiter der europäischen Vereinigung.

Die Mikulicz-Radecki Schule war unter anderem auch Vorbild für die schlesische Schule der Chirurgie. Der Leiter des Lehrstuhls und der Klinik für Chirurgie an der Schlesischen Medizinischen Universität gilt als Nachfolger der J. Mikulicz-Radecki Schule. In dieser Arbeit wird an die wichtigsten Ereignisse und Verdienste des prominenten Chirurgen erinnert.

Medycyna polska w XIX wieku, pomimo rozbiorów, była w czołówce światowej w dziedzinie chirurgii. Jedną z jej cech było szybkie przyswajanie osiągnięć innych krajów europejskich.

W historii chirurgii obu narodów, polskiego i niemieckiego, szczególne miejsce zajmuje postać Jana Mikulicza-Radeckiego. Należał on do kultury dwóch narodów[1], a jego medycyna wywarła ogromny wpływ na polskie środowisko chirurgiczne. Śląska szkoła chirurgii wywodzi się także ze szkoły słynnego Mikulicza.[2]

Jan Mikulicz-Radecki to jeden z najwybitniejszych lekarzy w historii ludzkości, pionier chirurgii polskiej i niemieckiej, potomek polskiej rodziny szlacheckiej herbu Gozdawa. Urodził się jako obywatel cesarstwa austro-węgierskiego 16 maja 1850 roku w Czerniowcach na Bukowinie – ośrodku wielu kultur, zamieszkałym przez Polaków, Niemców, Żydów, Rusinów, Rumunów, Mołdawian. Matka Jego Emilia von Damnitz była Niemką, a ojciec Andrzej wdowcem, budowniczym kameralnym w Czerniowcach w CK Galicji. Po maturze rozpoczął, mimo sprzeciwu ojca, studia medyczne w Wiedniu[3], które ukończył w 1875 roku. W tymże roku podjął pracę w słynnej wiedeńskiej klinice chirurgicznej Theodora Billrotha[4], geniusza chirurgii XIX wieku. W 1877 r. otrzymał etat asystenta. Dzięki pomocy Billrotha wyjechał w 1879 r. na 5-miesięczne

---

1 Wiktor Z.:W sprawie narodowości Jana Mikulicza, Polski Tygodnik Lekarski 12 (1957), 1830–1832.
2 Starzewski J.: Jan Mikulicz Radecki (1850–1905). Pionier nowoczesnej chirurgii polskiej i niemieckiej. In: Biuletyn Informacyjny ŚAM 1 (2005), 2–5.
3 Studia na Uniwersytecie Wiedeńskim (1869–1875) były okresem rozkwitu tzw. Młodszej Szkoły Wiedeńskiej.Wykładowcami byli wówczas wybitni badacze m. in. Ernst Wilhelm von Brucke (fizjolog), Carl Rokitanski (anatomopatolog), Josef Skoda (internista), Józef Dietl (internista), Theodor Billroth (chirurg).
4 T. Billroth (1829–1894): twórca nowoczesnej chirurgii krtani, przełyku, i jamy brzusznej, nauczyciel wielu wybitnych chirurgów.

stypendium naukowe do Niemiec, Anglii i Francji. W lutym 1880 r. na podstawie pracy o leczeniu kolan szpotawych i koślawych uzyskał tytuł docenta chirurgii. Ta praca przyniosła mu sławę w ówczesnej chirurgii europejskiej.

W grudniu 1880 r. zawarł związek małżeński z kobietą pochodzenia niemieckiego, Henriette Pacher, co zgodnie z austriackim zwyczajem[5] uniemożliwiło mu dalszą pracę na etacie kliniki uniwersyteckiej. Przeszedł wtedy do pracy w poliklinice, gdzie m.in. prowadził prace nad udoskonaleniem i stosowaniem gastroskopu i ezofagoskopu.

1 października 1882 r. mając 37 lat objął na 5 lat kierownictwo Kliniki Chirurgii UJ w Krakowie. Brał czynny udział w posiedzeniach lekarskich i zjazdach. Wypracował wiele metod operacyjnego leczenia, doskonalił antyseptykę wprowadzając m.in. jodoform do leczenia ran[6], skonstruował skoliozometr[7], uciskadło oraz kleszcze harpunowate. W 1887 r. przeniósł się do Królewca, a po 3 latach do Wrocławia, gdzie spędził resztę życia. Pod kierunkiem Billrotha otrzymał w 1890 roku „veniam legendi" na podstawie pracy „Genu valium et genu varum".

We Wrocławiu 1 X 1890 r. objął kierownictwo Kliniki Chirurgicznej, którą kierował do śmierci. Tutaj ogłosił wiele cennych prac. Dzięki wprowadzeniu do klinicznego użycia komory podciśnieniowej Sauerbrucha dokonał pierwszej w świecie udanej operacji guza śródpiersia.

Mikulicz-Radecki wniósł olbrzymi wkład w rozwój wielu dyscyplin operacyjnych: chirurgii przewodu pokarmowego, ortopedii, laryngologii, ginekologii, torakochirurgii, chirurgii tarczycy, grasicy, a także aseptyki, patomorfologii i radiologii. Mikulicz-Radecki był nie tylko

---

5 W tym czasie asystenci klinik chirurgicznych musieli pozostawać w stanie wolnym.

6 *Opatrunek jodoformowy jest w stanie zupełnie zastąpić opatrunek gazą Listerowską, pociągając za sobą w podobny sposób aseptyczny przebieg i bezpośrednie zagojenie się rany. Nadto daje nam dwojaką korzyść a mianowicie jest on prostym i bezpieczniejszym* – pisał o zastosowaniu jodoformu w rozmaitych przypadkach leczenia ran oraz metodach jego użycia m. in. w: Mikulicz, Jan: O użyciu jodoformu w leczeniu ran. In: Przegląd Lekarski 39(1881), 481.

7 Skoliozometr to przyrząd do mierzenia skrzywienia bocznego kręgosłupa. Składał się z 2 wąskich taśm stalowych opatrzonych podziałką milimetrową. Dał się łatwo zastosować i każdy lekarz mógł go używać.

wybitnym chirurgiem, ale także konstruktorem wielu narzędzi chirurgicznych, które są dotąd używane. W okresie wiedeńskim spotkał się z utalentowanym konstruktorem narzędzi medycznych, Józefem Leiterem, autorem ponad 20 opatentowanych wynalazków. Obaj skonstruowali w 1880 roku pierwszy ezofagoskop, a w 1881 roku pierwszy gastroskop, za pomocą którego opisano zmiany w żołądku (pierwszy opis raka żołądka w badaniu endoskopowym). Jego klinikę odwiedzali chirurdzy z całego świata.

Większość jego prac ukazała się w języku niemieckim, bo w krajach tego obszaru językowego spędził większość swojego życia. Jest autorem wielu prac naukowych, współautorem kilku podstawowych dzieł. Z E.Bergmanem i Victorem Brunsem opracował wielki podręcznik „Handbuch der praktischen Chirurgie". Był współzałożycielem czasopism „Mitteilungen aus den Grenzgebieten der Medizin Und Chirurgie". Mikulicz przebywał gościnnie w wielu klinikach świata: Moskwie, Kijowie, Wilnie, Warszawie, Glasgow, Londynie, Edynburgu, Filadelfii, Chicago, Nowym Yorku i innych. Otrzymał 3 doktoraty i 8 członkowstw w Towarzystwach Lekarskich.[8]

Umieram bez wszelkiej urazy i z poczuciem zadowolenia z życia. Pracowałem według swoich sił i znalazłem na świecie uznanie i szczęście[9] – pisał na kilka dni przed śmiercią, która nastąpiła dnia 14 czerwca 1905 roku z powodu raka żołądka. Pochowany został na cmentarzu rodzinnym w Świebodzicach.

W czasie pobytu w Krakowie Mikulicz odczuł niezrozumienie z powodu braków w znajomości j. polskiego. *Moi panowie! zarzucano mi, że nie znam języka polskiego, który przecież tak samo jest mową ojczystą dla mnie jak i dla każdego z Panów. Prawda, że przez ciągłe przebywanie w*

---

8   Domosławski P.: Jan Mikulicz-Radecki(1850–1905) światowej sławy chirurg pochodzenia polsko-niemieckiego, kierownik Kliniki Chirurgicznej we Wrocławiu w latach 1890–1905, przypomnienie jego sylwetki w 105 rocznicę jego śmierci. In: Przegląd Lekarski 68 (2011), 287–288.
9   Kausch Walther: Johannes von Mikulicz-Radecki. Sein Leben Und Seine Bedeutung. In: Mitteilungen aus den Grenzgebieten der Medizin Und Chirurgie (1907) Supplementband 3, Gedenkband fur J.von Mikulicz, 1–64.

zakładach naukowych niemieckich zaniedbałem cokolwiek naszej mowy, że przez długie lata brakowało mi zupełnie ćwiczenia i wprawy w mówieniu po polsku, uważać sobie jednak będę za pierwszy obowiązek, aby braki te w jak najkrótszym czasie uzupełnić i mam nadzieję, że niezadługo zdołam i w tym kierunku uczynić zadość wszelkim wymogom, jak tego żądać można od profesora Uniwersytetu Jagiellońskiego[10]. Powyższe słowa świadczą o jego patriotyzmie i więzi z polskim środowiskiem naukowym.

Mikulicz czuł się w równym stopniu Polakiem co Niemcem i jest chlubą medycyny, a przede wszystkim chirurgii obu tych narodów, wyprzedził o sto lat toczący się obecnie proces zjednoczenia Europy, był jednym z pierwszych świadomych Europejczyków – stwierdził prof. Waldemar Kozuschek, dyrektor Katedry Chirurgii w Bochum.[11]

Pod kierunkiem Mikulicza szkolili się znani Polacy m.in.: prof. Bronisław Kader (UJ-Kraków) i Hilary Schramm (Uniwersytet Jana Kazimierza, Lwów). Polskimi uczniami szkoły Mikulicza byli: Adam Ferdynand Czyżewicz (1877–1962), profesor ginekologii i położnictwa w Warszawie, Józef Ostoja Starzewski (1870–1954), dyrektor szpitala we Lwowie, Bronisław Kader (1863–1937), dyrektor szpitala we Lwowie (długoletni współpracownik Mikulicza) i Hilary Schramm (1857–1940), twórca szkoły lwowsko-wrocławskiej.[12] Następcami Bronisława Kadera byli: prof. UJ, Maksymilian Rutkowski (1867–1947), Jan Glatzel (1888–1954) oraz Józef Gasiński (1903–1989), kierownik jednej z pierwszych katedr i klinik chirurgii w Śląskiej Akademii Medycznej.

---

10 Mikulicz-Radecki, Jan: O wpływie chirurgii nowoczesnej na kształcenie uczniów w klinice chirurgicznej. In: Przegląd Lekarski 43 (1882), 569–572.
11 Kozuschek W.: Jan Mikulicz Radecki 1850–1905.Współtwórca nowoczesnej chirurgii. Wrocław 2003.
12 Bona W.: Zasługi Jana Mikulicza dla rozwoju chirurgii w Polsce. In: Archiwum Historii i Filozofii Medycyny 13 (1933), 20–100.

Jan Mikulicz-Radecki

Einfluss der deutschen Chirurgie 151

Prof. Jan Glatzel z asystentami w sali wykładowej.
W I rzędzie od lewej: Józef Birkenfeld (Bogusz), Wacław Kraszewski,
Julian Chudyk, prof. Glatzel, Józef Gasiński, Jan Kowalczyk, NN.

Prof. zw. dr hab. med. Józef Gasiński – organizator I Kliniki Chirurgii w Zabrzu.

Dnia 23 sierpnia bieżącego roku minęła 110 rocznica urodzin prof. Gasińskiego – twórcy śląskiej szkoły chirurgicznej, a jednocześnie kontynuatora szkoły wielkiego pioniera polskiej i niemieckiej chirurgii. Józef Gasiński urodził się 23 sierpnia 1903 roku w Lipniku k.Białej w woj. krakowskim. W Białej ukończył szkołę powszechną i Gimnazjum Realne im. Adama Asnyka. W 1920 roku brał udział w wojnie polsko-bolszewickiej jako ochotnik. Po maturze w 1922 roku rozpoczął studia na Wydziale Matematyczno-Fizycznym Uniwersytetu Jagiellońskiego. Po miesiącu przeniósł się na Wydział Lekarski jako student III roku WL pracował jako wolontariusz w Zakładzie Anatomii Opisowej UJ pod kierunkiem profesora Kazimierza Kostaneckiego. Od 1 X 1928 roku pracował w charakterze młodszego asystenta. Dnia 30 maja 1928 roku otrzymał dyplom doktora wszech nauk lekarskich i od czerwca rozpoczął praktykę w Klinice Chirurgicznej pod kierunkiem ucznia i jednego ze współpracowników J. Mikulicza-Radeckiego, profesora Maksymiliana Rutkowskiego. Dnia 1 X 1930 roku przeszedł do powołanej na bazie szpitala św. Łazarza II Kliniki Chirurgicznej UJ, kierowanej również przez kontynuatora Mikulicza, profesora Jana Glatzla. Tutaj został zatrudniony na etacie starszego asystenta. Po zlikwidowaniu Kliniki dnia 28 lutego 1933 roku Józef Gasiński przeszedł do Kliniki kierowanej przez profesora Rutkowskiego. Pracował także nadal pod kierunkiem profesora Glatzla pełniąc funkcję jego zastępcy jako ordynatora. Dnia 1 X 1937 roku po przejściu profesora Rutkowskiego na emeryturę, kierownikiem Kliniki Chirurgii Uj został profesor Glatzel, a Józef Gasiński jego zastępcą.[13] Dnia 17 czerwca 1939 roku habilitował się pod kierunkiem profesora Glatzla na podstawie pracy pt. „Układ wegetatywny a serce w nadtarczyczności doświadczalnej u zwierząt". W 1941 roku, po zmuszeniu przez Niemców do opuszczenia Kliniki, pracował do 1948 roku w Ubezpieczalni Społecznej w Krakowie oraz w prywatnych lecznicach. Prowadził także wykłady z chirurgii operacyjnej i traumatologii z ratownictwem dla studentów UJ. Dnia 1 X 1948 roku został powołany na stanowisko ordynatora Oddziału Torakochirurgicznego Instytutu Gruźlicy w Krakowie, na którym pracował do

---

13 *Prof. Gasinski był najwybitniejszym uczniem prof.Glatzla* – to słowa prof. S. Szyszko zamieszczone w książce: Białek,T., Pawłowska, E. (Hrsg): Prof. J. Gasiński – tworca śląskiej szkoły chirurgicznej. Katowice 2008, 99.

końca kwietnia 1952 roku. Zasługą J. Gasińskiego było zorganizowanie oddziału przeznaczonego do leczenia chirurgicznego 400 pacjentów Instytutu Gruźlicy. Dzięki niemu uruchomiono blok operacyjny i rozwinęła się chirurgia klatki piersiowej.
Tytuł profesora nadzwyczajnego uzyskał w dniu 26 XI 1949 roku. W tym samym czasie został nominowany na stanowisko kierownika Katedry Chirurgii w powstałej Akademii Lekarskiej w Bytomiu.[14] W 1956 roku otrzymał tytuł profesora zwyczajnego.

Prof. Józef Gasiński był organizatorem I Kliniki Chirurgii w Zabrzu liczącej 175 łóżek[15], która w 1954 roku została przemianowana na II Klinikę Chirurgiczną, zaś w 1963 roku przeniesiona do Katowic. Tam mieściła się w strukturze powstałego na bazie Szpitala Miejskiego Państwowego Szpitala Klinicznego im. A. Mielęckiego. Od roku 1972 miała nazwę: I Klinika Chirurgii Ogólnej. Na emeryturę Gasiński przeszedł we wrześniu 1973 roku.

Od 1950 roku J. Gasiński był specjalistą wojewódzkim do spraw chirurgii, przewodniczącym Zespołu Specjalistów Wojewódzkich na terenie województwa katowickiego. Profesor zarówno szkolił chirurgów w województwie jak również nadzorował pracę wszystkich oddziałów chirurgicznych na terenie Śląska. Przewodniczył Zarządowi Oddziału Śląskiego Towarzystwa Chirurgów Polskich, był członkiem honorowym Międzynarodowego Towarzystwa Chirurgów i Francuskiego Towarzystwa Flebologicznego. Jako emeryt pracował w charakterze konsultanta naukowego na Oddziale Chirurgii Ogólnej Wojewódzkiego Szpitala Specjalistycznego w Tychach.

Dnia 3 października 1977 roku Śląska Akademia Medyczna w uznaniu zasług nadała Profesorowi tytuł doktora honoris causa. W 1990 roku Wojewódzki Szpital Specjalistyczny nr 1 w Tychach otrzymał imię Profesora Józefa Gasińskiego. Profesor zmarł dnia 3 marca 1989 roku, został pochowany na cmentarzu przy ul. Sienkiewicza w Katowicach.

Józef Gasiński był wybitnym chirurgiem. Na początku kariery lekarskiej wprowadził nowatorską, własną odmianę torakoplastyki, bez usuwania

---

14 Późniejsza Śląska Akademia Medyczna, obecnie Śląski Uniwersytet Medyczny.
15 Pierzchała, W. (Hrsg): Słownik medycyny i farmacji Górnego Śląska T.6. Katowice 2007, 137.

pierwszego żebra, z rozległą apikolizą. Dzięki tej zmianie kontury klatki piersiowej nie ulegały zniekształceniu i zaburzeniom czynnościowym. W 1951 roku J. Gasiński odważył się nie tylko dotknąć skalpelem serca, ale przeprowadził w Krakowie w Szpitalu Specjalistycznym operację kardiochirurgiczną, pionierską w tamtym okresie. Dokonał metodą Brauera skomplikowanego zabiegu częściowego usunięcia osierdzia z dostępu pozaopłucnowego. Był to początek nowoczesnej kardiochirurgii, nie tylko w krakowskim szpitalu, ale w całej Polsce.[16] Tę dziedzinę rozwinął na Śląsku prof. Gasiński.

Na Górnym Śląsku prof. J. Gasiński pełniąc funkcję kierownika Katedry Chirurgii w ŚAM zorganizował zaplecze diagnostyczne i dydaktyczne. Klinika miała następujące oddziały: chirurgii ogólnej, urazowej, dziecięcej, naczyniowej oraz urologiczny. Do współpracowników Profesora należeli m.in.: dr Czesław Sadliński, dr Stanislaw Szyszko, dr Tadeusz Ginko, dr Klaudiusz Karowiec.

Józef Gasiński jako pierwszy w Polsce i jeden z pierwszych na świecie wykonał kostopleropneumonektomię we własnej odmianie. Dużym osiągnięciem profesora był jego własny sposób zastąpienia usuniętego przełyku piersiowego przez uruchomiony i przeprowadzony przez przednie śródpiersie żołądek.[17]

Jego techniki operacyjne, mistrzostwo i doskonała orientacja w polu operacyjnym zapewniły mu trwałe miejsce w dziedzinie chirurgii żołądka. Oryginalna metoda Gasińskiego leczenia chorych z kurczem wpustu polegała na przecięciu warstwy mięśniowej przełyku aż do łuku aorty, bez przecinania wpustu. Metoda ta stanowiła nowy rozdział w leczeniu chirurgicznym tej choroby.[18]

---

16 Herian-Ślusarska J.: Zaatakować nożem tam, gdzie to konieczne. 50 rocznica pierwszej operacji kardiochirurgicznej. In: Alma Mater, miesięcznik Uniwersytetu Jagiellońskiego 35 (2001).
17 Szyszko S.: Prof. dr Józef Gasiński – wspomnienie pośmiertne. In: Polski Przegląd Chirurgiczny 61 (1989), 857.
18 Gasiński J.: Nowy sposób zespolenia przełyku i połączenia go z dwunastnicą. In: Polski Tygodnik Lekarski 47 (1955), 1544.

Do osiągnięć Profesora należy także sposób wytworzenia sztucznego żołądka po jego usunięciu.[19] Do operacji na żołądku używał zacisków własnego pomysłu, które do dzisiaj skracają czas operacji i są łatwe w zastosowaniu.[20] W dziedzinie urologii wprowadził oryginalną metodę operacji stulejki.[21] Jako pierwszy w Polsce dokonał trzech przeszczepów nerek od dawców rodzinnych, co zapoczątkowało rozwój śląskiej transplantologii. Na Śląsku dzięki Profesorowi rozwinęła się chirurgia endokrynologiczna. Częste były operacje na gruczole tarczowym – zwykłe, zamostkowe i nawrotowe. Operacje nadnerczy dotyczyły leczenia rzadko rozpoznawalnych zespołów: Conna, Cushinga i guzów chromochłonnych nadnerczy. Do 1955 roku opisano ok. 200 przypadków pierwotnego aldosteronizmu.

Dnia 19 maja 1952 roku Józef Gasiński ogłosił pierwszy w Polsce operowany przypadek zespołu Fallota u chłopca sześcioletniego, u którego wystąpiły objawy niewydolności krążenia nasilające się przy wysiłku oraz utrzymująca się sinica.[22] Wykonano zespolenie tętnicy podobojczykowej z tętnicą płucną koniec do boku. W 1961 roku Gasiński wykonał zespolenie żyły wrotnej z żyłą próżną dolną u chorej z nadciśnieniem wrotnym z powodu marskości wątroby.[23]

Klinika Profesora Gasińskiego była w latach 50-tych i 60-tych jedynym ośrodkiem chirurgii naczyniowej na Śląsku leczącym zatory i urazy naczyń. Ośrodek pełnił stały ostry dyżur naczyniowy. Profesor rozpoczął leczenie chirurgiczne choroby niedokrwiennej serca wykorzystując doświadczenia lekarzy włoskich. W celu poprawy ukrwienia mięśnia sercowego wykonywał w latach 50-tych operacje z użyciem tętnicy piersiowej

---

19 Gasiński J. i inni: Działanie sztucznego żołądka. In: Polski Tygodnik Lekarski 12 (1956), 544.
20 Kopacz A.: Wkład polskich chirurgów w rozwój metod operacyjnego leczenia raka przełyku. In: Annales Academiae Medicae Gedanensis 24 (1994), 190.
21 Jankowski A., Misiak E., i inni: Leczenie operacyjne stulejki u dzieci metodą Gasińskiego. In: Wiadomości Lekarskie 32 (1979), 1607–1610.
22 Po ośmiu latach od pierwszej tego typu operacji na świecie wykonanej przez Blalocka. Gasiński J.: Przypadek zespołu Fallota leczony operacyjnie. In: Polski Tygodnik Lekarski 8 (1953), 1194–1198.
23 Gasiński J., Urbańska-Bonenberg, L.: Marskość wątroby a leczenie chirurgiczne. In: Polski Przegląd Chirurgiczny 34 (1962), 753.

wewnętrznej w różnych wariantach[24]. Zabieg mało obciążał chorego i poprawiał ukrwienie mięśnia sercowego. W latach 1967–1972 wykonał 202 operacje komisurotomii (1,4 % śmiertelność okołooperacyjna i restenoza 4,3 %). W 1969 roku J. Gasiński rozpoczął wszczepianie rozruszników serca.[25]

Zainteresowania naukowe prof.Gasińskiego były zatem rozległe. Obejmowały bowiem chirurgię żołądka, przełyku, naczyń, nadnerczy oraz torakochirurgii. Był jednym z najwybitniejszych operatorów w historii polskiej chirurgii. Jego znaczący i wszechstronny dorobek obejmuje 150 publikacji naukowych dotyczących chirurgii serca, w tym nowych metod rewaskularyzacji mięśnia serca w przypadku przewlekłej niewydolności naczyń wieńcowych oraz plastyki przełyku. Za uznane w świecie prace w zakresie tarczycy i urologii otrzymał w 1965 roku nagrodę indywidualną I stopnia Ministra Zdrowia i Opieki Społecznej. Jako specjalista wojewódzki w zakresie chirurgii w woj. katowickim od 1951 roku sprawował nadzór nad 27 oddziałami chirurgicznymi. Jako dydaktyk w ŚAM wprowadził technikę telewizyjną umożliwiającą przekazanie przebiegu operacji z sali operacyjnej do sali seminaryjnej.

Trzeba podkreślić, że zorganizowany i kierowany przez prof. Gasińskiego ośrodek miał decydujący wpływ na rozwój chirurgii w regionie Górnego Śląska. Na Górnym Śląsku słusznie uważa się Gasińskiego za twórcę współczesnej chirurgii. Prof. Gasiński był promotorem 42 przewodów doktorskich, opiekunem 6 habilitacji. Wielu jego uczniów otrzymało tytuły naukowe profesora, zostało kierownikami katedr chirurgii oraz ordynatorami szpitalnych oddziałów chirurgicznych na Śląsku i w innych regionach kraju. *Gasiński był przełożonym surowym i wymagającym, lecz życzliwym i bardzo sprawiedliwym. Był niezwykle pracowitym i przebywał w swojej wspaniale zorganizowanej i wzorowo prowadzonej Klinice od wczesnego rana do późnego wieczora. Znał doskonale każdego chorego, a cięższym z nich poświęcał bardzo wiele czasu, troski i gorącego*

---

24 Gasiński J., Gregorczyk, K.: Powiązanie tętnic piersiowych wewnętrznych w leczeniu choroby wieńcowej. In: Polski Tygodnik Lekarski 14 (1959), 1017–1018.
25 Kucha J., Śródka A.(Hrsg): Dzieje kardiologii w Polsce na tle kardiologii światowej. Warszawa 1994, 206.

zaangażowania. Był człowiekiem mocnego charakteru, bardzo prawym i niezwykle skromnym, unikającym zaszczytów, rozgłosu i wszelkiej reklamy – to wspomnienie ucznia prof. S. Szyszko.[26]

Profesor sprawował nadzór nad tokiem specjalizacji. Pod jego kierunkiem przeprowadzono 47 specjalizacji I stopnia i 126 specjalizacji chirurgicznej. Odznaczony został w 1974 roku Krzyżem Komandorskim, Oficerskim i Kawalerskim OOP, Złotym Krzyżem Zasługi, odznaką Zasłużony Nauczyciel PRL, Zasłużony Lekarz PRL. Za wzorową pracę w służbie zdrowia odznaczony Złotą odznaką Zasłużony dla woj. katowickiego, Medalem 40-lecia ŚAM.

Technika operacyjna prof. Glatzla, jego nauczyciela prof. Rutkowskiego oraz ucznia Glatzla prof. Gasinskiego, była imponująca, mieli wspaniałą zdolność posługiwania się skalpelem. Chirurg powinien władać skalpelem tak, jak skrzypek włada smyczkiem. Tak operujących chirurgów jak wymienieni powyżej widuje się bardzo rzadko na najlepszych placówkach chirurgicznych świata[27]

Biorąc pod uwagę transfer w nauce obu narodów, polskiego i niemieckiego, wpływ szkoły wybitnego chirurga Jana Mikulicza na nową erę w chirurgii śląskiej jest znaczący właśnie poprzez dzieła profesora Gasińskiego i jego następców.[28] W XX wieku, dzięki wymianie doświadczeń między lekarzami, chirurgia wzbogaciła swoją wiedzę i udoskonaliła techniki, przyczyniając się do rozwoju tej specjalności w całej Europie, służąc postępowi nauki i dobru ludzkości.

---

26 Szyszko S.: Prof. dr Józef Gasiński (1989), 857.
27 Laskownicki S.: Szpada, bagnet, lancet. Moje wspomnienia. Kraków 1979.
28 Biuletyn Informacyjny ŚAM 1 (2005), 9–12.

Lesław Portas
Historyczna autohemoterapia
Zur Geschichte der Autohaemotherapie

Streszczenie

Przedstawiono jeden z ważniejszych sposobów komunikowania się w środowisku lekarskim. Za miejsce dyskusji wybrano niemieckie czasopismo chirurgiczne. Na jego łamach lekarze różnych narodowości i specjalności publikowali wyniki swoich badań, spostrzeżenia i efekty leczenia. Tematem, na który chciałbym zwrócić uwagę jest autohemoterapia. Była ona szeroko stosowana w okresie międzywojennym XX wieku, kiedy nie były jeszcze znane antybiotyki. Była efektem poszukiwania skutecznych metod leczniczych. Wykorzystywano ją w różnych chorobach, głównie w zakażeniach. Polegała ona na pobraniu niewielkiej ilości własnej krwi chorego i ponownym jej wstrzyknięciu w innym miejscu. Zasadniczym celem autohemoterapii, było wspomaganie układu odpornościowego chorego w walce z chorobą. Jednym z lekarzy, który posługiwał się tą metodą był działający w Rzeszowie chirurg Roman Hinze. Metodę autohemoterapii wykorzystywał w trakcie leczenia chorych z procesem ropnym. Wyniki swoich obserwacji i efekty lecznicze opublikował w „Zentralblatt für Chirurgie".

Zusammenfassung

Zeitschriften waren für ärztliche Kreise immer eine wichtige Verbindungsmöglichkeit, auch über nationale Grenzen hinweg. Im Zentrum dieses Beitrags stehen das deutschsprachige Zentralblatt für Chirurgie und die dort publizierten Beiträge zur Autohaemotherapie (Eigenbluttherapie). Diese Behandlungsweise war in der Zwischenkriegszeit sehr verbreitet, als Antibiotika noch nicht zur Verfügung standen. Die Autohaemotherapie ist als Suche nach effektiveren Behandlungen zu verstehen. Man hat sie bei verschiedensten Krankheiten angewandt, besonders bei Infektionen. Sie beruhte auf der Injektion kleiner Mengen von unmittelbar vorher entnommenem Patienteneigenblut. Es wurde angenommen, dass die Autohaemotherapie das körpereigene Immunsystem positiv stimuliert. Zu den Ärzten, welche diese Methode angewandt haben, gehörte auch ein Chirurg in damaligen Rzeszów, Roman Hinze. Er hat die Autohaemotherapie bei eitrigen Prozessen angewandt. Seine Beobachtungen und Ergebnisse publizierte er im Zentralblatt für Chirurgie.

Chciałbym przedstawić jeden z ważniejszych sposobów komunikowania się w środowisku lekarskim. Za miejsce dyskusji wybrano niemieckie czasopismo chirurgiczne „Zentralblatt für Chirurgie". Na jego łamach lekarze różnych narodowości i specjalności publikowali wyniki swoich badań, spostrzeżenia i efekty leczenia. Tematem, na który chciałbym zwrócić uwagę jest autohemoterapia. Była ona szeroko stosowana w okresie międzywojennym XX wieku, kiedy nie były jeszcze znane antybiotyki. Była efektem poszukiwania skutecznych metod leczniczych. Wykorzystywano ją w różnych chorobach, głównie w zakażeniach. Polegała ona na pobraniu niewielkiej ilości własnej krwi chorego i ponownym jej wstrzyknięciu w innym miejscu, najczęściej w mięśnie pośladka. Zasadniczym celem autohemoterapii, było wspomaganie układu odpornościowego chorego w walce z chorobą. Znalazła ona uznanie i była stosowana przez dermatologów, ginekologów, laryngologów a także chirurgów.[1]

Jednym z lekarzy, który posługiwał się tą metodą, był chirurg Roman Hinze z Oddziału Chirurgicznego Szpitala Ogólnego w Rzeszowie. Metodę autohemoterapii wykorzystywał w trakcie leczenia chorych z procesem ropnym. Wyniki swoich obserwacji i efekty lecznicze opublikował w „Zentralblatt für Chirurgie".

W publikacji z roku 1926 pt. „Przyczynek do leczenia ropopochodnych procesów w obrębie twarzy z pomocą krwi własnej" dr Roman Hinze przedstawił 3 przypadki leczonych szpitalnie chorych.[2] Wykorzystał modyfikację leczenia, zaprezentowaną w 1923 roku przez Läwena na

---

[1] W latach 1920–1929 były liczne publikacje w zakresie autohemoterapi. Efekty leczenia własną krwią ogłaszali: Nicolas J., Hirszberg F., Zimerman R., Tenckhoff B., Ebers N., Graser E., Hirsch L., Bernard R. i inni.

[2] Hinze, Roman: Beitrag zur Behandlung pyogener Prozesse im Gesicht mit Eigenblut. Zentralblatt für Chirurgie 16 (1926), 987–989.

łamach „Zentralblatt für Chirurgie". Läwen zmiany ropne nacinał i ostrzykiwał krwią chorego pobraną z żyły łokciowej. Dr Roman Hinze zmodyfikował to postępowanie. Polegało ono na ostrzykiwaniu krwią wokół zmiany ropnej, ale bez nacinania. We wszystkich przypadkach wykorzystał najpierw dotychczasowe metody leczenia, a więc okłady z płynu Burowa[3] i szczepionkę Delbeta[4]. Dopiero w momencie najbardziej krytycznym stosował ostrzykiwanie własną krwią chorego.

Przypadek I dotyczył 30-letniej kobiety z rozległym czyrakiem obejmującym całą wargę dolną. Przy przyjęciu do szpitala temperatura 39 stopni Celsjusza, przyspieszone do 120/min tętno, dreszcze, stan septyczny. Początkowo chora leczona była przy pomocy okładów Burowa i szczepionki Delbeta. Proces jednak dalej postępował. Pogarszał się stan ogólny. Zdecydowano o ostrzyknięciu zmiany ropnej obustronnie po 6 cm^3 krwi własnej chorej pobranej z żyły łokciowej. Iniekcja w odległości około 3 cm od zmienionej chorobowo tkanki. Część wstrzykniętej krwi wypłynęła przez defekty tkankowe na zewnątrz. Już następnego dnia nastąpiła wyraźna poprawa stanu chorej. Doszło do oddzielenia tkanki martwiczej. Po kilku dniach można było wyleczoną pacjentkę wypisać ze szpitala.

Przypadek II, dotyczył 60 letniego mężczyzny, z rozległym czyrakiem wargi górnej. Przy przyjęciu temp. 38,5 stopnia Celsjusza, tętno 130/min. W trakcie hospitalizacji przez 5 dni stosowano miejscowo okłady Burowa i szczepionkę Delbeta, ale bez poprawy. Stan chorego pogarszał się. Zdecydowano o ostrzyknięciu zmiany krwią własną. Do obu fałdów nosowowargowych wstrzyknięto po około 6 cm^3 krwi pobranej z żyły łokciowej. Znowu doszło do częściowego wypłynięcia krwi przez martwiczą tkankę,

---

3 Płyn Burowa: 7,5–9 % roztwór zasadowego octanu glinu w wodzie destylowanej. Bezbarwna przeźroczysta, lekko opalizująca ciecz o zapachu kwasu octowego, pH ok. 2. Łatwo rozpuszczalny w wodzie i alkoholu. Wprowadzony do leczenia przez chirurga Karla Burowa (1809–1874) z Królewca, o działaniu odkażającym i przeciwbólowym. Do stosowania miejscowego, przeciwzapalnego, w stłuczeniach i obrzękach, na nieuszkodzoną skórę

4 Szczepionka Delbeta: wynaleziona przez francuskiego chirurga J. Delbeta (1866–1924). To mieszanina bakterii (gronkowce, paciorkowce i pałeczki ropy błękitnej) w formie rozcieńczonej i odpowiednio spreparowanej hodowli na bulionie. Stosowana w formie iniekcji podskórnych lub domięśniowych. Preparat o działaniu immunostymulującym. Znalazła zastosowanie w zapaleniach, ropniach, czyraczności.

ale tylko z jednej strony. Już następnego dnia nastąpiła szybka poprawa po tej stronie po której krew nie wypłynęła i która goiła się o wiele szybciej niż po stronie po której wystąpiło częściowe wypłynięcie krwi.

Ryc. 1. Chory leczony metodą autohemoterapii przez dr. R. Hinze, przed (po lewej) i po leczeniu (po prawej). Hinze, Beitrag (1926), [Fn 2]

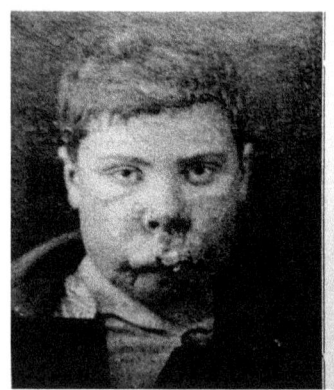 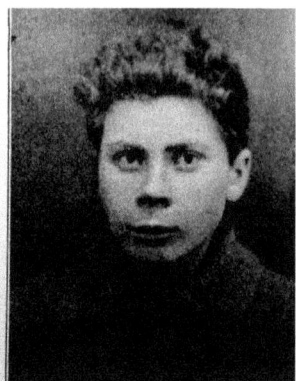

Przypadek III, dotyczył chorego u którego wykonano fotografie przed i po leczeniu (Ryc. 1). U pacjenta cała twarz i powieki były obrzęknięte, a stan jego septyczny. Dr Roman Hinze określił stan chorego jako „prawie bez widoków". Dwukrotnie zastosował szczepionkę Delbeta, ale bez efektu. Zastosowano następnie 2 krotne ostrzyknięcie własną krwią zmodyfikowaną metodą Läwena, w 5 i 8 dniu od przyjęcia do szpitala. Powodem dwukrotnego ostrzykiwania było to, że krew przy pierwszej iniekcji częściowo wypłynęła tak, że całkowite zablokowanie krwią udało się tylko po stronie lewej. Następnego dnia proces postępował jednak po stronie prawej, szerząc się na policzek. Ta okoliczność skłoniła do powtórzenia ostrzyknięcia po stronie prawej. Do fałdu nosowo-wargowego w związku z tym w 8 dobie pobytu wstrzyknięto 14 cm^3 własnej krwi. Uzyskano poprawę. Z kolei w publikacji z roku 1927 pt. „Dalszy przyczynek do leczenia ropopochodnych procesów w obrębie twarzy własną krwią" dr Roman Hinze wspomina o 3 pacjentach z postępującym czyrakiem twarzy, które ostrzykiwał regionalnie krwią własną, według Läwena, jednakże bez nacięcia i doprowadził do wyleczenia.[5] (Ryc. 2.i 3).

---

5 Hinze R.: Ein weiterer Beitrag zur Behandlung pyogener Prozesse in Gesicht mit Eigenblut. Zentralblatt für Chirurgie 4 (1927), 200–201.

Ryc. 2. Strona tytułowa artykułu dr. R.Hinze z 1927 roku. Hinze, weiterer Beitrag (1927) [Fn 5]

Sonderabdruck aus dem Zentralblatt für Chirurgie 1927. Nr. 4.

Praca Dr Hinzego znaleziona wśród starych dokumentów szpitala

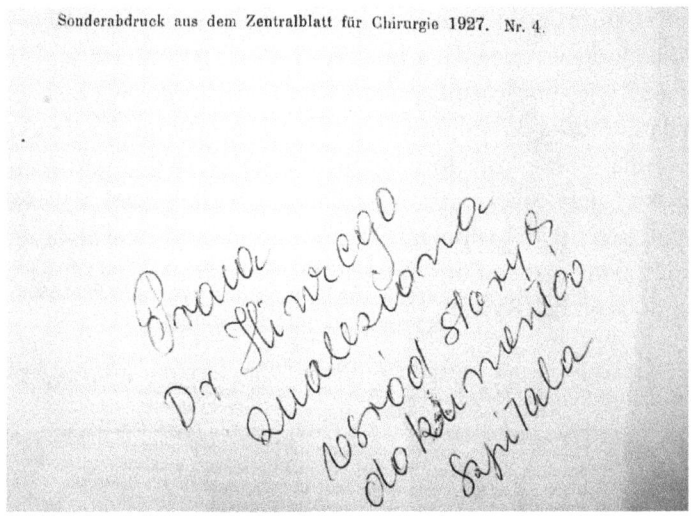

Ryc. 3. Hinze, weiterer Beitrag (1927) [Fn 5]

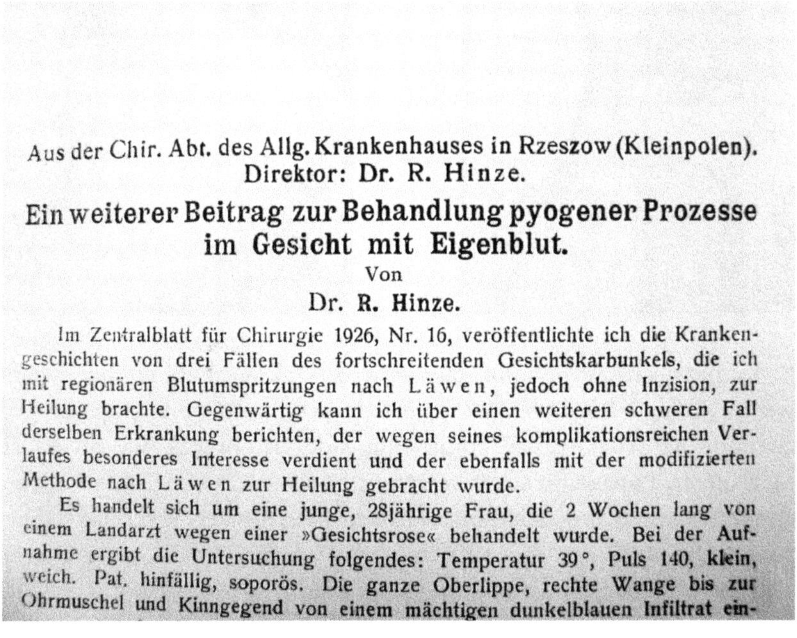

Aus der Chir. Abt. des Allg. Krankenhauses in Rzeszow (Kleinpolen).
Direktor: Dr. R. Hinze.

Ein weiterer Beitrag zur Behandlung pyogener Prozesse im Gesicht mit Eigenblut.

Von

Dr. R. Hinze.

Im Zentralblatt für Chirurgie 1926, Nr. 16, veröffentlichte ich die Krankengeschichten von drei Fällen des fortschreitenden Gesichtskarbunkels, die ich mit regionären Blutumspritzungen nach Läwen, jedoch ohne Inzision, zur Heilung brachte. Gegenwärtig kann ich über einen weiteren schweren Fall derselben Erkrankung berichten, der wegen seines komplikationsreichen Verlaufes besonderes Interesse verdient und der ebenfalls mit der modifizierten Methode nach Läwen zur Heilung gebracht wurde.

Es handelt sich um eine junge, 28jährige Frau, die 2 Wochen lang von einem Landarzt wegen einer »Gesichtsrose« behandelt wurde. Bei der Aufnahme ergibt die Untersuchung folgendes: Temperatur 39°, Puls 140, klein, weich. Pat. hinfällig, soporös. Die ganze Oberlippe, rechte Wange bis zur Ohrmuschel und Kinngegend von einem mächtigen dunkelblauen Infiltrat ein-

Przedstawił też kolejny, ciężki przypadek tej choroby. Przypadek ten zasługuje na szczególne zainteresowanie, ze względu na złożone komplikacje, a które po zastosowaniu zmodyfikowanej metody Läwena doprowadziły do wyleczenia. Chodziło o 28 letnią kobietę w 4 miesiącu ciąży, przez 2 tygodnie leczoną przez lekarza wiejskiego. W czasie przyjęcia do szpitala gorączka 39 stopni Celsjusza, tętno 140/min. Pacjentka słaba, przymroczona. Cała warga górna, policzek prawy, aż do małżowiny usznej i podbródka zajęty przez ogromny ciemnoniebieski naciek z małymi kraterowatymi przetokami ropnymi. Węzły chłonne szyi twarde obrzęknięte, cuchnięcie z jamy ustnej. Fotografia pokazuje zastraszający obraz w czasie przyjęcia do szpitala (Ryc. 4).

Ryc. 4. *28-letnia pacjentka, przed (po lewej) i po leczeniu (po prawej). Hinze, weiterer Beitrag (1927) [Fn 5]*

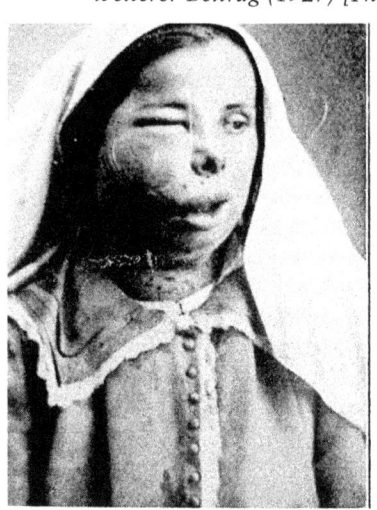 

Tuż po przyjęciu wykonano pierwsze ostrzyknięcie blokujące według Läwena. Podano 80 cm³ krwi. Niewiele krwi wypłynęło poprzez przetoki ropne na zewnątrz. Wystąpił silny odczyn gorączkowy do 41 stopni Celsjusza. Poprawiło się za to tętno, poprawiło się też samopoczucie. Leczenie wspomagano okładami Burowa. Po 2 dniach wykonano drugie ostrzyknięcie, aplikując ok. 120 cm³ krwi własnej wokół zmiany ropnej w granicach zdrowych tkanek. Po tak dokładnym ostrzyknięciu, niektóre części twarzy wypełniły się mocno, stały się anemiczne, niedokrwione. Z obawy przed martwicą dokonano masażu. Po masażu udało się uzyskać zniknięcie obrzmienia. To ostrzyknięcie było ostatnim. Proces udało się zatrzymać, poprawił się stan ogólny pacjentki. Obrzmienie miejscami stawało się bardziej miękkie a na zewnątrz i do wewnątrz otwarły się przetoki ropne, z których wydobywała się obficie gęsta czyrakowata treść. Stosowano wspomagająco okłady Burowa. Nastąpiło zupełne wyleczenie. W międzyczasie u pacjentki pojawiło się krwawienie z macicy i niestety doszło do poronienia. Dowodem na ciężkość schorzenia i bliskość śmierci było to, że pozostała prawie zupełna ślepota oka prawego. Wynik badania oftalmologicznego brzmiał następująco: oko prawe zewnętrzne prawidłowe, część środkowa oka przeźroczysta klarowna, dno oka wykazuje typowy obraz atrofii neurotycznej nerwu wzrokowego. Zachowane ruchy dłoni przed okiem.

Przypadki powyższe dostarczały dowodu na to, że tylko ścisłe zablokowanie krwią odgrywało główną rolę i to tylko należało przeprowadzać w niezmienionej tkance, a więc bez nacięcia. Już sam stan zapalny ropno-martwiczy powodował powstawanie szpar i kanałów w chorej tkance, przez które krew potrzebna do zablokowania traciła się, przedwcześnie odpływając. Jeszcze w większym stopniu odpłynięcie krwi następowało poprzez nacięcie. Działanie mechaniczne zablokowania przez wstrzykniętą krew stawało się prawie niemożliwe, chociaż nie można wykluczyć innego działania, jak bakteriologiczne i antytoksyczne.[6] Według dr. Romana Hinze, powinno się wszystkimi środkami dążyć do tego, aby zachować ciągłość tkanek. Nie należało również pomijać efektu kosmetycznego, który dawała metoda zachowawcza. Autor przyłączał się i wzmacniał punkt widzenia tych kolegów po fachu, którzy wypowiadali się za konserwatywnym sposobem leczenia procesów ropnych twarzy metodą autohemoterapii.

---

6 W chwili obecnej podejmowane są próby ostrzykiwania wokół trudno gojących się złamań kości preparatem „kożuszkiem" płytek krwi uzyskanym z krwi własnej chorego. Wykorzystywane jest tu zjawisko obecności na płytkach krwi tzw. płytkowego czynnika wzrostu. Czynnik ten, w niewyjaśniony jeszcze sposób, ma wpływać na przyspieszenie gojenia złamania.

Wnioski

1. Czasopisma medyczne były, są i zapewne będą ważnym sposobem komunikowania się w środowisku lekarskim.
2. Autohemoterapia, leczenie własną krwią, była metodą często stosowaną przez lekarzy różnych specjalności w okresie międzywojennym XX wieku. Była efektem poszukiwania skutecznych metod leczniczych. Wykorzystywano ją w różnych chorobach, głównie w zakażeniach, kiedy nie były jeszcze znane antybiotyki.
3. Celem autohemoterapii było wspomaganie układu odpornościowego chorego w walce z chorobą.
4. Dr Roman Hinze z Rzeszowa stosował metodę autohemoterapii w leczeniu procesów ropnych zlokalizowanych na twarzy. Wykonywał ostrzyknięcia blokujące krwią własną chorego, jednakże bez nacinania. Uzyskiwał dobre efekty lecznicze i kosmetyczne.

Marcin Moskalewicz

Die Sprache der Philosophie und Theologie im Dienste der Medizin (am Beispiel einiger psychiatrischer Begriffe von Ludwig Binswanger und Viktor Emil von Gebsattel)[1]

Język filozofii i teologii w służbie medycyny (na przykładzie kilku pojęć psychiatrycznych Ludwiga Binswangera i Viktora Emila von Gebsattela)

Zusammenfassung

Die lange Tradition des Gebrauchs philosophischer und theologischer Sprache in der Medizin reicht zurück bis in die Antike. Trotz des Sieges des Szientismus in der Wissenschaft im 20. Jahrhundert erfahren einige Begriffe eine Übertragung auf die medizinische Theorie und Praxis. Am Beispiel der Psychiatrie in der ersten Hälfte des 20. Jahrhunderts soll gezeigt werden, wie Begriffe der hermeneutischen Phänomenologie und katholischen Theologie in die Medizin übernommen wurden, und damit neue Inhalte in die Medizin trugen. Der Beitrag stellt Beispiele aus den Werken von Gebsattels und Binswangers in den Mittelpunkt. Deren philosophische und theologische Begriffe werden vorgestellt und deren Funktion in der Entwicklung der Psychiatrie erläutert.

Streszczenie

Użycie języka filozoficznego i teologicznego w obszarze medycyny ma długą tradycję, sięgającą jej starożytnych początków. Pomimo zwycięstwa

---

[1] Der Artikel ist dank der finanziellen Unterstützung des Nationalen Wissenschaftszentrums, Projektnummer 2011/01/D/HS1/04262, entstanden. Ich möchte meinen Dank Herrn Dr. Jakub Duraj für die Hilfe bei der Interpretation der deutschsprachigen Texten aussprechen.

scjentyzmu w nauce w XX wieku, niektóre pojęcia wciąż znajdują przełożenie na teorię i praktykę medyczną. Widać to w psychiatrii pierwszej połowy XX wieku, w której istotne pojęcia fenomenologii hermeneutycznej i teologii katolickiej się medykalizują, wnosząc nowe wartości do medycyny i zmieniając sens zarówno pojmowania zaburzeń psychicznych jak i proponowanej terapii. Artykuł przedstawia zmiany znaczenia wybranych pojęć filozoficznych i teologicznych pochodzących z dzieła Ludwiga Binswangera (1881–1966), twórcy Daseinanalyse, psychiatry pracującego na styku fenomenologii i psychoanalizy (pojęcia: bycie-w-świecie, czas, upadanie), oraz Viktora Emila von Gebsattela (1883–1974), filozofa i lekarza psychiatry, jednego z twórców antropologii medycznej (pojęcia: transcendencja, śmierć, czas). Ukazuje, w jaki sposób, w swojej nowej formie, pojęcia te służyć mogły rozwojowi nieortodoksyjnej, naukowej psychiatrii.

Der Gebrauch philosophischer und theologischer Begriffe in der Medizin hat eine lange Tradition, die bis zu ihrem klassischen Ursprung zurückreicht. Bereits die hippokratische Medizin beruhte in großem Maße auf dieser *sprachlichen Medikalisierung*– durch sie wurden u. a. den Intuitionen der vorsokratischen Naturphilosophen, vor allem dem Begriff der vier Elemente, neue Bedeutungen gegeben.[2] Einen ähnlichen Einfluss hatte die christliche Sprache der Theologie auf die Medizin des Mittelalters und die Medizin der Frühen Neuzeit, indem Begriffe wie Sünde, Schuld oder Erlösung in der *Diagnostik* und *Behandlung* (nicht nur von Geistesstörungen) verwendet wurden.[3] Dieses Phänomen ist trotz des Szientismus des 19. und 20. Jahrhunderts bis heute zu beobachten – selbst die Sprache der *Evidence Based Medicine* etwa kann nicht als weltanschaulich neutrale und von scheinbar rein äußerlichen Kulturbeziehungen losgelöste Sprache betrachtet werden.[4]

---

2 Vgl. Nutton, Vivian: Ancient Medicine. London u. a. 2004.
3 Vgl. Neaman, Judith: Suggestion of the Devil. New York 1975.
4 Der amerikanische Psychoanalytiker Thomas Szasz – einer der einflussreichsten Kritiker des Medikalisierungsprozesses, der in den letzten Dekaden stattfand, – war der Meinung, dass die medizinischen Grundbegriffe im Grunde genommen säkularisierte theologische Begriffe sind. Dazu zählte er solche Begriffe und dessen Funktionen wie *Arzt* als modernes Äquivalent des Priesters oder *Krankheit* als Äquivalent der früheren Sünde. In den neuen Worten sollen alte Bedeutungen überdauern, die Medizin dagegen soll die soziale Aufgabe, die

Der Begriff der Medikalisierung wird in Philosophie, Soziologie und Kulturwissenschaften herkömmlicherweise im abwertenden Sinne gebraucht, unabhängig davon, ob dies ausschließlich die Terminologie oder soziale Institutionen betrifft.[5] Im Folgenden soll die Tradition der *phänomenologischen* Psychiatrie im Mittelpunkt stehen, die oft als existentialistisch bezeichnet wird. Sie geht auf Karl Jaspers, Eugène Minkowski, Ludwig Binswanger, Erwin Straus und andere zurück und wird bis zum heutigen Tag fortgeführt, nicht nur im deutschsprachigen Raum.[6] Veranschaulicht wird die Übernahme von Begriffen des philosophischen und theologischen Diskurses in die psychiatrische Theorie und Praxis am Beispiel zweier Psychiater: Ludwig Binswanger (1881–1966) und Viktor Emil von Gebsattel (1883–1976). Binswanger ist in der Tradition der deutschen Philosophie verwurzelt, Gebsattel in der Tradition der katholischen Theologie. Beide Vertreter bezeugen die Tiefe des in der Psychiatrie stattgefundenen Humanisierungsprozesses.

Binswanger verbrachte nach seinem Medizinstudium in Lausanne, Zürich und Heidelberg einen großen Teil seines Lebens in der Schweiz, wo er über viele Jahre das private Sanatorium *Bellevue* in Kreuzlingen leitete. Nach seiner anfänglichen Begeisterung für die Freudsche Psychoanalyse wurde er zum Befürworter der Phänomenologie von Edmund Husserl (1859–1938) und wenig später der existentialistischen Phänomenologie von Martin Heidegger (1889–1976). Sein erstes wichtiges Buch aus dem Jahr 1922 bezeugt den Einfluss der Phänomenologie Husserls.[7] In seinem zweiten Buch, das neun Jahre später erschien, zeichnete sich bereits der Einfluss Heideggers ab, der nach der Veröffentlichung von *Sein und*

---

vor der Neuzeit sakralen Institutionen zukam, auch durch die Ersetzung der Theologie als Gewalt sanktionierendes Werkzeug übernehmen. Vgl. Szasz, Thomas: The Theology of Medicine. The Political-Philosophical Foundations of Medical Ethics. New York u. a. 1977.

5 Goffman, Erving: Asylums: Essay on the Social Situation of Mental Patients and Other Inmates. New York 1961; Illich, Ivan: Limits to Medicine. Medical Nemesis: The Expropriation of Health. London u. a. 2010.

6 Vgl. Spiegelberg, Herbert: Phenomenology in Psychology and Psychiatry. A Historical Introduction. Evanston 1972.

7 Binswanger, Ludwig: Einführung in die Probleme der allgemeinen Psychologie. Berlin 1922.

Zeit im Jahre 1927 Bekanntheit erlangte.[8] Das wichtigste anthropologische Werk Binswangers, das zum ersten Mal im Jahre 1942 veröffentlicht wurde, kann auch als *medizinische Antwort* auf Heideggers bedeutsames Werk, insbesondere seine Daseinsanalyse, betrachtet werden. Binswanger stellte dort nämlich die Voraussetzungen einer neuen Form von Psychiatrie, die sog. *Daseinsanalyse*, dar.[9] Im gleichen Geiste ist sein Werk *Drei Formen missglückten Daseins* verfasst, das die Kunstfertigkeit der Psychiatrie und Tiefenpsychologie mit kulturwissenschaftlichen Betrachtungen verbindet.[10] Die Gedankengänge von Husserl lassen sich dann wieder in seinen späteren Werken finden.[11]

Viktor Emil Freiherr von Gebsattel studierte Recht und Philosophie, bevor er Psychiater wurde. Der frühe Kontakt mit der Phänomenologie in seiner Münchener Zeit hinterließ bleibende Spuren in seinem Denken. Von Gebsattel praktizierte ähnlich wie Binswanger vor dem Krieg in einer privaten Klinik (in Berlin) – nach dem Krieg wechselte er zunächst an die Universität in Freiburg und danach als Professor für Psychotherapie und medizinische Psychologie an die Universität in Würzburg.[12] Alle seine Werke sind kürzere Abhandlungen, die in drei Sammelbänden herausgegeben wurden. *Christentum und Humanismus* aus dem Jahr 1947 beinhaltet vor allem die geschichtsphilosophische Abhandlung *Not und Hilfe*.[13] Das

---

8 Binswanger, Ludwig: Über Ideenflucht. In: Herzog, Max (Hrsg): Ausgewählte Werke, Bd. 1. Heidelberg 1992, 1–231.
9 Binswanger, Ludwig: Grundformen und Erkenntnis menschlichen Daseins. München u. a. 1964; Binswanger, Ludwig: Daseinsanalytik und Psychiatrie. In: Ausgewählte Vorträge und Aufsätze. Bern 1955, 279–303. Daseinsanalyse sollte auf empirischer Analyse der tatsächlichen Daseinsweise des leidenden Subjekts in Anlehnung an seine transzendentale Daseinsstruktur, die Heidegger in seiner Daseinsanalytik philosophisch erläuterte, beruhen.
10 Binswanger, Ludwig: Drei Formen mißglückten Daseins. In: Ausgewählte Werke, Band 1, 233–418.
11 Binswanger, Ludwig: Melancholie und Manie. In: Holzhey-Kunz, Alice (Hrsg.): Ausgewählte Werke, Bd. 4. Heidelberg 1994, 351–428; Binswanger, Ludwig: Wahn. Beiträge zu seiner phänomenologischen und daseinsanalytischen Erforschung. Tübingen 1965.
12 Wiesenhütter, Eckart von (Hrsg.): Werden und Handeln. V. E. Freiherr von Gebsattel zum 80. Geburtstag. Stuttgart 1963.
13 Gebsattel, Viktor Emil Freiherr von: Christentum und Humanismus. Wege des menschlichen Selbstverständnisses. Stuttgart 1947.

nächste Buch erschien im Jahre 1954 und hat von Gebsattels bekannteste Texte über Störungen der Zeitwahrnehmung, des Werdens, des Todes und der transzendentalen Struktur der ärztlichen Praxis zum Inhalt.[14] Das letzte Werk aus dem Jahr 1964 beinhaltet vor allem kritische Artikel über Psychoanalyse und Tiefenpsychologie sowie Artikel, die eine eigene Anthropologie des Autors entwickeln.[15]

Einfache Schlussfolgerungen können dem theoretischen und sprachlichen Reichtum der Werke Binswangers und von Gebsattels nicht gerecht werden. Deswegen möchte ich im weiteren Teil anhand einiger ausgewählter Beispiele lediglich den sich wandelnden Inhalt und die praktische Aufgabe der medikalisierten philosophischen und theologischen Begriffe zeigen. Beide Psychiater waren sich dessen genau bewusst, dass die Sprache der Psychiatrie (vor allem die Diagnosekategorien) kein harmloses kognitives Werkzeug ist, das die Wirklichkeit beschreibt oder erläutert – dass sie kein, wie das Postmodernisten nennen würden, *Spiegel der Natur* ist – sondern dass sie den Status des evaluativen Urteils mit zusätzlicher *wirklichkeitsbildender Qualität* besitzt.[16] Bei beiden Autoren bringt die Sprache der Philosophie und Theologie im Dienste der Medizin nicht nur neue Werte mit sich – und ändert dadurch die Art und Weise der Wahrnehmung von psychischen Störungen sowie der angebotenen Therapie – sondern wird auch zum Werkzeug und Zeugnis der Suche nach der tieferen Wahrheit des Menschen. Diese

---

14 Gebsattel, Viktor Emil Freiherr von: Prolegomena einer medizinischen Anthropologie. Berlin u. a. 1954.
15 Gebsattel, Viktor Emil Freiherr von: Imago Hominis. Beiträge zu einer personalen Anthropologie. Schweinfurt 1964. Von Gebsattel ist außerhalb des deutschsprachigen Sprachgebiets nicht so bekannt wie Binswanger. Die Mehrheit der Werke beider Psychiater bleibt weiterhin unübersetzt. In englischer Sprache existieren einige Texte, die in dem Buch *Existence* herausgegeben wurden. Dieses Buch hat die existentielle Psychiatrie in den amerikanischen Raum eingeführt; vgl. May, Rollo; Angel, Ernest; Ellenberg, Henri F. (Hg.): Existence. A New Dimension in Psychiatry and Psychology. New York 1958. Binswangers ausgewählte Texte erschienen auch in einer separaten Sammlung: Binswanger, Ludwig: Being-in-the-World. New York & Evanston 1968.
16 Vgl. Binswanger, Ludwig: Über Sprache und Denken. In: Ausgewählte Vorträge und Aufsätze. Bd. 2. Bern 1955, 346–362; Rorty, Richard: Philosophy and the Mirror of Nature. Princeton 1979; Szasz, Thomas: The Myth of Mental Illness. New York 1972.

kann eben durch die Sprache vom theoretischen auf den praktischen Bereich übertragen werden – auf die konkrete therapeutische Arbeit mit Patienten.

Medikalisierung von philosophischen Begriffen bei Binswanger

Betrachten wir drei philosophische Begriffe von Heidegger, von denen sich medizinisch modifizierte Varianten in Binswangers Werk finden lassen: Es geht um die Begriffe *In-der-Welt-sein*, *Zeit* und *Verfallen*.[17] *In-der-Welt-sein* ist der zentrale Begriff in Heideggers Daseinsanalytik. Dieser bestimmt ontologisch die Lage vom Dasein, die auf der konstitutiven Verbindung mit der Welt und der jeweiligen Transzendenz der Welt zu ihren eigenen Daseinsmöglichkeiten beruht. In seinem Werk *Grundformen und Erkenntnis menschlichen Daseins* verwendet Binswanger dieses Konzept von Heidegger kreativ, was ihm die Übertragung der Analyse von dem der Psychiatrie eigenen psychologischen und biologischen auf ein ontologisches Niveau ermöglicht. Binswanger lehnt, ähnlich wie Heidegger, eine rein subjektive Vorgehensweise ab – seines Erachtens befasst sich die Psychiatrie weder mit Funktionsstörungen des Gehirns noch mit Störungen des weltfremden Bewusstseins. Dies hat konkrete Folgen für die Untersuchung von psychisch Erkrankten, insbesondere von Schizophrenen: Da sich die Erlebnisse von deren Inhalt nicht trennen lassen und keine weltlosen Erlebnisse existieren, lebt jeder Erkrankte in einer eigenen Art von Wirklichkeit bzw. Weltentwurf. Binswanger betrachtet den Menschen als Ganzheit, innerhalb der es zu Zusammenbrüchen konkreter Daseinsmöglichkeiten kommen kann. Die ontologische Ausrichtung der Betrachtung ermöglicht es ihm in der Folge, verschiedene Krankheitssymptome als ein Ganzes zu betrachten – als Abwandlungen der transzendentalen Struktur des *In-der-Welt-sein*s – und auf ihre Unselbstständigkeit hinzuweisen.

---

17 Heidegger, Martin: Sein und Zeit. Tübingen 2006. Detailliert zum Thema des Einflusses von Heideggers Denken auf die Psychopathologie von Binswanger und Medard Boss vgl. Kouba, Petr: Geistige Störung als Phänomen. Perspektiven des Heideggerschen Denkens auf dem Gebiet der Psychopathologie. Würzburg 2012. Die Liste von Philosophen die auf Binswangers Ansichten ist selbstverständlich deutlich umfangreicher.

Binswanger modifiziert gleichzeitig den Begriff des *In-der-Welt-seins*, indem er ihm ein pluralistisches Merkmal verleiht, das dem individualistischen Konzept von Heidegger widerspricht, insbesondere wenn es sich um das *Sich-selbst-sein* handelt.[18] In seine anthropologische Daseinsanalyse führt er nämlich mithilfe der Liebe das Verhältnis Ich-Andere ein. Ähnlich wie auch Karl Löwith (1897–1973) und Hannah Arendt (1906–1975) bricht Binswanger mit der Betrachtung des allgemeinen Daseins ausschließlich im strukturellen Rahmen des *Man*. Zusammen mit der Phänomenologie der Liebe erscheint bei ihm die Dualität des Daseins, und der Begriff selbst wird manchmal als *In-der-Welt-über-die-Welt-hinaus-Sein* bezeichnet. Obwohl dies keine im engeren Sinne medizinische Vorgehensweise ist, hat sie potentielle Folgen für Diagnostik und Therapie. Die sachlichste und praktischste Folge der Auffassung vom *In-der-Welt-sein* als Dasein, dem es um sein eigenes Sein geht, ist die Übergabe der Initiative an den Patienten und das Vertrauen in dessen interpretatorische Selbstständigkeit. Da der Patient existentiell und positiv mit der Welt anderer Menschen verbunden ist, ist diese Selbstständigkeit gleichzeitig nie völlig autonom, da sie auf dem ursprünglichen Zusammenhang mit Anderen beruht, was letztlich dazu führen kann, dass die Bedeutung der Gemeinschaft gestärkt wird.

Gehen wir zum Begriff der *Zeit* über. Schon in seinen ersten Werken, insbesondere in Über Ideenflucht, interessiert sich der schweizerische Psychiater für die Zeitwahrnehmung und deren Störungen bei seinen Patienten. Warum kann man annehmen, dass der von Binswanger gebrauchte Begriff der Zeit ein medikalisierter philosophischer Begriff und nicht etwa ein alltagssprachlicher Zeitbegriff ist? – Weil der wissenschaftliche Zeitbegriff, der oft dem alltagssprachlichen Gebrauch dieses Terminus entspricht (verstanden als Menge von mehreren aufeinander folgenden Zeitpunkten, die von der Vergangenheit in die Zukunft übergehen) keine Verwendung bei der Erforschung von Phänomenen des *Selbst* hat (anders als in Bezug auf das Phänomen des in der Welt existierenden Seienden). Dasein ist nämlich kein Objekt und besitzt seine eigene innere Zeitlichkeit, die nicht nur von der Weltzeit abweicht, sondern auch der direkten Beobachtung unzugänglich ist. Aus diesem Grund verwendet Binswanger einen

---

18 Vgl. Holthues, Jan: Kritik der Psychologie. Anthropologie und Wissenschaftstheorie bei Ludwig Binswanger. Heidelberg 1999.

phänomenologischen Begriff der Zeit, der von Husserl stammt und der als innere Einheitlichkeit von Vergangenheit, Gegenwart und Zukunft verstanden wird.[19] Diese Zeitvorstellung kann in der Folge unterschiedlichen begrifflichen Veränderungen unterliegen. Hinsichtlich der *Zeit* bezieht sich Binswanger in seinen Studien detailliert auf Störungen, die scheinbar nichts mit der Zeit zu tun haben – z. B. die manische Psychose und phobische Störungen.[20] Für Binswanger sind Störungen der Zeitwahrnehmung nicht identisch mit Symptomen für eine bestimmte Krankheit – z. B. die Verlängerung der Zeitwahrnehmung als Anzeichen für Depression oder Verkürzung der Zeitwahrnehmung als Symptom für Manie, – sondern ein Grund, aus dem sich eine bestimmte Störung allererst ergibt. Mit anderen Worten: Eine bestimmte zeitliche Struktur bestimmt den Weltentwurf eines Patienten, bestimmt also seine Vorstellungen von der Welt und sich selbst. In dieser interpretatorischen Strategie zeigen sich die Gedankengänge von Heidegger, die darauf beruhen, die ontische Dimension von Phänomenen auf ontologische Grundlage zurückzuführen.

In den von Binswanger analysierten Fällen gewinnt der Terminus der phänomenologischen ursprünglichen Zeitlichkeit eine neue *medizinische* Bedeutung. Der Autor bedient sich nicht des naturwissenschaftlichen (physikalischen) Begriffs der Zeit und unterzieht diesen der philosophischen Interpretation, sondern er geht von dem philosophischen Begriff aus und verwendet diesen bei der Analyse der Störungen seiner Patienten.

Deshalb haben wir bei Binswanger anstatt der ontologischen Unterscheidung zwischen dem *echten* und *unechten* – oder wie bei Heidegger *eigentlichen* und *uneigentlichen* Begriff der Zeit – zahlreiche Möglichkeiten der Bereinigung der gegenseitigen Verhältnisse zwischen Vergangenheit, Gegenwart und Zukunft im Rahmen konkreter, individueller Störungen. Mit anderen Worten beschreibt Binswanger den philosophischen Begriff der Zeit anhand von diagnostischen und vermutlich auch

---

19 Vgl. Husserl, Edmund: On the Phenomenology of the Consciousness of Internal Time (1893–1917). Dordrecht u. a. 1991.
20 Vgl. Binswanger: Being-in (1968) [wie Fn 15]. Um sich mit den konkreten, von Binswanger beschriebenen Fällen bekannt zu machen, bin ich aufgrund des hier nur begrenzten Platzes gezwungen, den Leser direkt auf die Quellen zu verweisen.

therapeutischen Inhalten. Der Sinn des neuen Begriffs wird dadurch deutlich pragmatischer.

Der dritte medikalisierte Begriff ist das *Verfallen* aus Heideggers *Sein und Zeit*.[21] Sein philosophischer Sinn ist mit dem alltäglichen, in der Welt versunkenen Dasein verbunden und bedeutet *nicht-eigentlich-sein*. Obwohl das *Verfallen* bei Heidegger mit Seinsvergessenheit, die in der alltäglichen Eile stattfindet, verbunden ist, kann man diesen Begriff als eine nicht wertende ontologische These anstatt als ein pathologisches Symptom betrachten. Hier besteht eine Ähnlichkeit zu der Interpretation von Binswanger, bei dem die Grenze zwischen Norm und Pathologie ebenfalls verschwommen ist, was auch dem Geiste der phänomenologischen Psychiatrie entspricht. Der medikalisierte Begriff des Verfallens hat dennoch normativen Charakter, da er auf unerwünschte Situationen, die oft mit Leid verbunden sind, hinweist. Als Gesundheitsvorbild gilt für Binswanger der aus dem Altertum stammende Begriff der Proportion, der metaphorisch als Gleichgewicht zwischen dem Steigen in die Höhe und dem Schreiten in die Ferne definiert wird. Im Fall des *Verfallenseins* wird diese Proportion gestört. Man kann aber nicht sagen, dass diese Daseinsform eine psychische Störung im medizinischen Sinne darstellt. Erst wenn die von Binswanger beschriebenen Daseinstendenzen sich verstärken oder zusammenkommen, kann man von einer Krankheit sprechen.

In Binswangers Interpretation nimmt das *Verfallen* drei charakteristische Formen an: als (1) *Verstiegenheit*, (2) *Verschrobenheit* und (3) *Manieriertheit*.[22] *Verstiegenheit* beruht darauf, dass man sich über die Welt erhebt und den Boden unter den Füßen verliert – dies ist eine Störung des Gleichgewichts zwischen den Absichten und Möglichkeiten einer Person. *Verschrobenheit* beruht auf eigensinnigem und verbissenem Dasein, auf der Unmöglichkeit, sich an die Welt anzupassen, und auf einer instrumentalen Einstellung zu anderen – diese, bei Heidegger *Zuhandenheit* genannte

---

21 Der Einfluss von Heideggers Gedankengängen auf das Konzept von Binswanger ist bereits Gegenstand ausführlicher Studien und Auseinandersetzungen geworden – vgl. z. B. Herzog, Max: Weltentwürfe. Ludwig Binswangers phänomenologische Psychologie. Berlin u. a. 1994. Żelazny, Mirosław: Filozofia i psychologia egzystencjalna. Toruń 2011, 403–473.
22 Binswanger: Drei Formen (1992) [wie Fn 10].

Form, ist ein degeneriertes Verhältnis zur Welt. *Manieriertheit* dagegen bedeutet die Unmöglichkeit, man selbst zu sein und Halt bei Vorbildern zu finden. Von Bedeutung ist, dass die im Titel erwähnten missglückten Formen des Daseins – wie das *Verfallen* – immanent für das menschliche Dasein und nicht etwa bloß Folgen von Ereignissen im Leben sind. Sie sind keine neurotischen oder psychotischen Symptome, sondern Phänomene, auf die man im alltäglichen Leben stößt. Binswanger geht über die für die klinische Psychiatrie charakteristischen Kategorien hinaus, indem er die Frage auf diese Art und Weise stellt und ähnlich wie Heidegger Formulierungen aus der Umgangssprache – anstatt aus der künstlichen Sprache der Psychopathologie – gebraucht. Die Sprache, derer sich Binswanger bedient – die auch die Sprache der reichlich von ihm zitierten Literaten und Künstler ist –, und die daraus resultierende Anhäufung von Termini führt nur scheinbar zu einem ausufernden Gebrauch von Verständniskategorien der von ihm beschriebenen Phänomene. In Wirklichkeit strebt er nach der Enthüllung des hinter zahlreichen Bezeichnungen versteckten Kerns des phänomenologisch verstandenen Sinnes sowie des Kerns der gegebenen Umgangsformen, jedoch betrachtet Binswanger die bestimmte Art und Weise von dessen missglücktem Erscheinen in der Welt als potentiell unendlich. Es steht aber außer Zweifel, dass wir uns im Falle der medizinischen Anthropologie (und nicht der Psychopathologie) Binswangers in einem deutlich größeren Maße im Bereich der philosophischen Sprache, die für medizinische Zwecke verwendet wird, als im Bereich der medizinischen Sprache, die der philosophischen Interpretation unterliegt, befinden.

Medikalisierung von theologischen Begriffen bei von Gebsattel

Gehen wir zu zwei klassischen theologischen Begriffen und einem klassischen philosophischen Terminus über, bei denen sich im Werk von Gebsattels die Bedeutung wandelt. Es geht um *Transzendenz* (was in der katholischen Lesart von Gebsattels *Christus* bedeutet), *Tod* und *Zeit*.

Die *Transzendenz* bildet bei von Gebsattel den Bezugspunkt für alle partikularen menschlichen Sinnkonzepte. Der Begriff der Transzendenz ist somit ein bedeutsamer Terminus in von Gebsattels Konzept der existenziellen Neurose, die eine Störung der Verbindung Mensch-Transzendenz darstellt.

Diese nimmt er als Quelle erheblicher neurotischer Störungen an, die Störungen des Sinns sind. Diese Störungen sind nach seinem Verständnis keine Pathologien, sondern ein Teil der menschlichen Verfasstheit. Außerdem fungiert die Transzendenz bei von Gebsattel noch als Sich-selbst-Transzendieren, also als Werden. Weiter unten werde ich auf dessen Bedeutung im Kontext der zwischenmenschlichen Beziehung zwischen Patient und Arzt hinweisen.

In von Gebsattels Fassung ist der Bezug zur Transzendenz eine Bedingung für die Möglichkeit tatsächlich stattfindender ärztlicher Hilfe.[23] Der Autor stellt die Beziehung zwischen der leidenden und der Hilfe leistenden Person anhand eines Modells der Sinnstruktur ärztlichen Handelns dar, in dem die Beziehung in drei Sinnstufen untergliedert wird. Diese Stufen repräsentieren die Wandlungen in der Beziehung zwischen Arzt und Patient, die diese während ihres Treffens erfährt. Die erste Stufe beruht auf dem Hilferuf des Bedürftigen, einem Ruf von Mensch zu Mensch – sie ist die direkteste Stufe. Die zweite Stufe ist die Stufe der Objektivierung – eine diagnostisch-therapeutische Stufe, bei der es zur gegenseitigen Entfremdung der Partner kommt – einer von beiden übernimmt die Rolle des Arztes, der andere wird zum vergegenständlichten Krankheitsfall. Die bedeutsamste ist aber die dritte Stufe, die auch der Punkt des eigentlichen Beziehungseintritts ist. In dieser Phase treffen sich zwei gleichwertige Personen bzw. zwei gleichwertige Partner. Damit eine Begegnung möglich wird und somit auch die Beziehung zwischen Arzt und Patient die gewünschte Form annimmt, ist es nötig, sich auf das, was transzendent ist, zu berufen. Schon nach der Beendigung des technischen Teils des Behandlungsprozesses werden beide angesichts der Allgegenwärtigkeit des Allerhöchsten zu Partnern – gleichwertig angesichts von Schuld, Leiden und Tod.

Von Gebsattel ist der Meinung, dass so eine Art Partnerschaft zwischen Arzt und Patient nur auf der Grundlage des Christentums, die weit über die rein instrumentelle ärztliche Hilfe hinausgeht, möglich ist. Der Leid bejahende Christus soll bewirken, dass zwischen zwei Subjekten eine höhere, transzendente Gemeinschaft entsteht, und die ärztliche Hilfe zur metaphysischen

---

23 Welie, Jos V. M.: Viktor Emil von Gebsattel on the Doctor-Patient Relationship; Gebsattel, Viktor Emil von: The Meaning of Medical Practice. Theoretical Medicine 16 (1995), 41–72.

Priorität erhoben wird. Es steht außer Zweifel, dass von Gebsattel den Begriff der Transzendenz hier nicht als religiösen, sondern als medizinischen Fachbegriff benutzt. Sein neuer Sinn ist zwar grundsätzlich theoretischer Natur, soll aber auch Vorbild für die tägliche Ausübung des Arztberufs sein.[24]

Der nächste Begriff, mit dem wir uns kurz befassen werden, ist der *Tod*. Von Gebsattel äußert sich zum Tod nicht im wissenschaftlichen Sinne – der vergegenständlichte Tod ist seines Erachtens depersonalisiert. Er äußert sich zum Tod auch nicht im theologischen Sinne, da dies keine praktische Anwendung hat. Jedoch stellt sich der vom Autor modifizierte theologische Todes-Begriff als brauchbar für die Diagnostik von psychischen Störungen heraus.[25]

Von Gebsattel unterscheidet zwei Arten des Todes-Empfindens – eine, die den Tod als lebensimmanent und eine andere, die ihn als lebenstranszendent begreift. Die zweite Art von Todes-Empfinden repräsentiert seines Erachtens ein falsches Bild vom Tod. Der hinsichtlich des Lebens transzendente Tod kann Angst und Verachtung erregen. In beiden Fällen kann dies – muss allerdings nicht – zu Tätigkeitslähmungen und Angststörungen, zur Einstellung des Lebens angesichts des Todes und zu Störungen des Werdens führen. Im Gegenteil dazu ist der hinsichtlich des Lebens immanente und vorreflektierend empfundene Tod mit der gesunden Entwicklung gleichwertig. Den Unterschied gibt von Gebsattel dadurch an, dass er vom gewussten und gelebten Tod spricht. Vom Standpunkt des gesunden Werdens des Menschen aus gesehen sind Sterben und Erwachsenwerden ein und dasselbe. Jedoch ist der hinsichtlich des Lebens transzendente Tod mit einer zeitlichen Objektivierung verbunden: Diese Objektivierung ist wiederum Ausdruck eines falschen Verhältnisses zum Tod, das auch als Nebenprodukt dieser Objektivierung verstanden werden kann. Mit anderen Worten sind die Objektivierung des Lebens und die Autonomisierung des Todes zwei Seiten derselben Medaille.

---

24 Vgl. die analogen geschichtsphilosophischen Thesen des Autors – Gebsattel, Viktor Emil Freiherr von: Not und Hilfe. Prolegomena zu einer Wesenslehre der geistig-seelischen Hilfe. Ein Vortrag. Freiburg im Breisgau 1947.

25 Gebsattel, Viktor Emil Freiherr von: Aspekte des Todes. In: Gebsattel: Prolegomena (1954), 389–412 [wie Fn 14].

Auf diese Art und Weise ist der aus dem theologischen in den psychiatrischen Bereich übertragene Tod nicht mehr Ding an sich, sondern er nimmt neue Formen an, die keine wissenschaftliche und unpersönliche Auffassung des Todes bedeuten. Der Begriff des Todes im rein medizinischen Sinne bedeutet für von Gebsattel nicht den Übergang der belebten Materie in die unbelebte Materie, sondern den konstruktiven Prozess des Sterbens. Dadurch wird der Begriff zum Therapiewerkzeug, der bei der Diagnose von Störungen des Werdens hilft.

Diese Schlussfolgerung führt uns zum letzten Begriff – der *Zeit*. Eine falsche (aber im medizinischen Sinne nicht pathologische) Auffassung der Zeitlichkeit ist für von Gebsattel gemeinsamer Nenner zahlreicher Störungen insbesondere der Melancholie sowie verschiedener Zwangsstörungen und Abhängigkeiten. Sie spielt auch eine bedeutsame Rolle bei deren Ausformung. Ähnlich wie Binswanger bedient sich von Gebsattel der phänomenologischen Konzeption der Zeitlichkeit und nimmt dabei Bezug auf Max Scheler (1874–1928) und Martin Heidegger – beide betonen die Bewegung der Zeit in Richtung Zukunft. In seiner medikalisierten Form sollte ein gesundes Zeitkonzept dem Menschen zum zukunftsorientierten Aufwachsen verhelfen. Störungen dieser ursprünglichen Zeitgestalt können wiederum zu psychischen Schwierigkeiten führen.[26]

In seinen ausführlichen Studien zeigt von Gebsattel, wie zahlreich und differenziert die Fälle einzelner Störungen sein können. So sind beispielsweise Abhängigkeiten – die nicht unbedingt mit bestimmten Drogen verbunden sein müssen – ein Symptom der Gegenwartsleere. Kompulsive Störungen beruhen auf dem Phänomen der Wiederholung, dessen Kern auf den Versuch, jeden einzelnen Moment des Lebens einzufangen und festzuhalten, zurückzuführen ist. Im Falle der Depression werden die Möglichkeiten der Zukunft immer begrenzter, bis die Zukunft letztendlich verschlossen bleibt. Die extremste Form einer Störung der Zeitwahrnehmung

---

26 Gebsattel, Viktor Emil Freiherr von: Zeitbezogenes Zwangsdenken in der Melancholie. Versuch einer konstruktiv-genetischen Betrachtung der Melancholie-Symptome; Störungen des Werdens und des Zeiterlebens im Rahmen psychiatrischer Erkrankungen. In: Gebsattel: Prolegomena (1954), 1–18, 128–144 [wie Fn 14]; Otte, Beate Christiane: Zeit in der Spannung von Werden und Handeln bei Viktor Emil Freiherr v. Gebsattel. Zur psychologischen und ethischen Bedeutung von Zeit. Frankfurt a. M. u. a. 1996.

ist ein Existenzmodus in der Jetzt-Zeit – also in einem abstrakten Modell der objektivierten Zeit – der einen von obsessiven Berechnungen besessenen Patienten des deutschen Psychiaters kennzeichnete.

Ähnlich wie wir es bereits bei Binswanger angemerkt haben, befinden wir uns nicht im Bereich der Sprache der wissenschaftlichen Psychiatrie, sondern im Bereich der medikalisierten Sprache der Philosophie. Eine Erläuterung des neurotischen Konfliktes – der laut von Gebsattel immanent mit dem menschlichen Dasein verbunden ist – wäre in der Sprache der wissenschaftlichen Psychiatrie nicht möglich, nicht einmal im rein sprachlich-terminologischen Sinne. Auf diesen Konflikt, den innerlichen und ursprünglichen Konflikt des Menschen mit sich selbst, sollen verschiedene einander widersprechende Tendenzen, die die Seele durchdringen, zustreben. Diese können anhand der bereits erwähnten medikalisierten philosophischen und theologischen Begriffe dargestellt werden. Die Bewegung des konstruktiven transzendenzorientierten Werdens konkurriert mit der nihilistischen Tendenz, der immanente Tod mit dem transzendenten Tod, die in Richtung Zukunft fließende und entwicklungsorientierte Zeit mit der Hemmung des Werdens und der falschen, objektivierten Zeitwahrnehmung. Ohne die Anwendung der modifizierten Sprache der christlichen Metaphysik und Phänomenologie wäre von Gebsattel weder im Stande, sein Konzept auszudrücken, noch es überhaupt zu denken.

Zusammenfassung

Die angeführten Beispiele sind ein Beleg dafür, dass ein kontinuierlicher Zusammenhang zwischen philosophischen und theologischen Begriffen und deren medikalisierten Äquivalenten besteht. Dies bedeutet, dass die Begriffe trotz der Übertragung aus dem theoretischen in den praxisnahen Diskurs teilweise ihre ursprüngliche Bedeutung beibehalten. Diese Art der Kontinuität hat zudem eine tiefe strukturelle Dimension. In dieser Frage stimme ich mit Thomas Szasz, dem Autor von *The Myth of Mental Illness*, überein.[27]

Ich lehne hingegen die Auffassung einiger gegenwärtiger Szientisten – wie beispielsweise Stephen Hawking oder Richard Dawkins – ab, dass es

---

27 Vgl. oben Fn. 4 und 16.

möglich sein soll, reine Wissenschaft (insbesondere Medizin) völlig losgelöst von philosophischen und theologischen Begriffen zu betreiben. Die erwähnten Autoren möchten die philosophischen Begriffsanteile durch *richtige* Wissenschaft ersetzen und die theologischen als gegenstandslos betrachten. Obwohl Philosophie und Theologie oftmals als unnötiger Ballast aus vergangenen Epochen betrachtet werden, können sie in ihrer medikalisierten Form – was ich versucht habe, anhand von Beispielen zu zeigen – Zeugnis der tiefen Humanisierung der Psychiatrie ablegen.

Joanna Lusek

Obrazy z przeszłości. Izby chorych i lazarety w kompleksie obozów jenieckich w Lamsdorf podczas II wojny światowej

Bilder aus der Vergangenheit. Krankenreviere und Lagerlazarette im Kriegsgefangenenlagerkomplex Lamsdorf während des Zweiten Weltkrieges

Streszczenie

W czasie II wojny światowej (1939–1945) władze niemieckie zorganizowały na terenie III Rzeszy i terenach przez nią okupowanych ponad 130 stałych obozów jenieckich dla żołnierzy pokonanych armii. Należał do nich również kompleks obozowy: VIII B, 318/VIII F i 344 Lamsdorf (obecnie: Łambinowice). Wśród 300 tys. jeńców znaleźli się przedstawiciele 10 regularnych armii, reprezentujący 49 narodowości. Kwestie opieki medycznej w obozach jenieckich regulowały postanowienia konwencji Genewskiej z 1929 r. Nakazywała ona organizowanie w każdym obozie izby chorych oraz pomieszczeń izolowanych dla jeńców chorych zakaźnie. Obozy jenieckie nie były przygotowane na przyjmowanie tak znaczącej liczby żołnierzy, co przekładało się również na niskie standardy w zakresie opieki medycznej. Niedostateczne warunki higieniczno-sanitarne oraz żywieniowe, niedostosowane do liczby potrzebujących wyposażone i zaopatrzenie izb chorych i lazaretów obozowych, jak również brak wystarczającej liczby personelu lekarskiego i pomocniczego, stanowiły bezpośrednią przyczynę szerzących się chorób i epidemii oraz wysokiej śmiertelności. W odniesieniu do kompleksu obozowego Lamsdorf zachowało się szereg materiałów archiwalnych, dokumentujących szczegółowo stan opieki medycznej, m.in. zarządzenia państwowe i obozowe, statystyki obozowe oraz protokoły wizytacyjne Międzynarodowego Komitetu Czerwonego Krzyża. Dokumentację uzupełnia bogaty materiał ikonograficzny.

Zusammenfassung

Während des Zweiten Weltkrieges (1939–1945) richteten die deutschen Behörden innerhalb des Dritten Reiches und in den besetzten Gebieten über 130 dauerhafte Kriegsgefangenenlager für Soldaten der besiegten Armeen ein. Zu diesen gehörte auch der Lagerkomplex VIII B, 318/VIII F (344) Lamsdorf (jetzt Łambinowice). Unter den 300.000 Gefangenen waren Vertreter aus zehn regulären Armeen und 49 Nationalitäten. Die medizinische Versorgung in den Lagern war prinzipiell durch die Bestimmungen der Genfer Konvention (1929) geregelt. Diese legten fest, dass in jedem Lager eine Krankenstation und isolierte Räume für Häftlinge mit ansteckenden Krankheiten vorhanden sein sollten. Die Kriegsgefangenenlager waren aber tatsächlich auf die Aufnahme dieser Menschenmassen nicht vorbereitet. Dies führte zu unzureichenden hygienischen und sanitären Bedingungen, schwachen Verpflegungsmöglichkeiten. Die angesichts der schieren Zahl der Bedürftigen unzureichende Ausstattung der Krankenstationen und Lagerlazarette sowie der Mangel an medizinischem Personal und Hilfskräften waren unmittelbare Ursachen für die Ausbreitung von Krankheiten und Seuchen sowie einer konstant hohe Sterblichkeitsrate. Im Hinblick auf den Lagerkomplex Lamsdorf erhielt sich eine Reihe von Archivmaterialien, die den Stand der medizinischen Versorgung ausführlich dokumentieren. Es sind staatliche und innere Lagerverordnungen, Statistiken und Visitationsprotokolle des Internationalen Komitee des Roten Kreuzes. Die Dokumentation ergänzt die umfangreichen Fotomaterialien zum Thema.

Podczas II wojny światowej władze niemieckie stworzyły sieć ponad 130 obozów stałych na terytorium III Rzeszy i terenach przez nią okupowanych. 26 sierpnia 1939 r. w Lamsdorf utworzono Dulag (Durchgangslager) B, który już we wrześniu przekształcono w obóz stały – Stalag (Manschaftsstammlager) VIII B Lamsdorf (obecnie: Łambinowice), z przeznaczeniem dla żołnierzy szeregowych i podoficerów. Obejmował on zasięgiem rejencje: opolską, opawską i katowicką. Posiadał również filię w Teschen (obecnie: Czeski Cieszyn). Konieczność usprawnienia procedur administracyjnych i nadzoru nad komandami pracy na Górnym Śląsku zmusiła władze niemieckie do powzięcia decyzji o usamodzielnieniu filii wiosną 1941 r. Utworzono wówczas Stalag VIII D Teschen. Funkcjonował od maja 1941 r. do września 1942 r., wówczas ponownie został podporządkowany Stalagowi VIII B Lamsdorf. W lipcu 1941 r. utworzono drugi obóz stały – Stalag 318/VIII F Lamsdorf, który w listopadzie 1943 r. również podporządkowano Stalagowi VIII B Lamsdorf. Funkcjonował jako Teillager „R". W grudniu 1943 r. komendanturę Stalagu VIII B przeniesiono do Teschen, gdzie utworzono Stalag VIII B Teschen, który obejmował zasięgiem rejencję katowicką. Rejencje opolska i opawska znalazły się w obrębie nowoutworzonego Stalagu 344 Lamsdorf. Przetrzymywano w nim, poddając procedurze rejestracji i selekcji, jeńców przeznaczonych do zatrudnienia w rejonie Stalagu VIII B Teschen. Trwale niezdolnych do pracy – chorych i rannych, kierowano z powrotem do Stalagu 344 Lamsdorf. Przez stalagi w Lamsdorf przeszło łącznie około 300 tys. jeńców – żołnierzy armii polskiej, brytyjskiej, belgijskiej, francuskiej, greckiej, jugosłowiańskiej, amerykańskiej, włoskiej i radzieckiej. Najliczniejszą, około 200 tys. grupę, stanowili jeńcy radzieccy[1].

Problem opieki medycznej, jak również warunków bytowo-sanitarnych w kompleksie obozowym w Lamsdorf nie doczekał się, jak do tej pory, opracowania. W niniejszym studium dokonano omówienia wyłącznie wybranych problemów, tj. zasad prawa międzynarodowego w odniesieniu do opieki medycznej nad jeńcami wojennymi oraz funkcjonowania zinstytucjonalizowanych form obozowej opieki medycznej, tj. izb chorych i lazaretów w obrębie lamsdorfskiego kompleksu. Analizie poddano materiały archiwalne, na które złożyła się dokumentacja w postaci: zarządzeń władz państwowych, sprawozdań administracyjnych władz obozowych, sprawozdań Międzynarodowego Komitetu Czerwonego Krzyża [dalej MKCK] z wizytacji Stalagu VIII B i 344 Lamsdorf, jak również instruktaży postępowania w wypadkach zagrożeń epidemiologicznych, znajdujących się w zbiorach Centralnego Muzeum Jeńców Wojennych w Łambinowicach-Opolu oraz Archiwum Międzynarodowego Komitetu Czerwonego Krzyża w Genewie. Wytworzone dokumenty uzupełniają relacje i wspomnienia,

---

1 Sawczuk, Janusz; Senft, Stanisław: Obozy jenieckie w Lamsdorf w latach II wojny światowej. In: Nowak, Edmund (Hrsg.): Obozy w Lamsdorf/Łambinowicach (1870–1946). Opole 2006, 117–260. Por. Konečný, Zdeněk; Mainuš, František: Obozy jenieckie na Górnym Śląsku. Katowice 1978; Senft, Stanisław; Więcek, Horst: Obozy jenieckie na obszarze Śląskiego Okręgu Wehrmachtu 1939–1945. Opole 1978.

przykłady korespondencji obozowej jeńców lamsdorfskiego kompleksu, jak również bogaty materiał ikonograficzny w postaci: fotografii, rysunków i szkiców, planów kompleksu i map, znajdujący się w zbiorach Centralnego Muzeum Jeńców Wojennych w Łambinowicach-Opolu.

1. Opieka medyczna nad jeńcami wojennymi w latach II wojny światowej – podstawy prawne

Zasady sprawowania opieki medycznej nad jeńcami wojennymi były podczas II wojny światowej oparte o zapisy Konwencji Genewskiej z 27 lipca 1929 r. – *O polepszeniu losu chorych i rannych w armiach czynnych*. Stanowiła ona uzupełnienie ustaleń przyjętych w poprzednich konwencjach w Genewie, tj. z 22 sierpnia 1864 i 6 lipca 1906 r. Doświadczenia okresu wojen, szczególnie I wojny światowej, spowodowały konieczność doprecyzowania wielu kwestii. Punktem, który nie uległ zmianie był jednak moralny nakaz otaczania opieką medyczną żołnierzy własnej armii, jak też jeńców.

Warunki higieniczno-sanitarne w obozach jenieckich

Władze państwa, na terenie którego przygotowywano obozy z przeznaczeniem dla jeńców wojennych, zobowiązano do zapewnienia elementarnych warunków higieniczno-sanitarnych, celem zapobiegania chorobom, w szczególności epidemiom. Jeńcy mieli podlegać okresowym badaniom oraz szczepieniom ochronnym przeciwko tyfusowi, błonicy i tężcowi. Chorych zakaźnie należało objąć kwarantanną w odizolowanych barakach. W obozach miały być ponadto przeprowadzane systematyczne dezynfekcje, odwszawianie i odrobaczanie osadzonych, jak też pomieszczeń mieszkalnych. Jeńcom należało zapewnić przybory higieny osobistej oraz dostęp do urządzeń sanitarnych. Liczba latryn miała być dostosowana do liczby osadzonych. W miejscach internowania należało przygotować łaźnie i zainstalować prysznice, jak również zapewnić dostęp do bieżącej wody i umożliwić osadzonym regularne korzystanie z kąpieli, przynajmniej raz w tygodniu. Do budowy urządzeń sanitarnych mieli być zatrudniani jeńcy, którzy za wykonaną pracę mieli otrzymać wynagrodzenie. Racje żywnościowe jeńców wojennych miały odpowiadać normom dla żołnierzy tyłowych. W wyniku niekorzystnego rozwoju sytuacji na frontach II wojny światowej były one jednak wielokrotnie zmieniane. Zalecenia obejmowały również zaopatrzenie w wodę pitną, a także dodatki żywnościowe dla jeńców pracujących. W myśl konwencji mieli mieć prawo do przygotowywania dodatkowych posiłków[2].

Izby chorych i lazarety obozowe

W każdym obozie należało przygotować pomieszczenia, celem zorganizowania izby chorych. Ich kubatura miała być taka sama we wszystkich obozach. Obowiązkiem zatrzymującego było również przygotowanie pomieszczeń izolacyjnych, dla cierpiących na choroby zakaźne, psychiczne i obłożnie chorych. Wymagający opieki specjalistycznej lub wykonania zabiegów mieli być transportowani i leczeni w cywilnych i wojskowych placówkach medycznych. Jeńców po zabiegach należało poddać rehabilitacji, tj. zapewnić protezy, przystosować do funkcjonowania tych, którzy stracili wzrok lub słuch. Komendantem lazaretu był każdorazowo lekarz – oficer niemiecki (Stabsarzt). Każdemu osadzonemu należało umożliwić kompleksowe skorzystanie z opieki medycznej – zasada ta dotyczyła również jeńców osadzonych w aresztach dyscyplinarnych, zakładach karnych, czy przebywających poza obozem macierzystym, w komandach pracy. Władze państwa zatrzymującego powinny były wydać każdemu leczonemu zaświadczenie potwierdzające zdiagnozowaną jednostkę chorobową, z podaniem okresu i form leczenia. Duplikat przekazywano do Centralnego Biura Jeńców Wojennych. Koszty leczenia ponosiło państwo zatrzymujące, również w zakresie zaopatrzenia w protezy zastępcze (kończyn, dentystyczne) i inne oprzyrządowanie (okulary) potrzebne rehabilitowanym i rannym. Dostarczenie protez stałych było obowiązkiem państwa macierzystego. Środki medyczne wydawano nieodpłatnie. Zapis ten częściowo ograniczono względem oficerów, musieli pokrywać należność za leki z żołdu. Badania okresowe w obozach jenieckich miały być prowadzone systematycznie, przynajmniej raz w miesiącu, ze szczególnym uwzględnieniem ogólnego stanu zdrowia osadzonych. Ze szczególną uwagą podchodzono do przypadków chorób zakaźnych, tj. gruźlicy, malarii i chorób wenerycznych[3].

---

2 Flemming, Marian: Jeńcy wojenni: stadium prawno-historyczne. Warszawa 2000, 142–143.
3 Ibidem, 143–144.

Status personelu sanitarnego w obozach jenieckich

Personel lekarski i pomocniczy miał podlegać repatriacji. Lekarze i sanitariusze zapewniali opiekę medyczną osadzonym i transportowanym. Podlegali oni przepisom i organom służby zdrowia zatrzymującego państwa. Konwencja z 1929 r. nie precyzowała, ilu lekarzy czy sanitariuszy miało pracować w izbach chorych i lazaretach obozowych. Odniesienia do tej kwestii zawierały umowy między państwami będącymi w stanie konfliktu, np. umowa między Wielką Brytanią a Włochami precyzowała, że dla potrzeb 1 tys. jeńców wolno było zatrzymać dwóch lekarzy, dwóch dentystów oraz dwunastu wykwalifikowanych sanitariuszy. Lekarzy Armii Czerwonej, zgodnie z rozkazem nr 8 z 17 lipca 1941 r. wydanym przez Reinharda Heydricha, tj. Żydów i radzieckich intelektualistów należało bezwzględnie eliminować. Ich brak w obozach już w październiku 1941 r. stał się przyczyną zmiany decyzji. W czasie II wojny światowej repatriacji personelu sanitarnego dokonywała Wielka Brytania, Stany Zjednoczone, Włochy i Niemcy. W wielu wypadkach personel lekarski i pomocniczy zatrudniano do prac niezwiązanych z opieką medyczną, co było naruszeniem postanowień z 1929 r. Personel sanitarny otrzymywał dodatkowe przydziały żywności, zakwaterowanie w bardziej korzystnych warunkach, możliwość wychodzenia poza obręb obozu, czy wreszcie prowadzenia korespondencji ze zwiększoną częstotliwością. W obozach jenieckich najstarszy stażem lekarz był odpowiedzialny przed władzami niemieckimi, jako lekarz naczelny obozowej służby zdrowia. Powoływano go automatycznie, nie był wybierany. Miał bezpośredni kontakt z administracją obozu i prawo do omawiania kwestii związanych z opieką medyczną, jak również prowadzenia korespondencji w tej sprawie. Odpowiadał ponadto za pracę personelu lekarskiego, jako przełożony. Nieco inaczej przedstawiał się status medycznego personelu pomocniczego zatrudnionego czasowo, tj. przeszkolonych na specjalnych kursach sanitariuszy i noszowych. Nie mieli oni żadnych przywilejów i stawali się zwykłymi jeńcami. W razie potrzeby mogli być jednak wykorzystani do pracy w jenieckiej służbie zdrowia. Nie przysługiwało im jednak prawa do repatriacji[4].

---

4 Ibidem, 147–156; Konwencja Genewska o polepszeniu losu w armiach czynnych podpisana dnia 27 lipca 1929 r., rozdział III [dalej Konwencja Genewska].

2. Izby chorych i lazarety na przykładzie kompleksu obozowego w Lamsdorf

Kwestiami opieki nad jeńcami w lamsdorfskim kompleksie zajmował się lekarz obozowy (Lagerarzt), który sprawował nadzór nad realizacją zadań dotyczących opieki medycznej, sanitarnej, higieny, zatrudnianiem jenieckiego personelu sanitarnego – lekarskiego i pomocniczego w izbach chorych oraz lazaretach obozowych[5]. Funkcję lekarza obozowego pełnili m.in. dr Beck, dr von Rüdiger i dr Springer[6]. Lekarz obozowy sprawował również pieczę nad dokumentacją. Akta osobowe jeńców-pacjentów sporządzano w dwóch kopiach, na potrzeby lazaretu i władz niemieckich oraz dla władz państwa, które jeniec reprezentował. Przypadki zachorowań były zgłaszane podczas apelu porannego. W każdym baraku wyznaczono wykwalifikowane osoby odpowiedzialne za udzielanie pomocy – sanitariuszy barakowych oraz sanitariusza blokowego. Ten ostatni zbierał informacje dotyczące liczby chorych od sanitariuszy barakowych i wpisywał przypadki do księgi chorych. Następnie przekazywał naczelnemu lekarzowi izby chorych. Zgodnie ze sporządzonym grafikiem jeńcy byli odsyłani do izby chorych i poddawani obdukcji lekarskiej. Zasada nie dotyczyła przypadków pilnych i ciężkich. Chorzy przemieszczali się do rewiru w zwartej kolumnie. Stąd odprowadzano ich w małych grupach pod eskortą policji lub w zwartej kolumnie w asyście sanitariusza blokowego do baraków mieszkalnych lub lazaretu. W obozie macierzystym zabraniano pozostawania na pryczach do godz. 12.00 oraz od 14.00–17.00. Z tego obowiązku zwolnieni byli wyłącznie chorzy[7].

---

    http://www.pck.org.pl/pliki/mph/1929_27_VII_Konwencja_Genewska_o_polepszeniu_losu_chorych_i_rannych_w_armjach_czynnych_Genewa [data dostępu 23 II 2013 r.].
5 Sawczuk, Janusz: Hitlerowskie obozy jenieckie w Łambinowicach w latach 1939–1945. Studium monograficzne. Opole 1974, 134.
6 Archiwum Centralnego Muzeum Jeńców Wojennych w Łambinowicach-Opolu [dalej ACMJW], Mikrofilmy, Mikrofilm Praski [dalej MP], 2-R-II, numer skanu [dalej ns.] 859.
7 ACMJW, MP, 2-R-II, Lagerordnung, ns. 492–494.

Stalag VIII B Lamsdorf

Izba chorych

W grupie pierwszych osadzonych, liczącej około 1,5 tys. żołnierzy polskich, znajdowała się znaczna liczba chorych i rannych z kampanii wrześniowej. Z myślą o potrzebujących utworzono w jednym z baraków, w sąsiedztwie baraku dezynfekcyjnego, obozową izbę chorych (Revier, Krankenrevier). Początkowo miała prowizoryczny i prymitywny charakter. Na przełomie 1939 i 1940 r. liczba personelu sanitarnego osadzona w obozie wynosiła 80. Udzielali oni pomocy potrzebującym w izbie chorych i w obozie[8].

Latem 1940 r. rozbudowano izbę chorych. Przygotowano w tym celu barak w części obozu dla jeńców brytyjskich. Podzielono go na dwa mniejsze pomieszczenia – w jednym przyjmowano przypadki lekkie, w drugim hospitalizowano chorych zakaźnie. W izbie chorych przebywało początkowo około 50 pacjentów. Łącznie z pomocy medycznej korzystało wówczas około 400 żołnierzy brytyjskich[9]. Chorzy otrzymywali płaszcze i drewniane obuwie[10].

31 marca 1941 r. oddano do użytku kolejny barak na cele izby chorych. Liczba przyjęć zwiększała się systematycznie z uwagi na migrację jeńców między obozami. W drugim baraku przygotowano miejsca dla chorych, umieszczono w nim jeńców brytyjskich i ukraińskich. Wydzielono również pomieszczenia na cele: poczekalni, prześwietleń, badań ogólnych i gabinetu opatrunkowego, poza tym również przebieralni i pralni. Poczekalnię w starym baraku przekształcono w salę przyjęć. W izbie chorych przebywało wówczas średnio 40–100 jeńców. W grudniu 1941 r. izba zajmowała dwa wspomniane baraki z cegły, dwa drewniane i trzy tzw. baraki ruchome, nadające się do transportu. W styczniu 1942 r. odnowiono betonowe podłogi, obielono

---

8 ACMJW, MP, 2-R-II, ns. 859; Relacje i Wspomnienia [dalej RiW], sygn. 9, 66, 294; Uryga, Ludwig: Stalag VIII B. Zabudowa i zakwaterowanie jeńców w obozie. In: Łambinowicki Rocznik Muzealny 2 (1978), 21–22; Stout, Thomas; MacGregor, Duncan: Medical Services in New Zealand and The Pacific. Wellington 1958, 136–137; Ciasnocha, Roman: Pozostałości dawnej zabudowy wojskowej w Łambinowicach. In: Nowak, Edmund (Hrsg.): Szkice z dziejów obozów w Lamsdorf/Łambinowicach. Historia i współczesność, H. 3. Opole 2002, 67.

9 ACMJW, Materiały i Dokumenty [dalej MiD] VIII Okręg Wojskowy [dalej VIII OKW], Raporty Międzynarodowego Komitetu Czerwonego Krzyża [dalej Raporty MKCK], sygn. 59, Stalag VIII B. Wizytacja z 9 VIII 1940 r., 3–4.

10 ACMJW, RiW, sygn. 201.

ściany i naprawiono piece. W izbie przebywało wówczas średnio 200–220 chorych, w 1943 r. średnio 280–370, z tendencją wzrostową. Wśród nich byli również cywile przetrzymywani w Ilagu (Internierungslager) w Toszku, podległego od marca 1941 r. administracji Stalagu VIII B Lamsdorf. W sprawozdaniu MKCK z 12 lutego 1943 r. izba chorych zajmowała sześć baraków, w tym dwa drewniane, każdy z 24 łóżkami i cztery murowane, wyposażone w 6–16 dwupiętrowych prycz. Łącznie do dyspozycji było 230 miejsc. Latryny, umywalnie i wanny w izbie chorych miały dostęp do bieżącej wody. Pod opieką lekarską izby w 1942 r. i 1943 r. pozostawało średnio 450–560 jeńców. Dzienny przypływ chorych z komand pracy wynosił około 30–35 osób, z czego 10 % stanowiły przypadki symulowania choroby[11]. Poza stałą izbą chorych na terenie Stalagu VIII B funkcjonowała w 1941 r. i 1942 r. lotna izba chorych (Fliegerrevier), w postaci pogotowia prowadzonego przez kwakrów[12]. W 1943 r. powszechne problemy z brakiem bieżącej wody w obozie wpłynęły również na pracę w izbie chorych. Ciepłą wodę donoszono w butelkach. W związku z tym wnioskowano o zainstalowanie bojlera, co jednak spotkało się z odmową władz obozowych[13].

Lazaret obozowy

Pod koniec 1939 r. rozpoczęto budowę lazaretu obozowego (Lagerlazarett), początkowo składał się z sześciu baraków typu RAD (Reichsarbeitsdienst)[14].

---

11 Archives du Comité international de la Croix-Rouge [dalej ACICR], Stalag VIII B Lamsdorf. Wizytacja z 17 VI 1941 r., 17; z 11 XII 1941 r., 31; z 5 IX 1942 r., 63; z 12 II 1943 r., 59; z 30 X 1943 r., 53; ACMJW, MP, 2-R-II, Stalag VIII B Lamsdorf. Sprawozdanie administracyjne – III 1941 r., ns. 856–858 i 975; IV 1941 r., ns. 852, 970; VI 1941 r., ns. 841; VII 1941 r., ns. 835; I 1942 r., ns. 802; II 1943 r., ns. 979; III 1943 r., ns. 973; VI 1943 r., ns. 950; VII 1943 r., ns. 943; VIII 1943 r., ns. 937.
12 ACMJW, MP, 2-R-II, Stalag VIII B Lamsdorf. Sprawozdanie administracyjne – I 1942 r., ns. 803; ACICR, Stalag VIII B Lamsdorf. Wizytacja z 27 II 1942 r., 43.
13 ACICR, Stalag VIII B Lamsdorf. Wizytacja z 30 X 1943 r., 53.
14 Baraki typu RAD rozpowszechniono w latach 30. XX w. Stosowane były głównie przez niemiecką służbę pracy – RAD (Reichsarbeitsdienst). Całkowite gabaryty poszczególnych modeli zależały od wielkości tworzących je modułów. Mogły mieć od kilku do kilkudziesięciu metrów długości, w zależności od przeznaczenia. W 1941 r. ministerstwo gospodarki III Rzeszy wydało szczegółowe instrukcje dotyczące zabudowy drewnianej (Bevollmächtigten

Zlokalizowano go w odległości około 500 m od baraków mieszkalnych, na sześciu hektarach płaskiego terenu w lesie. Powstały one w różnym czasie, dwuetapowo. Baraki wykonano z cegły szamotowej. Miały podwójne okna i drewniane okiennice. Posiadały system ocieplenia wykonany z czerwonej cegły-pustaków i wykładziny wiórowo-cementowej, kładzionej pod tynk wewnątrz budynku. Baraki miały system kanalizacyjny, łaźnię i pralnię, ponadto system ogrzewania i wentylacji[15]. W 1940 i 1941 r. liczba miejsc dla chorych wynosiła 230–250. W lazarecie przebywało wówczas średnio 150–200 chorych, z tendencją wzrostową. Przyjmowano również cywilnych pracowników przymusowych, wśród hospitalizowanych największą liczbę stanowili pracownicy ze Wschodu, około 60 %[16].

Ze względu na zwiększającą się liczbę jeńców, a w ślad za nią wymagających opieki medycznej, władze obozowe zostały zmuszone w 1940 r. do podjęcia działań zmierzających do rozbudowy kompleksu lazaretowego o tzw. lazaret angielski. Argumentem były też trudności logistyczne, wynikające z konieczności przewożenia skomplikowanych przypadków do oddalonego o 100 km szpitala w Bielawie. O planach wspomniano w sprawozdaniu z 5 grudnia 1940 r. Baraki przygotowano latem 1941 r., stanęły w sąsiedztwie już istniejących. Zakładano przygotowanie 300–350 miejsc. Docelowo lazaret składał się z kilku oddziałów. W jednym, z budynków wydzielono salę do wykonywania zabiegów i operacji. Pozostałe pomieszczenia przeznaczono na sale dla pacjentów. Chorych zakaźnie umieszczano w zależności od potrzeb w jednym z trzech mniejszych baraków, średnio około 50 pacjentów w każdym. Pozostałe zajmowali chorzy i ranni z komand pracy. Każdy pacjent zajmował jedno łóżko, miał również do dyspozycji szafkę nocną. Wyposażenie dla baraków izby chorych oraz lazaretu wykonywali jeńcy w obozowej stolarni. Dla zapewnienia dłuższej trwałości łóżek zostały one obite metalowymi obręczami. W sierpniu 1941 r. ukończono przygotowanie mebli dla obozowej apteki oraz wyposażenia

---

für den Holzbau), uwzględniające baraki typu RAD. Zgodnie z zaleceniami pojedynczy moduł miał 8,14 m szerokości, 3,3 m długości i 2,55 m wysokości.
15 ACMJW, MP, 2-R-II, ns. 859; RiW, Sign. 9, 66, 294; Uryga: Stalag VIII B (1978), 21–22; Stout: Medical Services (1958), 136–137; Ciasnocha: Pozostałości dawnej zabudowy (2002), 67.
16 ACMJW, MP, 2-R-II, Stalag VIII B Lamsdorf. Sprawozdanie administracyjne – III 1941 r., ns. 975; IV 1941 r., ns. 970.

dla okolicznych lazaretów rezerwy[17]. W październiku 1941 r. poczekalnia w lazarecie została wyposażona w prycze i sienniki. Przeniesiono również piętrowe prycze z izby chorych. Wykonano też kolejne elementy wyposażenia, m.in. dwa stoły na instrumentarium chirurgiczne. Nowe baraki kompleksu lazaretu dla jeńców wojennych (Kriegsgefangenen-Lazarett des Stalags VIIII B) oddano do użytku 15 października 1941 r. 1 maja 1943 r. oddano drugi barak dla jeńców chorych zakaźnie. W 1942 r. w lazarecie hospitalizowano rotacyjnie 200–230 chorych, w pierwszej połowie 1943 r. około 280–320, w drugiej połowie średnio 390–470 pacjentów. Wówczas też do dyspozycji chorych było 450 łóżek. Lazaret przejął od izby chorych przypadki zachorowań na dyfteryt, gruźlicę i tyfus oraz wykonywanie badań laboratoryjnych. Na przełomie października i listopada 1941 r. przeprowadzono 76 operacji, w grudniu – 46, w kolejnych miesiącach liczba wykonywanych zabiegów wynosiła średnio 50–65. Zabiegi planowano z miesięcznym wyprzedzeniem. W marcu 1943 r. przeprowadzono aż 89 operacji, m.in. z udziałem specjalisty laryngologa – mjra O'Connor'a Cuffey'ego ze Stalagu IX C, który został oddelegowany do Lazaretu VIII B Lamsdorf na 6 tygodni z Obermassfeld. W gronie specjalistów, którzy wykonywali zabiegi w lazarecie obozowym w Lamsdorf, byli również neurochirurg – mjr Henderson, przeprowadził dwie operacje zespolenia nerwów oraz mjr Wright-Thomson, naczelny okulista Stalagu VIII B Lamsdorf. W kolejnych miesiącach przeprowadzano średnio 75–95 operacji miesięcznie. Na przełomie 1941 i 1942 r. uruchomiono trzeci – ostatni barak dla chorych zakaźnie[18]. Lazaret odpowiednio oznaczono, obok

---

17 ACICR, Stalag VIII B Lamsdorf. Wizytacja z 5 XII 1940 r., 8–9; z 17 VI 1941 r., 23; ACMJW, MP, 2-R-II, Stalag VIII B Lamsdorf. Sprawozdanie administracyjne – VII 1941 r., ns. 835; VIII 1941 r., ns. 828; IX 1941 r., ns. 823; X 1941 r., ns. 817.
18 ACMJW, MP, 2-R-II, Stalag VIII B Lamsdorf. Sprawozdanie administracyjne – X 1941 r., ns. 817, 819; XII 1941 r., ns. 808; I 1942 r., ns. 802; II 1943 r., ns. 978, IV 1943 r., ns. 967; V 1943 r., ns. 961; VI 1943 r., ns. 950; VII 1943 r., ns. 943; VIII 1943 r., ns. 938; ACICR, Stalag VIII B Lamsdorf. Wizytacja z 30 X 1943 r., 52; Stout: Medical Services (1958), 135.

baraków ustawiono duży murowany Czerwony Krzyż, jako znak dla samolotów, o czym wspominał Leonard A. Norman: *Minęliśmy budynek ze znakami Czerwonego Krzyża na dachu i na ścianach. Był to szpital obozowy (..). Z okien wyglądali pacjenci i kiwali nam*[19].

Ryc. 1: *Stalag VIII B Lamsdorf: nr 42 łaźnie z zespołem dezynfekcyjnym w pierwotnym obozie, D. zespół dezynfekcyjny w brytyjskiej części obozu, nr 5 – kompleks baraków lazaretu obozowego. Uryga, Stalag 318 (1974)* [Fn 8]

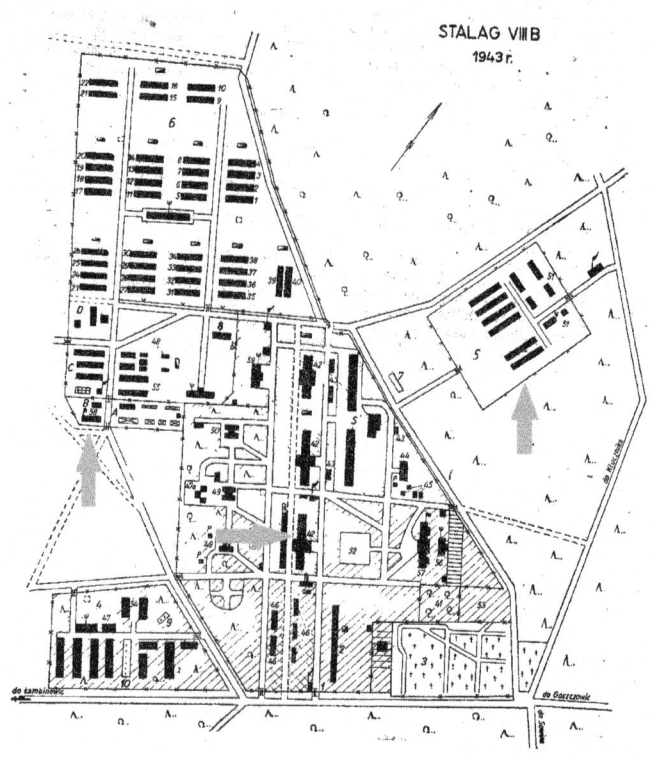

---

19 Norman: Druty i kajdany (2000), 151; Stout: Medical Services (1958), 137.

Ryc. 2: *Stalag 318/VIII F (344) Lamsdorf: nr 11 – łaźnia, nr 12 – barak dezynfekcyjny, nr 50 – kompleks baraków lazaretu obozowego. Uryga, Stalag 318 (1974) [Fn 8]*

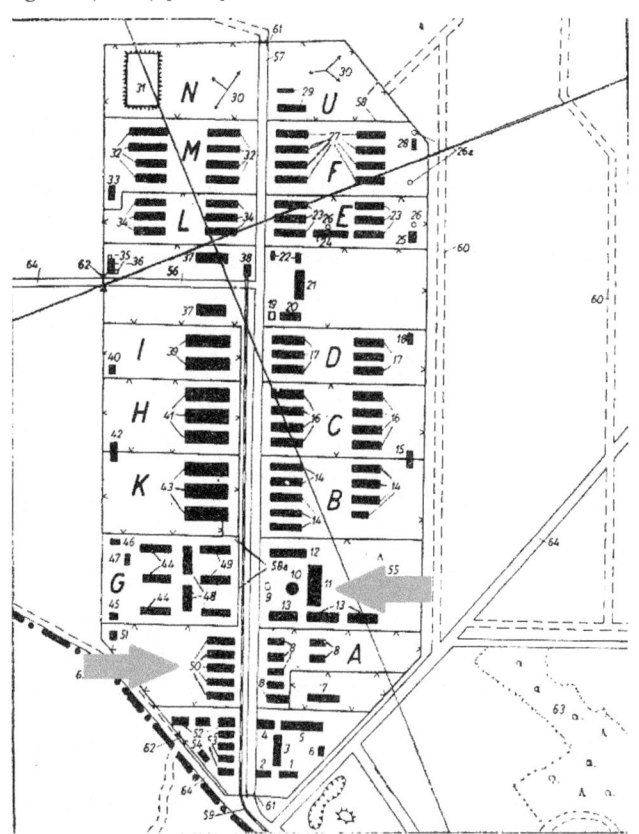

Lazaret objął docelowo jedenaście budynków z cegły. W celu hospitalizacji chorych wykorzystywano sześć baraków, w tym jeden z przeznaczeniem ogólnym – diagnostycznym, dwa dla przypadków internistycznych, jeden dla przypadków chirurgicznych oraz dwa dla przypadków zakaźnych. Pozostałych pięć budynków przeznaczono do celów operacyjnych, rehabilitacyjnych i laboratoryjnych, dla personelu sanitarnego, administracji, kuchni i kostnicy. W każdym przebywało średnio 70–100 pacjentów oraz dyżurujący personel medyczny. We wszystkich znajdował się duży piec kaflowy, łaźnia, latryna i zaplecze kuchenne. Pościel zmieniano średnio raz na trzy tygodnie. Poszczególne baraki-oddziały podzielono na większe i mniejsze pomieszczenia i odpowiednio wyposażono. W budynku, w którym hospitalizowano przypadki ogólne wydzielono sale do zabiegów septycznych, przygotowywania chorych do operacji, badań radiologicznych z ciemnią do wywoływania filmów, laboratorium (specjalistyczne badania wykonywano w laboratorium IV lazaretu rezerwy we Wrocławiu), gabinet masażu i aptekę z magazynem leków. Barak operacyjny posiadał urządzenia do sterylizacji instrumentarium, na które składał się sprzęt pozyskany z niemieckich lazaretów polowych. Władze niemieckie udostępniły sprzęt do wykonywania niektórych badań specjalistycznych: sigmoidoskopii, cystoskopii, laparotomii i torakotomii. Nie odnotowano problemów z zaopatrzeniem w strzykawki, igły i katgut. Zestawy do wykonywania transfuzji były przygotowywane samodzielnie przez personel sanitarny. Brakowało sprzętu do radiografii narządów wewnętrznych, w szczególności żołądka i płuc. Niewystarczające były zapasy medykamentów. Niedostępna była m.in. penicylina. Niektóre medykamenty były osobiście dostarczane przez władze obozowe i podlegały ścisłemu zaszeregowaniu. Dotyczyło to głównie sulfonamidów. W październiku 1943 r. przedstawiciele MKCK odnotowali dostępność 20 ampułek prokainy do znieczulania rdzeniowego oraz cewniki, wystarczające do przeprowadzania cystoskopii 20 przypadków urologicznych. Brakowało podtlenku azotu do narkozy, w tym celu wykorzystywano Evipan. Problemy z zaopatrzeniem były wynikiem systematycznego ograniczania przez władze obozowe wydawania brytyjskich paczek z medykamentami. Niemcy dostarczali na potrzeby lazaretu m.in. bandaże bawełniane i watę papierową. Opatrunki papierowe były użyteczne ze względu na znaczną chłonność, w przeciwieństwie do papierowych bandaży. Zapotrzebowanie zaspokajały częściowo także dostawy z Czerwonego Krzyża. W wyniku braku dostępu do bieżącej wody pod koniec 1943 r. instrumentarium nie poddawano już systematycznej sterylizacji, w konsekwencji przeprowadzano wyłącznie konieczne operacje. W sierpniu 1943 r. w sprawozdaniu władz obozowych odnotowano, że dach lazaretu na całej długości był nieszczelny, w pomieszczeniach zalegała woda. Celem uniknięcia dalszych strat sugerowano wykonanie prac remontowych i pokrycie dachów warstwą papy[20].

Przy lazarecie utworzono warsztat protetyczny, w którym wykonywano protezy kończyn dolnych i górnych, kule, szyny i zaciski. Na temat pracy w tymże wspominał szewc – Arthur Weston: *W 1941 r. przydzielono mnie do pracy w rewirze obozowym i lazarecie u boku angielskiego lekarza Henry'ego Wilsona, gdzie udzielałem pierwszej pomocy ciężko rannym jeńcom. Podczas mojego pobytu w Lamsdorf zajmowałem się wyrabianiem akcesoriów chirurgicznych oraz projektowaniem i wykonywaniem sztucznych protez. (..) wśród nas była znaczna grupa jeńców, którzy utracili nogi w czasie wojny. Przez cały okres pobytu w obozie zrobiłem 96 par butów chirurgicznych, brałem udział w 180 amputacjach i wykonałem około 1600 innych prac*[21].

Lazaret obozowy dysponował kuchnią, w której przygotowywano posiłki dietetyczne, głównie na bazie produktów z paczek kolektywnych oraz herbatę. W sprawozdaniu MKCK z grudnia 1941 r. zachowała się rozpiska z dzienną dietą i aplikowanymi środkami dla cierpiących na wrzody żołądka i dwunastnicy. Pozostałe posiłki przygotowywano w kuchniach znajdujących się w brytyjskiej części Stalagu VIII B. Żywność z kuchni do baraków przenoszono w drewnianych beczkach, co przeczyło zasadom higieny. Każdy jeniec był wyposażony w miskę z cienkiego aluminium, kubek i łyżkę. Zużyte zastępowały te wykonane z puszek po konserwach. W marcu 1941 r. do Lamsdorf przebyło 308 żołnierzy z Indii, muzułmanów z Pundżabu. Ich dieta oparta była na bogatych w białko warzywach. W gromadzeniu zapasów żywności wspomagał ich Czerwony Krzyż, zaopatrując w ryż, curry i inne przyprawy. Rezerwę konserw rybnych zgromadzili dzięki wymianie na konserwy mięsne z żołnierzami brytyjskimi. Jedzenie przygotowywali częściowo w kuchni znajdującej się w jednym z jenieckich baraków, częściowo w kuchni

---

20 ACICR, Stalag VIII B Lamsdorf. Wizytacja z 11 XII 1941, 31; z 30 X 1943 r., 53; ACMJW, MP, 2-R-II, Stalag VIII B Lamsdorf. Sprawozdanie administracyjne – IV 1941 r., ns. 852; VIII 1943 r., ns. 937; Stout: Medical Services (1958), 136–137, 468–469.

21 Weston, Arthur: Producent protez. Łambinowicki Rocznik Muzealny 23 (2000), 149–150.

obozowej. Kuchnia Hindusów znajdowała się jednak pod stałym nadzorem. W 1943 r. na samodzielne przygotowywanie posiłków zezwolono również jeńcom brytyjskim z RAF-u[22].

Stalag 318/VIII F (344) Lamsdorf

Powrót jeńca z komanda do obozu oznaczał dalsze ograniczenia i powolną wegetację. Chorzy kierowani do lazaretu dostawali zmniejszoną normę chleba do 200 g, wycieńczeni i wygłodzeni jeńcy dochodzili do stadium, w którym że nie byli zdolni chodzić[23]. Zarówno w izbie chorych, jak i w lazarecie panowało przeludnienie. Iwan Grigorjewicz Kolbasa wspominał: *W jednym baraku skoszarowano około 200 osób, chociaż zdolne były pomieścić 50. Było ciasno, nie można było swobodnie stanąć z wyciągniętymi ramionami. (..) Codziennie wywożono około 20 ciał*[24].

Brak podstawowych lekarstw, jak również środków opatrunkowych uniemożliwiał efektywny proces leczenia. Ci, którym udało się przezwyciężyć chorobę, byli przenoszeni do bloków roboczych, a następnie kierowani na komanda pracy. Permanentny niedobór wody pitnej potęgował dolegliwości układu pokarmowego[25]. Opieka medyczna realizowana była przez lekarzy radzieckich, serbskich i polskich. Ze względu na brak miejsca, chorych przyjmowano w tych samych pomieszczeniach, w których przeprowadzano operacje. Lazaret obozowy składał się z pięciu baraków. Z. Mazurek wspominał: *Ranni i chorzy jeńcy (..) codziennie byli prowadzeni przez żołnierza Wehrmachtu do szpitala obozowego – lazaretu. Każdorazowo nie mogło być więcej niż pięciu chorych. (..) Sama wizyta w lazarecie nie należała do przyjemności. Widok przeprowadzanych tam operacji powodował szok. (..) Pacjentów z różnymi dolegliwościami przyjmowano w tej samej sali, w której dokonywano*

---

22 ACICR, Stalag VIII B Lamsdorf. Wizytacja z 17 VI 1941 r., 24; z 11 XII 1941 r., 29; z 12 II 1943 r., 58; z 30 X 1943 r., 51; ACMJW, MP, 2-R-II, Stalag Lamsdorf VIII B. Sprawozdanie administracyjne – IV 1941 r., ns. 852.
23 ACMJW, MiD. VIII Okręg Wojskowy, sygn. 112, 93.
24 List Iwana Grigorjewiczaa Kolbasy. www.kontakte-kontakty.de [data dostępu 13 V 2013 r.].
25 ACMJW, RiW, sygn. 12, 194; Sbrana, Leone: Dni długie jak lata, przekł. J. Szabłowska, E. Kabac. Warszawa 1996, 36.

nieraz bardzo skomplikowanych operacji. Przeprowadzano je na stołach obitych cynkową blachą z zagłębieniem ku środkowi, gdzie znajdował się otwór na odpływ krwi i wody przy spłukiwaniu. (..) Środków opatrunkowych jak gaza, czy wata tu się prawie nie widziało. Zastępowano je papierem przypominającym papier toaletowy, takie też były bandaże różnej szerokości. Lekarstw nawet najniezbędniejszych nie można było uzyskać. O antybiotykach można było pomarzyć[26].

Rozporządzeniem władz obozowych z 13 grudnia 1944 r. bloki A, B i C Stalagu 344 Lamsdorf przeznaczono na cele lazaretu obozowego (Lagerlazarett 344). W Stalagu VIII B Teschen utworzono wówczas lazaret rezerwy dla chorych na gruźlicę. W związku z tym planowano przeniesienie wszystkich chorych jeńców z Lamsdorf do Teschen[27]. Z braku możliwości logistycznych na początku 1945 r. również blok A Stalagu 344 Lamsdorf przekształcono w blok dla chorych na gruźlicę. Jeniec radziecki Siergiej Woropajew wspominał w dzienniku panujące w nim warunki: *28 stycznia 1945 r. (..) Blok „A" to część obozu licząca osiem baraków otoczonych drutem kolczastym. Barak składa się z ośmiu izb. W izbie mieści się 50–60 chorych. Zamiast łóżek postawiono składane prycze (trzypiętrowe). Na prycze narzucono materace wypchane startą słomą. Koców nie ma. Ogromne ilości łażących pcheł i pluskiew oraz wszy. Podłóg się nie myje. Większość szyb jest wybita, w ich miejsce wstawiono kartony lub sklejki*[28].

Niewiele wiadomo o personelu izby chorych i lazaretu obozowego Stalagów 318/VIII F (344) Lamsdorf. Brak materiału statystycznego uniemożliwia podanie liczby pracujących lekarzy i sanitariuszy. Zachowały się wyłącznie szczątkowe relacje świadków: *W szpitalu było trzech lekarzy i sanitariuszy Rosjan (..). Leczono tylko tych jeńców, którzy byli lekko ranni, chorób wewnętrznych nie leczono w ogóle*[29]. W obozie dla jeńców

---

26 Mazurek: Jeniecka dola partyzantów (1997), 145.
27 ACMJW, MP, 2-R-II, ns. 70.
28 Woropajew, Siergiej: Dni powszednie w piekle. In: Nowak: Szkice z dziejów obozów (2000), 174.
29 ACMJW, MiD. VIII Okręg Wojskowy, sygn. 6, 66.

radzieckich w 1942 r. funkcję starszego lekarza lazaretu obozowego pełnił Pientek z Gliwic[30].

Po upadku powstania warszawskiego, w październiku 1944 r. w Stalagu 344 Lamsdorf osadzono prawie 6 tys. powstańców, w tym około 1 tys. kobiet i 600 nieletnich. Opiekę medyczną prowadzono w utworzonym wówczas żeńskim lazarecie, tj. baraku przeznaczonym na lazaret, podzielonym na mniejsze pomieszczenia, celem odizolowania zakaźnie chorych, głównie przypadków szkarlatyny, gruźlicy i tyfusu[31].

* * *

W styczniu 1945 r. rozpoczęto ewakuację Stalagu 344 Lamsdorf. Zasadnicza część jenieckiego kontyngentu opuściła go 24 I 1945 r. Po przeprowadzonej selekcji w obozie pozostawiono jeńców chorych i wycieńczonych, w grupie tej przeważali jeńcy radzieccy, w liczbie około 6 tys.[32] W lutym 1945 r. przenoszono chorych jeńców brytyjskich, kierując się przez Protektorat Czech i Moraw dalej na południe. Dla tych, którzy pozostali w stalagu największym zagrożeniem stała się śmierć z głodu. Systematycznie zmniejszano racje żywnościowe, jeńcy otrzymywali wyłącznie namiastkę zupy z brukwi oraz ziemniaki. Baraki nie były ogrzewane. Jeńcy nie podlegali opiece medycznej, lekarze i sanitariusze opuszczali obóz wraz z ewakuowanymi. Było to przyczyną zwiększonej śmiertelności: 100–150 jeńców dziennie. Po wejściu na teren obozu żołnierzy Armii Czerwonej w barakach przebywało około 4 tys. osadzonych[33].

---

30 ACMJW, MiD. VIII Okręg Wojskowy, sygn. 6, 33.
31 Beaupré, Jadwiga: W obozie Lamsdorf. Przegląd Lekarski 1 (1971), 117; Iwankiewicz, Stanisław: Polski szpital wojskowy w Zeithain. Wrocław 2006, 12; Lusek, Joanna: Kpt. dr Jadwiga Klemensiewicz-Beaupré – bohaterka zwyczajnej codzienności. In: Stanek, Piotr: Szkice z dziejów obozów w Lamsdorf/Łambinowicach. Historia i współczesność, H. 5. Opole 2013, 36–38. Por. Klasicka, Małgorzata: Kobiety – powstańcy warszawscy w niewoli niemieckiej (1944–1945). Opole 2008.
32 Sawczuk; Senft: Obozy jenieckie (2006), 252; Tomczyk, Dariusz: Zdobycie Stalagu 344 Lamsdorf – aspekty militarne (na tle działań w ramach operacji wiślańsko-odrzańskiej i opolskiej). In: Łambinowicki Rocznik Muzealny 16 (1993), 43, 53.
33 Sawczuk; Senft: Obozy jenieckie (2006), 254–256.

Kirsten Brukamp

Bilder als Sprache des Gehirns lesen? Kommunikation mittels funktioneller Gehirnbildgebung

Czytanie obrazów jako języka mózgu? Funkcjonalne tworzenie obrazów w mózgu jako środek komunikacji

Zusammenfassung

Ergebnisse der Gehirnforschung mittels funktioneller Methoden werden in der Regel auch durch Visualisierungen repräsentiert. Diese treten oft als Populärdarstellungen in den Medien auf, und durch die Bildhaftigkeit wird Evidenz und Eindeutigkeit suggeriert. Historisch ist die tatsächliche Zunahme der Bilder in der Gehirnforschung durch die Verschiebung des Technikeinsatzes zu erklären, da die Elektroenzephalographie als traditionell bildloses Verfahren immer mehr durch funktionelle Magnetresonanztomographie ersetzt wurde, wobei letztere ja auf dem strukturellen Bildgebungsverfahren beruht.

In jedem Fall sind die Bilder hochgradig konstruiert und bearbeitet, weil sie auf komplexe computationale Verarbeitungsschritte zurückgehen. Somit ist zusätzlich ein verbal-sprachliches, erklärendes, argumentatives Moment erforderlich, um die Gehirnbilder richtig einordnen zu können. Dieser Aspekt kann durch die Suggestionskraft von Bildern, im Vergleich zu Worten als Verständigungsmittel, leicht aus dem Blick geraten, so dass der historische Fortschritt in Methoden der Gehirnforschung zu einer neuen Herausforderung in der Wissenskommunikation führt.

Unter anderem ergeben sich im Spannungsverhältnis von Sprache und Neurowissenschaft die folgenden Fragen: Welchen Argumentations- und Evidenzstatus besitzen Gehirnbilder im Vergleich zu verbalen oder technischen Informationen aus der Neurowissenschaft? Wie kann die Konstruiertheit von Gehirnbildern und wissenschaftlichen Untersuchungssituationen angemessen kommuniziert werden? Sind Kommunikationsversuche mittels mentaler Vorstellungen und funktioneller Magnetresonanztomographie bei schwer körperlich behinderten Patienten reliabel und valide?

Streszczenie

Wyniki badań nad mózgiem za pomocą metod funkcjonalnych są reprezentowane z reguły też przez wizualizacje. Występują one często w postaci popularnych przedstawień w mediach, a poprzez obrazowość sugeruje się oczywistość i jednoznaczność. Faktyczny wzrost ilości obrazów w badaniach nad mózgiem można wyjaśnić historycznie przesunięciem spowodowanym zastosowaniem techniki, ponieważ elektroencefalografia jako tradycyjnie procedura bezobrazowa coraz bardziej jest zastępowana przez funkcjonalną tomografię rezonansu magnetycznego, a ta ostatnia polega na strukturalnej procedurze tworzenia obrazu.

W każdym razie obrazy są w wysokim stopniu skonstruowane i opracowane, ponieważ zostały utworzone na wskutek wielu złożonych komputerowych działań. Tym samym potrzebny jest dodatkowy werbalno-językowy, wyjaśniający, argumentujący element, aby móc dobrze przyporządkować obrazy mózgu. Ten aspekt można stracić z oczu, bo siła sugestii obrazów jako środka komunikacji jest silniejsza niż słów, więc postęp historyczny w wykorzystaniu metod badań nad mózgiem staje się nowym wyzwaniem w komunikowaniu tej wiedzy.

Z połączenia języka i neurologii wynikają między innymi następujące pytania: jaki status argumentacyjny i dowodowy posiadają obrazy powstające w mózgu w porównaniu do informacji ustnych i technicznych z neurologii? Jak można odpowiednio komunikować konstruowanie obrazów w mózgu i naukowe eksperymenty badawcze? Czy próby komunikowania za pomocą mentalnych wyobrażeń i funkcjonalnej tomografii rezonansu magnetycznego są pewne i prawdziwe?

Überblick

Bilder im Gehirn und Bilder vom Gehirn wirken faszinierend. Durch sie wird kommuniziert, über sie werden Informationen weitergegeben, und somit nehmen Bilder den Charakter einer Sprache an, übernehmen die Funktionen letzterer. Hier sollen zwei Aspekte des Verhältnisses zwischen Gehirn und Bildern näher untersucht werden: der Umgang mit neurowissenschaftlicher funktioneller Gehirnbildgebung und die Bedeutung von Kommunikation mit schwer körperlich eingeschränkten Patienten. Bei der funktionellen Magnetresonanztomographie (MRT) als weit verbreiteter und in den Medien prominenter Form der funktionellen Gehirnbildgebung werden Bilder erzeugt und konstruiert, die einen komplexen Informationsgehalt besitzen und in denen daher diverse visuelle und statistische Argumente identifiziert werden können. Eine Auswahl mentaler Vorstellungen ist mittels funktioneller Magnetresonanztomographie beim Menschen unterscheidbar und kann daher für eine motorunabhängige Kommunikation genutzt werden. Davon profitieren schwer körperlich eingeschränkte Patienten, weil sie die verschiedenen mentalen Vorstellungen dazu nutzen können, Buchstaben und Wörter zu formen, ohne auf verbale oder klassische nonverbale Methoden zurückgreifen zu müssen.

Gehirnbilder als Sprache?

Mit einem Einblick in den derzeitigen Stand der Neurowissenschaften kann in Bezug auf das Thema Medizin und Sprache thematisiert werden, inwiefern Gehirnaktivitäten in der neurowissenschaftlichen Forschung mittels Bildern dargestellt werden und wie Menschen daher durch ihre Gehirnaktivitäten Informationen mitteilen und damit kommunizieren können. Gehirnbilder nehmen den Charakter einer Sprache an: Bilder vom Gehirn werden erzeugt und fungieren als Kommunikationsmittel. Als Kontrast existieren auch hier nicht angesprochene Aspekte des Verhältnisses von Gehirn und Bild, die nicht primär mit dem Aspekt der Sprache verknüpft sind, zum Beispiel das neuroanatomische und neurophysiologische Wissen über die visuelle Verarbeitung der Sinneswahrnehmung im Großhirn oder die visuell orientierte Neuroästhetik.[1]

Die neurowissenschaftliche Forschung resultiert in komplex konstruierten, aber auf den ersten Blick vermeintlich einfachen Bildern des Gehirns. Gehirnsignale, die als Bilder visualisiert werden können, sind als Kommunikationsmittel einsetzbar. Unter anderem ergeben sich im Spannungsverhältnis von Sprache und Neurowissenschaft die folgenden Fragen: Wie kann die Konstruiertheit von Gehirnbildern und wissenschaftlichen

---

[1] Dresler, Martin (Hrsg.): Neuroästhetik. Kunst – Gehirn – Wissenschaft. Leipzig 2009.

Untersuchungssituationen angemessen transparent gemacht werden? Wie gelingen Kommunikationsversuche von körperlich stark eingeschränkten Patienten mittels mentaler Vorstellungen und funktioneller Magnetresonanztomographie?

Aus einer Perspektive der Geistes- und Sozialwissenschaften soll gefragt werden: Welchen Stellenwert haben die Bilder, die in den Neurowissenschaften generiert werden? Welchen Argumentations- und Evidenzstatus besitzen Gehirnbilder im Vergleich zu verbalen oder technischen Informationen aus der Neurowissenschaft? Können Gehirnbilder als eine Form von Evidenz oder von Beweis betrachtet werden? Können sie als Argumente dienen?

Historische Traditionen von Gehirnbildern

Bilder sind ein entscheidendes Forschungsgebiet in der Medizingeschichte, insbesondere im Hinblick auf die Wissensdokumentation und Wissenstradierung in der Anatomie.[2] Dabei waren die Zeichnungen der Anatomen keinesfalls exakte, fotografische Abbildungen. Neben technisch bedingten Anpassungen standen auch künstlerische und didaktische Faktoren im Vordergrund. Allerdings kann unter der Perspektive der Identifikation von Bildfunktionen der Kunststatus ausgeblendet werden.[3]

Die Zuschreibung von Funktionen geht über die rein strukturell und deskriptiv orientierte Anatomie hinaus und ist nur eingeschränkt durch rein bildliche Darstellung vermittelbar. Deshalb kann von eigentlich unterschiedlichen, aber eben oft auch parallelen Entwicklungen der morphologischen versus funktionalen Visualisierungen des Gehirns gesprochen werden.[4] Ein Spiegel dieser funktionellen Orientierung ist die historische Betrachtung des Gehirns als Seelenorgan im 17. und 18. Jahrhundert,[5] also

---

2 Larink, Wibke: Bilder vom Gehirn: Bildwissenschaftliche Zugänge zum Gehirn als Seelenorgan. Berlin 2011.
3 Larink: Bilder vom Gehirn (2011) [wie Fn. 2].
4 Hagner, Michael: Der Geist bei der Arbeit: historische Untersuchungen zur Hirnforschung. Göttingen 2006.
5 Hagner, Michael: Homo cerebralis – der Wandel vom Seelenorgan zum Gehirn. Berlin 1997.

als eines Organs, das die Verbindung zwischen Seele, Geist und Körper darstellte, wobei aber der Körper gegenüber Seele und Geist nachrangig war. Erst moderner gesprochen ermöglicht das Gehirn die Tätigkeit der Seele, ist für Wahrnehmungen und Gefühle zuständig und stellt den materialen Träger mentaler Prozesse dar.

Relativ spezifische Zuordnungen zwischen Morphologie und Funktion wurden bereits durch den Arzt Franz Joseph Gall (1758–1828) im Rahmen einer Phrenologie durch Beziehungen zwischen Schädel, Gehirn, Charakter und Kognitionen hergestellt. Gall folgte dabei der Hypothese, dass die Seelentätigkeit das Gehirn und damit auch den Schädel formte, und er zerlegte die Seelentätigkeit in verschiedene Teile, denen er lokalisierbare Instanzen im Gehirn zuschrieb.[6] Das klinische, patientenbezogene, neurologische Wissen ohne spezielle bildliche Darstellungsmöglichkeit, die über die Anatomie hinausging, wuchs offensichtlich erst später im Detail, zum Beispiel durch die Beschreibung einer Kasuistik der motorischen Aphasie durch den französischen Arzt Pierre Paul Broca (1824–1880) und die Entdeckung der sensorischen Aphasie durch den deutschen Psychiater Carl Wernicke (1848–1905) im Jahr 1874.

Erst in der zweiten Hälfte des 20. Jahrhunderts war es dann als nächster qualitativer, folgerichtiger Schritt möglich, Einsicht in das tätige Gehirn des lebenden Organismus zu nehmen. Die Elektroenzephalographie (EEG) produziert eigentlich elektrische Messdaten, doch diese können in Bezug auf die Gehirnlokalisation visualisiert werden. Die bekanntesten Messverfahren mit primär visuell dargestellten Messwerten sind heutzutage die kraniale Computertomographie (CCT), die Magnetresonanztomographie (MRT) und die Positronenemissionstomographie (PET).

Komplexe Konstruktion von Gehirnbildern

Ergebnisse der Gehirnforschung mittels funktioneller Methoden werden in der Regel durch Visualisierungen repräsentiert. Diese treten oft als Populärdarstellungen in den Medien auf, und durch die Bildhaftigkeit wird Evidenz und Eindeutigkeit suggeriert. Historisch ist die tatsächliche Zunahme der Bilder in der Gehirnforschung durch die Verschiebung des Technikeinsatzes

---

6 Larink: Bilder vom Gehirn (2011) [wie Fn. 2].

zu erklären, da die Elektroenzephalographie als traditionell bildloses Verfahren immer mehr durch die funktionelle Magnetresonanztomographie ersetzt wurde, wobei letztere ja auf dem gleichnamigen strukturellen Bildgebungsverfahren beruht.

Die Bilder der funktionellen Magnetresonanztomographie sind in jedem Fall hochgradig konstruiert und bearbeitet, weil sie auf komplexe computationale Verarbeitungsschritte zurückgehen. Bilder vom Gehirn entstehen durch komplizierte Berechnungsprozesse und statistische Bewertungen.[7] Diese Informationen müssen durch Legenden und Erläuterungen außerhalb der Abbildungen transparent gemacht werden.

Gehirnbilder können als Evidenz, als Beweise und als Bestandteile wissenschaftlicher Argumente dienen, wenn sie in einen verbalisierten Begründungszusammenhang gestellt werden. Somit ist zusätzlich ein verbal-sprachliches, erklärendes, argumentatives Moment erforderlich, um die Gehirnbilder in der Bewertung richtig einordnen zu können. Dieser Aspekt kann durch die im Vergleich zu Wörtern größere Suggestionskraft von Bildern leicht aus dem Blick geraten, sodass der historische Fortschritt in Methoden der Gehirnforschung zu einer neuen Herausforderung in der Wissenskommunikation führt.

Bilder als Argumente

Bilder sind als visuelle Argumente betrachtet worden.[8] Bilder besitzen eine außerordentlich hohe Überzeugungskraft im Alltag: Was Menschen sehen, halten sie auch für die Realität. Bilder werden als „wahr" betrachtet, in dem Sinne, dass sie die Wirklichkeit repräsentieren oder darstellen. Jedoch trifft dieses zunehmend seltener zu, weil Bildbearbeitungen und Bildmanipulationen in den letzten Jahren und Jahrzehnten immer effektiver geworden sind.

---

7 Brukamp, Kirsten: Scientific images from functional brain imaging in contemporary neuroscience – complex and problematic processing procedures. In: Fangerau, Heiner; Chhem, Rethy K.; Müller, Irmgard; Wang, Shih-Chang (eds.): Medical imaging and philosophy. Challenges, reflections and actions. Stuttgart 2012, 75–82.

8 Mersch, Dieter: Visual arguments: the role of images in sciences and mathematics. In: Hüppauf, Bernd; Weingart, Peter (eds.): Science images and popular images of the sciences. New York 2008, 181–198.

In den Wissenschaften werden Bilder eingesetzt, um Fakten zu zeigen und damit zu überzeugen. Die Abbildungen sollen dabei in der Regel einer von zwei Funktionen dienen: Beweis oder Arrangement.[9] In der Beweisfunktion gibt eine Abbildung einen Inhalt wieder, der in einem Messprozess gefunden wurde und die Wirklichkeit direkt repräsentieren soll, wie bei einer Fotografie. In der Arrangementfunktion zeigt eine Abbildung konstruierte Darstellungen, mit denen Wissenschaftler ihr Wissen kommunizieren möchten.

In Anbetracht dieser Funktionen von Bildern in den Wissenschaften sollten die unterschiedlichen Anteile von Beweis und Arrangement in Bildern berücksichtigt werden. Häufig sind die als Beweis verstandenen Gehirnbilder als Endprodukte beispielsweise einer magnetresonanztomographischen Untersuchung schon selbst das Ergebnis komplexer computationaler Berechnungsschritte. Zusätzlich werden im Rahmen eines Arrangements Farbkodierungen in sie eingefügt, um lokal über weitere computationale Berechnungsschritte bezüglich statistischer Einschätzungen zu informieren.

Die Unterscheidung zwischen Beweis und Arrangement kann dazu dienen, sich auf die jeweils zugrundeliegenden Erstellungs- und Bearbeitungsschritte der Bilder zu beziehen und sie gegebenenfalls in Frage zu stellen. Insofern können bei den Gehirnbildern der funktionellen Magnetresonanztomographie mehrere verschiedene visuelle und statistische Argumente identifiziert werden, die sich jeweils einzeln diskutieren und eventuell verwerfen lassen. Was auf den ersten Blick also als einzelnes, homogenes Bild erscheint, stellt sich bei genauerer Reflexion als komplexe Konstruktion mit diversen, kompatiblen Zielsetzungen heraus.

Kommunikation mittels Gehirnbildern

Im Folgenden werden zwei Beispiele aus den Neurowissenschaften skizziert, in denen wahrgenommene oder vorgestellte Bilder eine Rolle spielen und Gehirnaktivitäten durch Bilder dargestellt werden.

Ausgewählte mentale Vorstellungen können heutzutage unter kontrollierten Experimentalbedingungen mittels funktioneller Magnetresonanztomographie identifiziert werden.[10] Die Grundlage dieses Verfahrens ist die

---

9   Mersch: Visual arguments (2008) [wie Fn. 8].
10 Brukamp, Kirsten: Gedanken lesen? Ethische und rechtliche Herausforde-

spezifische, an einer vermehrten Durchblutung abgelesene Aktivierung von Gehirnarealen, die durch die funktionelle Magnetresonanztomographie unterschieden werden kann. Beispiele für detektierbare Vorstellungen sind solche der motorischen Tätigkeit, der räumlichen Navigation, des Sprechens und des Zählens.

Diese Methode der Zuordnung von funktionellen Gehirnbildern kann dazu eingesetzt werden, um Antworten zu kodieren. Unter anderem ist es möglich, mit unterschiedlichen Vorstellungen und verschiedenen Zeitdauern davon Buchstaben zu übermitteln und damit Wörter zu bilden.[11] Ein solches Vorgehen wurde in Studien mit körperlich stark eingeschränkten Patienten im Locked-in-Syndrom sowie in sogenannten Wachkoma- und minimal-bewussten Zuständen genutzt.[12]

Mittels funktioneller Magnetresonanztomographie wird in der neurowissenschaftlichen Forschung das Ziel verfolgt, visuelle Wahrnehmung aus dem Großhirnteil, der primär für das Sehen zuständig ist, zu rekonstruieren.[13] Dabei sollen die Aktivierungen dahingehend ausgewertet werden, durch computationale Analyse wieder das tatsächliche Bild zu erzeugen, welches der Mensch gesehen hatte. Bisher können allerdings die Seheindrücke nur durch den Vergleich mit Naturbildern angenähert werden.

Bewertung von Kommunikation mittels Gehirnbildern

Gehirnaktivitäten können als Bilder visualisiert werden und dazu dienen, mit anderen Menschen zu kommunizieren. Insofern stellen sie eine große Hilfe für schwer körperlich eingeschränkte Patienten dar. Die neurowissenschaftliche Forschung hat das Potential, die Kommunikation zwischen

---

rungen durch das direkte Auswerten von Gehirnaktivitäten in der Neurowissenschaft. In: Beck, Susanne (Hrsg.): Gehört mein Körper noch mir? (Straf-) Gesetzgebung zur Verfügungsbefugnis über den eigenen Körper in den Lebenswissenschaften. Baden-Baden 2012, 403–418.

11 Sorger, Bettina; Reithler, Joel; Dahmen, Brigitte; Goebel, Rainer: A real-time fMRI-based spelling device immediately enabling robust motor-independent communication. Current Biology 22 (2012), 1333–1338.

12 Brukamp, Kirsten: Motorunabhängige Kommunikation durch körperlich hochgradig eingeschränkte Patienten. Neurowissenschaftliche Grundlagen und Patientenautonomie. Nervenarzt 84 (2013): 1190–1195.

13 Brukamp: Gedanken lesen? (2012) [wie Fn. 10].

bzw. von Menschen, insbesondere Patienten, allein aufgrund der Analyse von Gehirnaktivitäten zu verbessern.

Welche Vorteile und Nachteile kann die Möglichkeit, mentale Vorstellungen und Wahrnehmungseindrücke direkt aus Gehirnbildern zu identifizieren, mit sich bringen?[14] Im Rahmen einer motorunabhängigen Kommunikation könnten körperlich stark eingeschränkte Patienten wieder mit anderen Menschen in Kontakt treten, ohne von verbaler Sprache und klassischen nonverbalen Zeichen abhängig zu sein. Des Weiteren könnten sie technische Hilfsmittel wie Rollstühle mittels mentaler Vorstellungen steuern. Nachteile ergeben sich vor allem aus der vorstellbaren Weiterentwicklung dieser Technik mit einer Identifikationsmöglichkeit für beliebige mentale Vorstellungen im Sinne eines Gedankenlesens.

Ausblick

Die erläuterten Forschungsergebnisse aus den Neurowissenschaften können Anlass zu Spekulationen geben. Mit ihnen ist die Hoffnung verbunden, dass Menschen bald mittels Gehirnbildern miteinander kommunizieren können, weil ihre Gehirnaktivitäten gemessen und in eine andere Sprache übersetzt werden. Somit könnte die Sprachverwirrung nach dem mythischen Turmbau zu Babel mithilfe von Bildern als einer besonderen Form der Kommunikation überwunden werden.

---

14 Brukamp: Gedanken lesen? (2012) [wie Fn. 10].

Magdalene Schymanietz

Die Bedeutung von Sprache in der Migration von Ärzten aus Polen nach Deutschland

Znaczenie języka w migracji lekarzy z Polski do Niemiec

Zusammenfassung

Die Sprache spielt in Migrationsprozessen eine zentrale Rolle. Die Überschreitung der Landesgrenzen beinhaltet auch das Aufbrechen von Sprachbarrieren, die Identität der migrierenden Personen wird durch ihre Mehrsprachigkeit geprägt und verändert. Mangelnde Kenntnis der Sprache von immigrierten Akademikern führt häufig zu der Konsequenz, dass sich diese im Zielland nicht gut integrieren können. Andererseits können gute Sprachkenntnisse zu einer deutlichen Verbesserung der Lebensbedingungen am Zielort führen. Bei der Untersuchung von Migrationsvorgängen von polnischen Ärzten, welche in den Jahren 1970–2004 aus Polen nach Deutschland emigriert sind, wurde der Zusammenhang zwischen Sprachkenntnissen und Integration dieser Berufsgruppe untersucht. Durch eine große Spannweite der jeweiligen sprachlichen Fähigkeiten und anderer damit in Zusammenhang stehender Faktoren bei der Einreise nach Deutschland, war der Einstieg in das berufliche Leben für die untersuchten Ärzte sehr unterschiedlich.

Streszczenie

Język odgrywa w procesach migracyjnych główną rolę. Przekroczenie granic kraju zawiera też przekraczanie barier językowych, wielojęzyczność wpływa na tożsamość osób migrujących, zmienia ją. Braki w znajomości języka migrujących osób z wyższym wykształceniem prowadzą często to sytuacji, w której nie mogą się dobrze zintegrować w kraju osiedlenia. Z drugiej strony dobra znajomość języka może prowadzić do wyraźnego polepszenia warunków życia w wybranym przez siebie miejscu. Badając procesy migracyjne polskich lekarzy, którzy wyemigrowali z Polski do Niemiec w latach 1970–2004, został zbadany związek między znajomością języka i integracją tej grupy zawodowej. Poprzez dużą rozpiętość poszczególnych zdolności językowych i innych czynników, które są z nimi związane przy przesiedlaniu się do Niemiec, rozpoczęcie życia zawodowego badanych lekarzy było bardzo różne.

Sprache hat eine zentrale Bedeutung in der Migration und Integration. Die hier vorgestellte Untersuchung der Bedeutung von Sprache in Migrationsvorgängen von Ärzten aus Polen nach Deutschland wurde auf den Zeitraum zwischen 1970 und 2004 eingegrenzt. Diese zeitliche Eingrenzung hat historische Hintergründe. Vor 1970 stellte der „eiserne Vorhang" eine unüberwindbare Grenze dar. Er wurde in der zweiten Hälfte des 20. Jahrhunderts als ein neues, bisher noch nicht dagewesenes, Phänomen empfunden und erfahren. Obwohl dieser „eiserne Vorhang" nicht an der deutsch-polnischen Grenze verlief, gehörte er trotzdem zur deutsch-polnischen Grenzerfahrung des 20. Jahrhunderts. Ende 1970 markieren Willy Brandts (1913–1992) Kniefall von Warschau und die ersten weit verbreiteten Protestdemonstrationen im Norden Polens, welche später zur Gründung der Solidarnosc als Opposition zum Kommunismus führten, die politische Wende und die Öffnung Polens. 2004 wurde Polen in die EU aufgenommen. Lange Zeit wurde Einsprachigkeit als Normalfall angesehen, Zwei- oder Mehrsprachigkeit als Sonderfall. Angesichts weltweiter Emigration und Globalisierung wird Mehrsprachigkeit immer mehr als Alltagsrealität wahrgenommen.

In der Migration ist Sprache ein wichtiger Parameter, denn oft ist der Ortswechsel auch mit einem „Sprachwechsel" verbunden. Die Sprache spielt in Migrationsprozessen eine zentrale Rolle und doch ist die Beherrschung der Sprache nur ein Kapitel bei der Komplexität der Emigration. Die Überschreitung der Landesgrenzen beinhaltet das Aufbrechen von Sprachbarrieren, die Grenze markiert auch den sprachlichen Übergang. Die Identität der migrierenden Personen wird durch ihre Mehrsprachigkeit geprägt und verändert. Grenzen sind nicht nur ein rechtlich-politisches, sondern auch ein mentales Phänomen, das erheblichen Einfluss auf die Identitätsverhalten von Gruppen ausübt.[1]

---

1 Hahn, Hans Henning: Grenze und nationale Identität. Ein polnisch-deutsch-europäisches Essay. In: Instytut Studiów Politycznych PAN (Hrsg.): *Polska – Niemcy – Europa*. Warszawa 2000, 201–213, hier: S. 202.

Die Migration stellt für die Migranten ein Überwinden von Grenzen dar, wobei die Überwindung der Sprachbarrieren die schwierigste und langwierigste Barriere darstellt, da es kaum möglich ist in einer Fremdsprache das Niveau einer Muttersprache zu erreichen. Der Erwerb einer Fremdsprache ist vieldimensional und kompliziert. Dass Nationen indes Konstruktionen sind, ist heutzutage eine gesicherte Erkenntnis der Geschichtswissenschaft. Für die Menschen im 19. Jahrhundert besaß die Nation allerdings nichts Gekünsteltes, im Gegenteil, sie war aus Sicht der Zeitgenossen nicht nur oberster Wert, sondern auch Zielpunkt der Geschichte.[2]

Die Deutsche und die polnische Sprache haben gleiche Wurzeln und gehören zur Gruppe der indogermanischen Sprachen.[3] Das aus dem Slawischen entlehnte Wort „Grenze" (Graniza) wurde vor allem durch Martin Luthers Schriften bekannt und bis ins 19. Jahrhundert bevorzugt, jedoch nur im räumlichen Sinne zur Kennzeichnung von Landesgrenzen verwendet. Erst später bezeichnet das Wort „Grenze" auch zeitliche Abschnitte und unterschiedliche sachliche Bereiche.[4] Die Bedeutung der Grenze für die Sprache beschreibt der Wiener Philosoph L. Wittgenstein (1988–1951) so: „Grenzen meiner Sprache bedeuteten Grenzen meiner Welt."[5]

Die Funktion der Sprache beschränkt sich jedoch nicht darauf, Kommunikationsmittel zu sein, sie erfüllt auch die Funktion der Zugehörigkeit zu einer bestimmten Gruppe. Sie ist der Ausdruck der Solidarität mit denjenigen, die als Mitglieder derselben Gemeinschaft erkannt werden. Denn ein Land kann man verlassen, mit dem Volk die Beziehungen abbrechen, aber die Sprache ist so sehr Teil unserer Existenz, dass es hier keine Trennung geben kann.[6]

---

2 Wehler, Hans-Ulrich: Der Nationalstaat entsteht. Gegen die Dynastien. Spiegel Special Geschichte 1 (2007), 97–106.
3 Großgebauer, Klaus: Medizinische Fachsprache: etymologisch-erklärende Einführung, München 1988.
4 Funk, Rainer: Der entgrenzte Mensch: Warum ein Leben ohne Grenzen nicht frei, sondern abhängig macht. München 2011, S. 36.
5 Jäger, Siegfried: Gesellschaftsveränderung über die Sprache. In: Ammon, Ulrich; Dittmar, Norbert; Mattheier, Klaus J. (Hrsg.): Sociolinguistics/Soziolinguistik. Ein internationales Handbuch zur Wissenschaft von Sprache und Gesellschaft. 2. Halbband. Berlin u. a. 1988, 1789–1796, hier: S. 1791.
6 Schoen, Ulrich: Bi-Identität: Zweisprachigkeit, Bi-Religiosität, doppelte Staatsbürgerschaft. Zürich u. a. 1996, S. 129.

Mit der Verwendung von Sprache durch die Mitglieder einer Sprachgemeinschaft werden Sprachbarrieren gegenüber fremden Gemeinschaften ausgebaut. Die Sprache verrät sehr schnell, wie sehr jemand dazugehört.[7] Schon in der Bibel finden wir starke Beispiele für Sprachverwirrung, wie die Erzählung des Turmbaus zu Babel. Hier strafte Gott subtil, er schickte keine Sintflut, sondern schuf die babylonische Sprachverwirrung.

Wenn nun aus Unlust an der Vielzahl von Sprachen der Plan auftaucht, an die Stelle dieser vielen Sprachen eine einzige zu setzen, eine „lingua universalis" oder Weltsprache, so ist sie wiederum eine bestimmte Sprache und eine konstruierte, die sich stets auf die natürlichen Sprachen stützt. Wie das geschieht, ist an Konstruktion wie Volapik oder Esperanto abzulesen. Der sie spricht, ist von vornherein auf diese Gemeinsamkeit angewiesen. Ob er will oder nicht, er muss die Sprache als etwas Gemeinsames annehmen, über das der Einzelne von sich aus nicht verfügen kann. Darauf zielt das „Caesar non supra grammaticos" ab. Auch der Kaiser Roms verfügt von sich aus nicht über die Sprache. Dass über die Sprache nicht verfügt werden kann, heißt zugleich, dass sie nicht als Instrument begriffen werden kann.[8]

Dennoch gibt es Landesgrenzen übergreifende Sprachen, nämlich die der Wissenschaft. Wissenschaft ist ohne Sprache, Sprache nicht ohne Wissenschaft denkbar. Wissenschaftliche Sprachen sind aber ganz eigene, dazu gehört auch die Medizinische Sprache. Die Sprache übergreift als Universalie jeden wissenschaftlichen und technischen Bereich, so ist sie auch in der Emigrationsforschung unverzichtbar.

Medizin ist eine Profession mit hoher Wissensautonomie und Fachsprache.[9] Doch eine Fachsprache wird eben auch nur von Fachleuten gesprochen, Fachsprache kann aber immer nur in das kommunikative System der natürlichen Sprache eingebettet funktionieren, was dazu führt, dass, zum Beispiel im Falle des Arztes, bei der Behandlung von Patienten die

---

7   Gugenberger, Eva: Identitäts- und Sprachkonflikt in einer pluriethnischen Gesellschaft: eine soziolinguistische Studie über Quechua-Sprecher und -Sprecherinnen in Peru. Wien 1995, S. 79.
8   Jünger, Friedrich Georg: Sprache und Kalkül. In: Bayerische Akademie der schönen Künste (Hrsg): Die Künste im technischen Zeitalter. München 1954, 130–134.
9   Busch, Albert: Laienkommunikation: Vertikalitätsuntersuchungen zu medizinischen Experten-Laien-Kommunikationen. Frankfurt a. M. 1994, S. 39.

Fachsprache alleine nicht genügt. Es zeigt sich, dass Fachsprache immer nur einen Teil der zwischenmenschlichen Kommunikation abdecken kann, eben nur den Fachlichen. Das führt zwangsläufig dazu, dass auch die Gruppe der Ärzte mit Problemen kämpft, welche sich vielfach aus mangelnden Sprachkenntnissen entwickeln.

In der Migrationsforschung gehören Ärzte zur Gruppe der sogenannten hochqualifizierten Migranten. Migrationsvorgänge in Bezug auf hochqualifizierte Fachkräfte bezeichnet man als Brain Drain. Ärzte spielten in der Migrationsforschung bisher eine untergeordnete Rolle. Dies liegt daran, dass die Migrationsforschung als eine Subdisziplin primär an Defizitperspektiven und Problemfällen interessiert ist.

Die dominierende Forschungsparadigmen in der Migrationsforschung sind Integration und soziale Ungleichheiten, die für Forschung über Hochqualifizierte wenig relevant sind, da Hochqualifizierte meist über mehr und nicht über weniger Ressourcen, als die einheimische Bevölkerung verfügen. Insofern erschien es im Bereich der Hochqualifizierten wenig lohnenswert, dem Mainstream der Migrationsforschung zu Folgen und Integrationsprozesse und Integrationsbedingungen dieser Gruppe von Migranten zu untersuchen. Sinnvoller erscheint es stattdessen, die strukturellen Implikationen dieser Mobilitätsform zum Thema zu machen.[10] Deshalb wird nun auch kleineren Gruppen mehr Aufmerksamkeit geschenkt. Die Gruppe der Ärzte rückt mehr in den Fokus.

Mit dem Verlassen der Sprachgemeinschaft geben die Migranten nicht nur ihre bisherige kommunikative Sicherheit auf, die sie durch die sprachliche Sozialisation erworben haben, sie verlieren zudem ihre unmittelbare Teilhabe an der historisch gewachsenen und sich weiter dynamisch entwickelnden Wissens- und Erfahrungsgemeinschaft, an der sie bisher Anteil hatten. Der alltägliche kommunikative Austauschprozess im Herkunftskontext wird somit unterbrochen. Der dadurch entstandene

---

10 Kolb, Holger: Internationale Mobilität von Hochqualifizierten: (k)ein Thema für die Migrationsforschung. In: Swiaczny, Frank; Haug, Sonja (Hrsg.): Neue Zuwanderergruppen in Deutschland: Vorträge der 7. Tagung des Arbeitskreises Migration – Integration – Minderheiten der Deutschen Gesellschaft für Demographie (DGD) in Zusammenarbeit mit dem Soziologischen Institut der Universität Erlangen in Erlangen am 25. November 2005. Wiesbaden 2006, 159–174, hier: S. 159.

Bruch bedeutet eine kommunikative Isolation, die zunehmend von Herkunftskontext entfremdet. Es entsteht eine generelle psychosoziale Instabilität, die in der Anfangsphase der Migration eintritt. Diese Instabilität ist eine zwangsläufige Folge der Migration, die unter anderem durch Verlassen der zugehörigen Sprachgemeinschaft verursacht wird.[11]

Wenn die Sprache also so große Bedeutung hat, stellt sich die Frage, wie die Ärzte mit so unterschiedlicher Sprachkompetenz ihr berufliches und privates Leben gestaltet haben. Antworten kann nur eine Untersuchung der Sprache der Ärzte geben. Die Untersuchung der Sprache bereitet aber Schwierigkeiten, da sie kompliziert ist. Auf Sprache nehmen verschiedene Faktoren Einfluss, die man bei der Untersuchung der Sprache berücksichtigen kann: Kultur, Religion, Soziologie, Politik, sowie verschiedene individuelle Faktoren, angeborene oder erworbene.

Die Migration ist eine starke Quelle sprachlicher Dynamik; sie muss zu den konstanten Parametern der Varietätenlinguistik und des Sprachwandels gezählt werden. Während nun die sprachlichen Auswirkungen seit langem bekannt sind und vor allem in der historischen Sprachwissenschaft auch erfasst wurden, hat sich bislang noch keine Migrationslingustik konstituiert.[12]

Bei der Untersuchung der Sprache in der Migration kann die Einteilung in folgende Faktoren hilfreich sein:

1. Makrofaktoren (auf gesellschaftlich-politischen Ebenen)
2. Mesofaktoren (auf familiären Ebenen, bei Ärzte-Emigranten z. B. Sprache zu Hause, Nachbarschaft, Arbeitsplatz, Gemeinschaft)
3. Mikrofaktoren (auf Mikroeben, das sind einzelnen Individuen (z. B. bei Ärzte–Migranten) die Untersuchung von Sprache der Einzelnen)

Hier soll der Fokus auf die sognannten Meso-und Mikrofaktoren gerichtet werden.[13]

---

11 Han, Petrus: Soziologie der Migration: Erklärungsmodelle, Fakten, politische Konsequenzen, Perspektiven. 2. Aufl. Stuttgart 2005, S. 220.
12 Krefeld, Thomas: Einführung in die Migrationslinguistik: von der Germania italiana in die Romania multipla. Tübingen 2004, S. 147.
13 Brizic, Katharina: Das geheime Leben der Sprache: gesprochene und verschwiegene Sprachen und ihr Einfluss auf den Spracherwerb in der Migration. Münster u. a. 2007, S. 51.

Menschen polnischer Abstammung leben heute insbesondere in den folgenden Ballungsgebieten:[14]

- Ruhrgebiet (700.000 Einwohner)
- Berlin (180.000 EW)
- Hamburg (110.000 EW)
- München (60.000 EW)
- Köln (50.000 EW)

Das Ruhrgebiet in Nordrhein Westfalen ist das größte Einwanderungsgebiet, in dem schätzungsweise bis zu 5.000 „polnischstämmige" Ärzte leben. Doch nur etwa 700 polnisch sprechende Ärzte können bei der Internetsuche in Deutschland gefunden werden. Bei der Untersuchung von Migrationsvorgängen von polnischen Ärzten, welche in den Jahren 1970–2004 aus Polen nach Deutschland emigriert sind, wurde der Zusammenhang zwischen Herkunft, Alter, Sprachkenntnissen, Integration und anderen Parametern dieser Berufsgruppe untersucht. Der Zustrom der polnischen Ärzte nach Deutschland kann grafisch dargestellt den Verlauf gut verdeutlichen.

Abb. 1: Ausreise polnischer Ärzte aus Polen nach Deutschland von 1971–2003

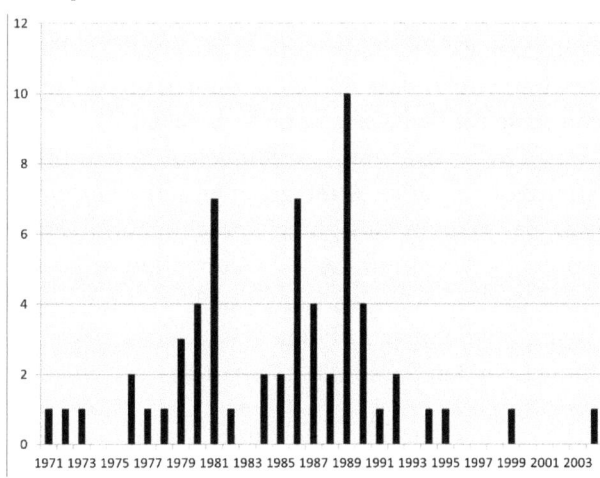

---

14 Die folgenden Zahlenangaben nach http://de.wikipedia.org/wiki/Polen_in_Deutschland – letzter Zugriff: 08.05.2014.

Die größte Gruppe innerhalb der heutigen „Polnischsprachigen" ließ sich zwischen 1980 und 1990 in Deutschland nieder. Dies spiegelt sich auch in der Gruppe der untersuchten Ärzte wider.

Abb. 2: Deutschkenntnisse der polnischen Ärzte bei der Ankunft nach Deutschland

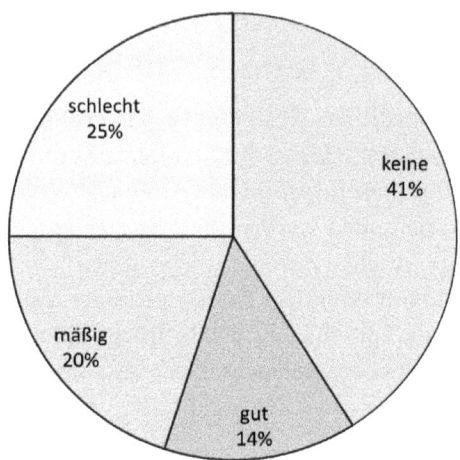

Bei der Befragung polnischer Ärzte wurde bei der Standardbefragung mittels Fragebogen festgestellt, dass 86 % der immigrierten Ärzte keine oder nur Grundkenntnisse der deutschen Sprache besaßen.

Es wurde festgestellt, dass die Verteilung von guten bis zu schlechten Sprachkenntnissen in allen Altersgruppen ungefähr gleich war. Die Altersverteilung der Gruppe mit guten Sprachkenntnissen unterschied sich kaum von der Altersverteilung der Gruppe mit schlechten Sprachkenntnissen. Bei der Auswertung der Sprachkenntnisse in Bezug auf die verschiedenen Studienorte in Polen zeigte, dass es keine gravierenden Schwankungen in den Sprachfähigkeiten aus verschieden Regionen gibt.

Den Einstieg in den Arztberuf innerhalb von sechs Monaten schafften 48 % der Ärzte mit guten Sprachkenntnissen, 13 % mehr als solche ohne, oder mit schlechten. Insgesamt standen im Jahr der Befragung aber alle der befragten Ärzte in einer festen Anstellung.

Abb. 3: *Ärzte mit schlechten bis mäßigen Sprachkenntnissen der deutschen Sprache im Altersvergleich*

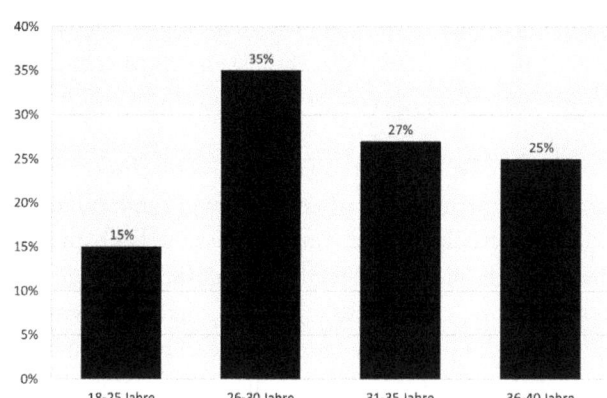

Abb. 4: *Ärzte mit guten Sprachkenntnissen der deutschen Sprache im Altersvergleich*

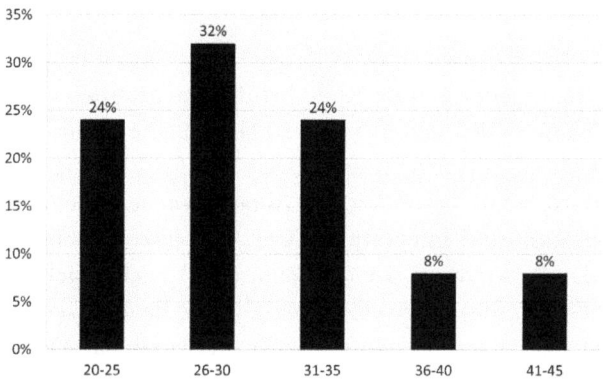

Ärzte, die mit schwachen Sprachkenntnissen nach Deutschland kamen, haben, meist nach einem Sprachkurs, fast ebenso schnell wie die Gruppe derer mit guten Kenntnissen einen beruflichen Einstieg gefunden. Denn bei der Ausübung ihrer beruflichen Tätigkeit verwenden Ärzte medizinische Fachbegriffe und Fachsprache.

Der heutige Gesamtwortschatz der Medizin wird einschließlich der medizinischen Begriffe aus den Grenzgebieten wie Physik, Biochemie, Psychologie,

Soziologie auf 500.000 Termini geschätzt, der engere medizinische Wortschatz umfasst ca. 80.000 Namen und Medikamente, 10.000 zur Bezeichnung von Körperteilen, Organen und Organteilen, 20.000 zur Bezeichnung von Organfunktionen und 60.000 für Krankheitsbezeichnungen. Der geschätzte Wortschatz eines Medizinstudenten liegt bei ca. 6.000 bis 8.000 Fachausdrücken.[15]

Dass die Hälfte der Befragten teilweise mit schlechten Sprachkenntnissen schon nach sechs Monaten ins Berufsleben gefunden haben, kann unter anderem darauf zurück geführt werden, dass die Fachsprache nicht neu erlernt werden musste und ihre berufliche Qualifikation gut war. Andere Berufsgruppen wie z. B. Lehrer oder Juristen, die völlig von der Alltagssprache abhängig sind, können mit mangelnden Sprachkenntnissen häufig nicht in ihrem Beruf Fuß fassen. Es kann als Zeichen von gelungener Integration gewertet werden, dass mehr als die Hälfte der befragten Ärzte angab, zuhause nicht mehr überwiegend Polnisch zu sprechen. Dennoch gaben fast alle Ärzte an, ihre polnischen Traditionen und Bräuche zu pflegen.

Fazit

Die Sprache hatte eine zentrale Rolle bei der Emigration polnischer Ärzte nach Deutschland in den Jahren 1970–2004, denn die wenigsten polnischen Ärzte hatten gute Deutschkenntnisse. Dies war unabhängig von Alter und Herkunftsort. Sprache, besonders die Alltagssprache, ist eine hohe Hürde bei der Emigration und Integration. Dem gegenüber hat eine gute Berufsausbildung das Beherrschen der (medizinischen) Fachsprache (teilweise in Latein oder Griechisch) ihnen den Einstig in die neue Gesellschaft ermöglicht. Parallel dazu wurde die neue Sprache, in diesem Fall Deutsch, erlernt. Zum Zeitpunkt der Befragung waren die meisten Ärzte gut integriert, sprachen Deutsch und pflegten auch weiterhin ihre polnischen Bräuche und Traditionen. Für die gelungene Integration, speziell der hier betrachteten **Ärzte**, stellt die zu erlernende Sprache die größte Hürde dar. Ihr Stellenwert muss auch in Zukunft sehr hoch eingeschätzt werden. Ist eine Sprache erlernt, ist die Integration in diese Sprachgemeinschaft schon so gut wie gelungen.

---

15 Hüging, Anna-Katharina: Übersetzerisches Handeln im Kontext der medizinischen Fachkommunikation. Trier 2011.

Andreas Jüttemann, Maximilian Schochow und Florian Steger

Die Repräsentationen von HIV und AIDS. Eine Analyse deutscher und polnischer Printmedien

Przedstawienia AIDS. Analiza niemieckich i polskich mediów drukowanych

Zusammenfassung

Im August 1982 bekam die bis dahin unbekannte Krankheit einen Namen: Acquired Immune Deficiency Syndrome, kurz AIDS. Im Mai 1983 wurde im Journal *Science* zum ersten Mal der HI-Virus erwähnt. Kurze Zeit später griffen deutschsprachige Zeitungen und Nachrichtenmagazine das Thema auf. So titelte beispielsweise das Nachrichtenmagazin *Der Spiegel* am 06.06.1983: *AIDS: Eine Epidemie, die erst beginnt* und eröffnete den Leitartikel mit der These: *Die Homosexuellen-Seuche ‚AIDS', eine tödliche Abwehrschwäche, hat Europa erreicht.* Damit war nicht nur eine Krankheit benannt, beschrieben und medial bearbeitet, sondern vor allem ein Topos geboren: die Krankheit der Homo-sexuellen. Diese sprachliche Verknüpfung von Krankheit und sexueller Identität wirkt bis heute nach und hat bis in die Gegenwart fatale Konsequenzen für Homosexuelle weltweit: Diskriminierung, Stigmatisierung, Exklusion und Verfolgung. So wie dieser Topos seither vielfältige Mutationen durchlaufen und Veränderungen erfahren hat, haben sich auch die Deutungen und Bedeutungen von AIDS und HIV vielfach gewandelt. Wie aber wird das Themenfeld 30 Jahre nach der Entdeckung von AIDS bzw. der Beschreibung von HIV in den Printmedien aufbereitet? Sind die Jahreszahlen überhaupt ein Anlass für eine Auseinandersetzung mit den Metaphern AIDS und HIV? Und wenn ja, wie wird berichtet und welche Aussagen werden getroffen? Schließlich gilt es, nach den Wirkungen und Effekten dieser Diskurse zu fragen. Mit Hilfe einer vergleichenden Medienanalyse von deutschen (*Der Spiegel, Zeitung*) und polnischen (Polityka, Fakt) Printmedien sollen diese Fragen für den Zeitraum 2011–2013 analysiert werden.

Streszczenie

W sierpniu 1982 roku nieznana dotąd choroba otrzymała swoją nazwę – *Acquired Immune Deficiency Syndrome*, w skrócie AIDS. W maju 1983 roku grupa badawcza pod kierunkiem Luca Montagnier po raz pierwszy opisała w piśmie *Science* wirus HIV typ 1. Wkrótce niemieckie dzienniki i tygodniki podchwyciły temat. Przykładowo tygodnik „Der Spiegel" z 6 czerwca 1983 roku nosił tytuł „AIDS: epidemia, która już wybuchła", a otwierał go artykuł z następującą tezą: „homoseksualna zaraza, AIDS, śmiertelny zespół osłabienia odporności, dotarła do Europy". W ten sposób choroba nie tylko została nazwana, opisana, i omówiona w mediach, ale przede wszystkim narodził się pewien topos choroby homoseksualistów. Połączenie choroby i tożsamości seksualnej miało długofalowe i fatalne skutki dla homoseksualistów na całym świecie, takie jak dyskryminacja, stygmatyzacja, wykluczenie oraz prześladowania. W miarę jak topos ulegał zmianom i przechodził różnorodne mutacje, zmieniały się także interpretacje i znaczenia HIV i AIDS. Jak ten temat jest traktowany w gazetach 30 lat po odkryciu AIDS i opisaniu HIV? Czy mijające lata były w ogóle okazją do debaty na temat metafor AIDS i HIV? A jeśli tak, to w jaki sposób jest ona prowadzona, jakie wypowiedzi są najczęściej spotykane? Wreszcie, należy zapytać o oddziaływanie i efekty tego dyskursu. Kwestie te zostaną przedstawione za pomocą porównawczej analizy artykułów publikowanych w mediach niemieckich („Der Spiegel", „Bild") oraz polskich („Newsweek Polska", „Fakt") w latach 2011–2013.

Einleitung

In den Vereinigten Staaten von Amerika wurden im Jahr 1981 die ersten fünf AIDS-Erkrankungen dokumentiert.[1] Zwei Jahre später beschrieben die Virologen Luc Montagnier (*1932) und Françoise Barré-Sinoussi (*1947) in der Zeitschrift *Science* erstmals das HI-Virus.[2] In derselben Ausgabe

---

1 Marx, Jean L.: New disease baffles medical community, in: Science 4560 (1982), 618–621.
2 Barré-Sinoussi, Françoise et al.: Isolation of a T-lymphotropic retrovirus from a patient at risk for acquired immune deficiency syndrome (AIDS). Science 4599 (1983), 868–871.

der Zeitschrift *Science* publizierte der Virologe Robert Gallo (*1937) die Entdeckung eines Virus, das seiner Meinung nach die neuartige Krankheit auslösen könnte.[3] Die Beschreibung des HI-Virus jährte sich im Jahr 2013 zum 30. Mal.[4] Aus diesem Anlass wurden die Themen HIV und AIDS von verschiedenen Medien aufgegriffen. Die überwiegende Botschaft der Berichte lautete: 30 Jahre nach der Beschreibung des HI-Virus seien wirksame Therapien bekannt, und die Infektionskrankheit könne in naher Zukunft kuriert werden.[5]

Seit der Beschreibung der Krankheit, spätestens aber seit der Entdeckung des HI-Virus, wurde der Krankheit und dem Virus eine hohe mediale Aufmerksamkeit zuteil.[6] Dabei wurde in den Printmedien AIDS einerseits mit dämonisierenden Metaphern verknüpft – beispielsweise *Todesseuche*.[7] Andererseits wurde die Homosexualität in einen Zusammenhang mit der Krankheit gebracht.[8] Nicht zuletzt vor diesem Hintergrund ist die Medienberichterstattung seit der Mitte der 1980er Jahre Gegenstand einer Vielzahl sozial- und geisteswissenschaftlicher Untersuchungen.[9] Vor

---

3   Gallo, Robert: Die Jagd nach dem Virus – AIDS, Krebs und das menschliche Retrovirus. Die Geschichte seiner Entdeckung. Frankfurt/Main 1991.
4   Barré-Sinoussi, Françoise; Ross, Anna Laura; Delfraissy, Jean-François: Past, present and future: 30 years of HIV research. In: Nature Reviews Microbiology 11 (2013), 877–883; Weiss, Robin: Thirty years on: HIV receptor gymnastics and the prevention of infection. In: BMC Biology 21 (2013), 57.
5   Behrens, Christoph; Hackenbroch, Veronika: Von Heilung träumen. In: Der Spiegel 36 (2013), 114–116; o.A.: Mam HIV. Żyję! In: Newsweek vom 1.12.2012 polska.newsweek.pl/mam-hiv--zyje-,99085,1,1.html (Stand: 12.3.14).
6   Grube, Anette; Böhme-Dürr, Karin: AIDS in International News Magazines. In: Journalism Quarterly 65 (1988), 686–689; Bock, Herbert: AIDS in der Presse. Eine sprachpsychologische Untersuchung zur Berichterstattung über die Krankheit AIDS in Print-Medien. Regensburg 1992.
7   Weingart, Brigitte: Ansteckende Wörter. Repräsentationen von AIDS. Frankfurt/Main 2003.
8   Hinz, Stefan: Homosexualität und *AIDS* in der Öffentlichkeit. Eine qualitative Inhaltsanalyse des Nachrichtenmagazins Der Spiegel. Unveröff. Diss. Univ. Frankfurt/Main 1988; Stackelbeck, Nina: Verharmlosung oder Provokation? Die HIV/AIDS-Berichterstattung in Der Spiegel und stern 1990–2006. Münster 2009.
9   Pulver, Marco: Tribut der Seuche oder: Seuchenmythen als Quelle sozialer Kalibrierung. Eine Rekonstruktion des Aids-Diskurses vor dem Hintergrund von Studien zur Historizität des Seuchendispositivs. Frankfurt/Main 1999. Bock: AIDS in der Presse (1992) [wie Fn 6].

allem das Nachrichtenmagazin *Der Spiegel* stand im Fokus vieler Analysen, da *Der Spiegel* frühzeitig AIDS mit Homosexualität verband.[10]

In der vorliegenden Arbeit soll die Frage der Repräsentation von HIV und AIDS in den Printmedien 30 Jahre nach der Beschreibung des HI-Virus erneut aufgegriffen werden. Dazu haben wir deutsche und polnische Printmedien in einer Pilotuntersuchung miteinander verglichen. Folgende Fragen standen im Mittelpunkt: Wie werden das HI-Virus und die Krankheit AIDS gegenwärtig in deutschen und polnischen Printmedien repräsentiert? Welche Aussagen werden dabei getroffen, welche Metaphern werden produziert? Welche Gemeinsamkeiten und Unterschiede sind im Vergleich zwischen deutschen und polnischen Zeitungsartikeln, 30 Jahre nach Erstbeschreibung des HI-Virus, auszumachen?

Methode

Um diese Fragen beantworten zu können, wurden deutsche und polnische Leitmedien seit Januar 2012 ausgewertet. Erste Ergebnisse wurden während der Konferenz *Medizin und Sprache* im September 2013 in Magdeburg präsentiert. Als Leitmedium der deutschen Medienlandschaft wurde das wöchentlich erscheinende Nachrichtenmagazin *Der Spiegel* (Print- und Onlineausgabe) gewählt: *Der Spiegel* erscheint weltweit und ist eines der auflagenstärksten Nachrichtenmagazine Deutschlands. Das seit 1947 erscheinende Nachrichtenmagazin hat erheblichen Einfluss auf die öffentliche Meinungsbildung und kann daher als ein wichtiges Leitmedium bezeichnet werden.[11] *Der Spiegel* stellte für die vorliegende Fragestellung einen geeigneten Untersuchungsgegenstand dar, da er seit Anfang der 1980er Jahre über das HI-Virus berichtet. Gleichzeitig lagen für diese Berichterstattungen sozialwissenschaftliche Analysen vor, die für die Untersuchung herangezogen werden konnten.[12]

---

10 Bock: AIDS in der Presse (1992) [wie Fn 6]; Hinz: *Homosexualität* und *AIDS* in der Öffentlichkeit (1988) [wie Fn 8]; Stackelbeck: Verharmlosung oder Provokation? (2009) [wie Fn 8]; Pulver: Tribut der Seuche oder: Seuchenmythen als Quelle sozialer Kalibrierung (1999) [wie Fn 9].
11 Vgl. v.a. Stackelbeck: Verharmlosung oder Provokation? (2009) [wie Fn 8].
12 Vgl. Stackelbeck: Verharmlosung oder Provokation? (2009) [wie Fn 8]; Weingart: Ansteckende Wörter. (2003) [wie Fn 7].

Außerdem wurde für die Untersuchung die *Bild*-Zeitung (Print- und Onlineausgabe) ausgewertet, die seit 1952 vom Axel-Springer-Verlag herausgegeben wird. Als auflagenstärkste, täglich erscheinende, deutsche Boulevardzeitung mit einer politisch konservativeren Ausrichtung bietet sie einen Kontrast hinsichtlich Inhalt und Leserschaft zum eher gesellschaftskritischen Nachrichtenmagazin *Der Spiegel*, das politisch eher liberal argumentiert.

Für die Untersuchung der polnischen Medien wurde als Äquivalent zum Nachrichtenmagazin *Der Spiegel* das polnische Nachrichtenmagazin *Polityka* ausgewählt. Das politisch eher sozialliberale Nachrichtenmagazin erscheint in Polen seit 1957 wöchentlich. Da es eines der auflagenstärksten Nachrichtenmagazine Polens ist, gilt es als sehr einflussreich für die öffentliche Meinungsbildung. Zum anderen wurde als Pendant zur deutschen *Bild*-Zeitung die täglich erscheinende polnische Boulevardzeitung *Fakt* untersucht. Die *Fakt* erscheint wie die *Bild*-Zeitung im Axel-Springer-Verlag und ist ebenfalls politisch eher konservativ. Sie orientiert sich in ihrer öffentlichen Ausrichtung an ihrem deutschen Pendant: Der *Bild*-Zeitung. Diese zuvor genannten vier Printmedien wurden für den Zeitraum Januar 2011 (30 Jahre seit der Dokumentation der ersten fünf AIDS-Fälle 1981) bis Dezember 2013 (30 Jahre nach der Entdeckung und Beschreibung des HI-Virus 1983) ausgewertet. Dabei kam die Methode der Qualitativen Inhaltsanalyse zum Einsatz. Die Qualitative Inhaltsanalyse will Texte systematisch analysieren, indem sie das Material schrittweise mit theoriegeleiteten am Material entwickelten Kategoriensystemen bearbeitet.[13] Ziel der Methode ist eine intersubjektive Textanalyse aufgrund einer zuvor formulierten Forschungsfrage.[14] Untersuchungsgegenstand der Inhaltsanalyse ist die Kommunikation. Bei der Analyse geht es um die Übertragung von Sprache, Symbolen, aber auch von Kunstwerken. Damit die Interpretationen der Forschenden nicht allzu frei und subjektiv vorgenommen werden, erfolgt die Inhaltsanalyse schrittweise nach festgelegten Regeln.[15]

---

13 Mayring, Phillip. Einführung in die Qualitative Sozialforschung. Weinheim 2002, 114.
14 Mayring, Philipp. Qualitative Inhaltsanalyse. Grundlagen und Techniken. Weinheim 2003.
15 Mayring: Qualitative Inhaltsanalyse (2003), 12 [wie Fn 14].

Die Interpretation muss für Dritte nachprüfbar und verständlich sein. Aus den Texten soll auf die generellen Kommunikationsinhalte geschlossen werden: Was wollten der Redakteur und die Herausgeber der Zeitung mit dem Artikel ausdrücken?

Ergebnisse

Die Analyse von Artikeln aus dem Nachrichtenmagazin *Der Spiegel* zwischen 2011 und 2013 hat gezeigt, dass oft eine Heilung von Betroffenen durch wirksame Medikamente thematisiert wird: *Transplantiertes Knochenmark: Aids-Therapie lässt Mediziner hoffen* lautet beispielsweise eine der Schlagzeilen:

> *Man muss vorsichtig sein mit vermeintlichen Erfolgsmeldungen bei der Behandlung von Aids. Das gilt auch für den Fall zweier Patienten in Boston, den US-Mediziner gerade vorgestellt haben. Doch auf den ersten Blick sieht die Sache zumindest interessant aus (…).*[16]

Gleichzeitig wird das Thema HIV personalisiert. In sogenannten *Homestories* mit HIV-Patienten wird der Alltag mit der Krankheit illustriert oder es wird von den Auswirkungen des Lebensstils auf die Gesundheit berichtet: *Leben mit dem Virus: ‚Na super, ich habe auch HIV'*:

> *Seit zwei Jahren weiß Martin*, 29, dass er HIV positiv ist – seinen Eltern hat er noch nichts gesagt, auch die meisten Freunde wissen nichts davon. Der Schülerzeitung ‚Kurzschluss' erzählte er von seinem Alltag mit dem Virus, von schlechten und schönen Momenten.*[17]

Die Berichte in der *Bild*-Zeitung markieren entweder die Andersartigkeit der Betroffenen (Homosexuelle, Prostituierte) oder es wird über infizierte Prominente berichtet: *Blutspende-Verbot für Schwule auf Prüfstand*.[18]

---

16 o.A.: Transplantiertes Knochenmark: Aids-Therapie lässt Mediziner hoffen. In: Spiegel online vom 3.7.2013, www.spiegel.de/wissenschaft/medizin/knochenmark-therapie-fuer-aids-patienten-laesst-mediziner-hoffen-a-909253.html (Stand: 12.3.14).
17 o.A.: Leben mit dem Virus: *Na super, ich habe auch HIV*. In: Spiegel online vom 15.7.2012, www.spiegel.de/schulspiegel/aids-ein-hiv-infizierter-erzaehlt-von-seinem-alltag-a-842366.html (Stand: 12.3.14).
18 o.A.: Blutspende-Verbot für Schwule auf Prüfstand. In: Bild online vom 23.6.2013, www.bild.de/news/aktuell/news/blutspendeverbot-fuer-schwule-aufpruefstand-30950620.bild.html (Stand: 12.3.14).

Dieses *Othering*, also die Distanzierung von der Fremdgruppe, wird häufig mit einer Skandalisierung kombiniert, wenn beispielsweise eine prominente HIV-Positive andere Personen infiziert hat:

> *Über ihr Opfer, ihre Schuld verlor sie dagegen kaum ein Wort, sagte nur: ‚... Solange man weiß, dass es diese Krankheit gibt und dass man sich anstecken kann, ist man irgendwo eigentlich auch dafür verantwortlich, selber bestimmte Vorkehrungen einzuleiten, dass dies nicht passieren kann, dass dies einem selber nicht passieren kann'.* SO GIBT SIE IHREM OPFER MITSCHULD!*[19]

Darüber hinaus werden in Artikeln der *Bild*-Zeitung die Emotionen der Leser angesprochen. Reportagen über HIV-infizierte Waisenkinder in Afrika kombiniert mit dem Aufruf zur Teilnahme an einer Spendengala mit Prominenten tauchen mehrfach im Untersuchungszeitraum auf, ebenso Berichte über prominente AIDS-Galabesucher: *Eine Gala für das Leben – Künstler gegen Aids*:

> *Und genau darum ging es bei der Charity-Gala. Um Leben! ‚In der Dritten Welt sind so viele Kinder erkrankt', sagte Sänger Tommi Eckart (2raumwohnung). ‚Deshalb darf man nicht aufhören, auf die Krankheit hinzuweisen', ergänzte Inga Humpe.*[20]

Zudem gibt es Sensationsartikel, die beispielsweise von spontanen Wunderheilungen oder Tabletten, die vor einer HIV-Übertragung schützen sollen, berichten: *Erstmals Pille gegen HIV zugelassen.*[21]

Zur Untersuchung der Berichterstattung zum Thema HIV und AIDS in Polen wurde exemplarisch das polnische Nachrichtenmagazin *Polityka* in den Jahren 2011 bis 2013 herangezogen. In der *Polityka* werden vor allem die gesellschaftlichen Dimensionen thematisiert. So wird unter anderem bemängelt, dass Sexualkunde an polnischen Schulen keine Pflicht sei. Dennoch

---

19 o.A.: No Angels-Nadja gibt Opfer Mitschuld. In: Bild online vom 6.10.2010, www.bild.de/unterhaltung/tv/tv/no-angels-star-gibt-opfer-mitschuld-bei-beckmann-14202966.bild.html (Stand: 12.3.14; Großschreiben im Original).

20 o.A.: Eine Gala für das Leben – Künstler gegen Aids. In: Bild online vom 26.11.2013, www.bild.de/regional/berlin/aids-gala/eine-gala-fuer-das-leben-33546778.bild.html (Stand: 12.3.14).

21 o.A.: Erstmals Pille gegen HIV zugelassen. In: Bild online vom 18.7.2012, www.bild.de/ratgeber/gesundheit/aids/in-den-usa-erstmalig-hiv-medikament-zugelassen-25193414.bild.html (Stand: 12.3.14).

sei die Mehrheit der Polen liberal gegenüber Sexualthemen eingestellt, und es gäbe eine hohe Akzeptanz gegenüber AIDS-Kranken. Dies läge auch daran, so wird in der *Polityka* berichtet, dass HIV alle Teile der Gesellschaft betreffe und keine Angelegenheit von einzelnen *Hochrisikogruppen* mehr sei: *HIV szczerzy kły*:

> W Polsce od lat karmi się nas informacjami, że HIV jest zagrożeniem uniwersalnym, że pojęcie grup wysokiego ryzyka jest passé. Wręcz obraża.[22]

Ein weiteres Thema ist, dass sich mehr junge Menschen mit HIV infizieren würden. 70 % der Infizierten wüssten aber nicht, dass sie sich bereits angesteckt haben, deshalb sei eine weitere Aufklärung notwendig:

> AIDS informuje, że prawdopodobnie nawet 70 proc. osób zakażonych nie wie o swoim zakażeniu. To możliwe? Tak. To, że Centrum podaje takie informacje, jest dużym krokiem naprzód. Przez wiele lat, w ramach udowadniania własnej skuteczności, głosiło tezę, że rozprzestrzenianie się AIDS jest w Polsce opanowane, a zakażeni to maksymalnie 30–35 tys. Według szacunków z ostatnich lat, może być ich raczej ok. 50 tys. Nie da się dłużej ukrywać, że jednak mamy problem z HIV.[23]

In den letzten Jahren hätten sich vermehrt Heterosexuelle mit einem guten Bildungshintergrund infiziert: *Miłość na sprzedaż*.[24] HIV sei in Polen also keine Krankheit, die spezifische Gruppen, sondern die Mitte der Gesellschaft betreffe. Darüber hinaus wird auch die psychosoziale Gesundheit von AIDS-Kranken in der *Polityka* thematisiert.

In der polnischen Boulevardzeitung *Fakt* wird Aids dagegen hauptsächlich als Männerkrankheit dargestellt. Es finden sich wiederholt Verknüpfungen von Homosexualität mit AIDS. Überdies werden die zunehmende Infektionsrate von Heterosexuellen und der allgemeine Anstieg der HIV-Infektionsrate in Polen thematisiert. Als Referenzpunkte dienen in der *Fakt* die Infektionsraten in Russland und der Ukraine. AIDS wird in der *Fakt* als Krankheit von *Randgruppen* beschrieben.

---

22 o.A.: HIV szczerzy kły. In: Polityka vom 11.6.2013, www.polityka.pl/tygodnikpolityka/kraj/1545037,1,rozmowa-z-o-tym-czy-wirus-hiv-jest-wciaz-grozny.read (Stand: 12.3.14).
23 o.A.: HIV szczerzy kły (2013) [wie Fn 23].
24 o.A.: Miłość na sprzedaż. In: Polityka vom 14.2.2014, www.polityka.pl/tygodnikpolityka/kultura/ksiazki/1570757,1,recenzja-ksiazki-marina-adshade-seks-i-pieniadze.read (Stand: 12.3.14).

Sensationsberichte und Skandalisierung sind häufig mit den Themen HIV und AIDS verknüpft, beispielsweise durch Berichte über eine Prostituierte (*Polska prostytutka zarażała HIV-em! Tysiące ofiar?*), die absichtlich Männer mit HIV infiziert habe:

> Nawet kilkanaście tysięcy mężczyzn mogła paść ofiarą nie tylko swoich niepohamowanych żądz, ale też przenoszącej śmiertelny wirus prostytutki z Trójmiasta! Kobieta od 2008 roku sprzedawała swoje ciało, często nie stosując zabezpieczenia, wiedząc że jest nosicielką wirusa HIV! ,Analna Malinka' bo takiego pseudonimu używała w seksualnym półświatku 28-latka może mieć na sumieniu nawet kilkanaście tysięcy mężczyzn. Według policyjnych informatorów – przyjmowała nawet do kilkunastu klientów dziennie, a mnożąc to przez lata, w których uprawiała ten niecny proceder – liczba zakażonych mężczyzn może być przeogromna![25]

Es finden sich aber auch – wie in der *Bild*-Zeitung – Berichte über infizierte Prominente oder die Vergewaltigung einer Jugendlichen durch einen HIV-positiven polnischen Musiker, der von der Zeitung in diesem Zusammenhang als *Monster* bezeichnet wird: *Wiśniewski: Żona wierzy, że ma HIV'a. To przez*[26] und *Polski muzyk z HIV zgwałcił dziecko*:

> Wyrachowany potwór, nie człowiek! Jak inaczej nazwać Piotra M. (34 l.), skoro – jak ustalili śledczy – doskonale wiedział, że jest nosicielem śmiertelnej choroby. A mimo to z zimną krwią zgwałcił 14-letnią dziewczynę. Ofiara tylko cudem uniknęła zarażenia wirusem.[27]

---

25 o.A.: Polska prostytutka zarażała HIV-em! Tysiące ofiar? In: Fakt vom 24.7.2013, www.fakt.pl/Prostytutka-zarazala-mezczyzn-HIV-w-Gdyni,artykuly,221930,1.html (Stand: 12.3.14).

26 o.A.: Wiśniewski: Żona wierzy, że ma HIV'a. To przez. In: Fakt vom 11.12.2012, www.fakt.pl/Czy-Michal-Wisniewski-ma-wirusa-HIV-Tak-twierdzi-Magda-Femme,artykuly,191480,1.html (Stand: 12.3.14).

27 o.A.: Polski muzyk z HIV zgwałcił dziecko. In: Fakt vom 15.5.2012, media.wp.pl/kat,1022943,title,Polski-muzyk-z-HIV-zgwalcil-dziecko,wid,14485698,wiadomosc.html?ticaid=112aec (Stand: 12.3.14).

Diskussion

Stefan Hinz (1988)[28] und Nina Stackelbeck (2009)[29] haben in ihren Analysen von *Spiegel*-Artikeln aus den 1980er und 1990er Jahren gezeigt, dass *Der Spiegel* sehr häufig den Aspekt der sexuellen Identität aufgriff, wenn die Themen HIV und AIDS berührt wurden. Die Berichte waren oft auf Werte, Moral und Liebe homosexueller Männer fokussiert und stigmatisierten die Betroffenen.[30] Konnte Herbert Bock in seiner Analyse der Printmedien im Jahre 1997 noch eindeutige Klischees erkennen, etwa die Fokussierung bei der Berichterstattung auf Homosexuelle, Kriminelle und Prostituierte,[31] konnte diese einseitige Ausrichtung in unserer Pilotuntersuchung nicht festgestellt werden. Inzwischen richtet *Der Spiegel* den Blick nicht mehr auf eine tödliche *Seuche*, von der bestimmte Gruppen betroffen sind, sondern fokussiert – unabhängig von Stereotypen – eine chronische Krankheit mit Chancen auf Heilung. Die Berichte handeln von speziellen Sachverhalten im beruflichen oder privaten Zusammenhang mit der Krankheit oder berichten von medizinischen Forschungsergebnissen. Diese Ausrichtung konnte hauptsächlich bei den großen Nachrichtenmagazinen *Der Spiegel* und *Polityka* festgestellt werden. Aber auch in den Boulevardzeitungen lassen sich Veränderungen feststellen. Noch in den 1980er Jahren wurden HIV und AIDS in der *Bild*-Zeitung, ebenso wie in *Der Spiegel*, als Randgruppenphänomen, *Schwulenkrebs* oder *Schwulen-Seuche*[32] beschrieben. Nach den vorliegenden ersten Analysen könnte vermutet werden, dass die Infektion heute sowohl in den deutschen als auch in den polnischen Print- und Onlinemedien vermehrt als eine chronische Krankheit dargestellt wird, die alle Mitglieder der Gesellschaft betrifft.

Es zeigen sich aber noch Differenzen zwischen den Nachrichtenmagazinen und den Boulevardzeitungen. *Der Spiegel* berichtet sachlich über neue Erkenntnisse der medizinischen Forschung, die Boulevardzeitungen hingegen häufig über Sensationen, die nicht immer wissenschaftlichen

---

28 Hinz: *Homosexualität* und *AIDS* in der Öffentlichkeit (1988) [wie Fn 8].
29 Stackelbeck: Verharmlosung oder Provokation? (2009) [wie Fn 8].
30 Stackelbeck: Verharmlosung oder Provokation? (2009), 183 [wie Fn 8].
31 Bock, Herbert: AIDS in Printmedien. In: Biere, Bernd Ulrich; Liebert, Wolf-Andreas (Hg.): Metaphern, Medien, Wissenschaft. Opladen 1997, 81–101, hier: 85.
32 Pulver: Tribut der Seuche. (1999), 291 [wie Fn 9].

Ansprüchen genügen.³³ Während in den Nachrichtenmagazinen die Stigmatisierungen von bestimmten Gruppen seltener geworden sind, wird in den Boulevardzeitungen oft noch mit Klischeebildern (Prostituierte, Musiker, Homosexuelle) gearbeitet. Dies zeigt sich auch in der konsequenten Boulevardisierung der Berichte zu HIV und AIDS. Ebenso wie die polnische Zeitung *Fakt*, bespricht die *Bild*-Zeitung HIV-Infektionen von Prominenten. Bei der *Fakt* ist aber ein noch stärkerer Trend in der Verkoppelung von AIDS mit Prostitution sowie Homosexualität wahrnehmbar.

Fazit

Wir konnten in unserer Arbeit feststellen, dass in den analysierten deutschen und polnischen Nachrichtenmagazinen *Der Spiegel* und *Polityka* ein Wandel im Vergleich zu den Berichterstattungen über HIV und AIDS der 1980er und 1990er Jahre stattgefunden hat. In beiden Nachrichtenmagazinen wird die Infektion gegenwärtig nicht mehr einseitig mit sexueller Identität verknüpft. Vor allem für das Nachrichtenmagazin *Der Spiegel* wird der Wandel deutlich, wenn nicht mehr von der *Schwulenpest*, sondern von einer chronischen Krankheit gesprochen wird, von der alle Teile der Gesellschaft unabhängig von der sexuellen Identität betroffen sein können. Im Gegensatz dazu wird die Erkrankung in den Boulevardzeitungen *Bild*-Zeitung und *Fakt* noch immer mit spezifischen Gruppenbeschreibungen verknüpft. Die Berichte, die in diesem Zusammenhang veröffentlicht werden, sind meist Skandalberichte mit einer starken emotionalen Komponente. Zudem bestehen Unterschiede zwischen den untersuchten deutschen und polnischen Printmedien hinsichtlich der gesellschaftlichen Auseinandersetzung mit HIV und AIDS. So wird in den polnischen Printmedien häufiger als in Deutschland die Frage der Akzeptanz in der Bevölkerung thematisiert und die Ausblendung in Schule und Kirche von den polnischen Nachrichtenmagazinen angesprochen, beispielsweise die weitgehende Abschaffung des verpflichtenden Sexualkundeunterricht in Polen auf Betreiben der katholischen Kirche. Die Repräsentationen von HIV und AIDS unterlagen in den vergangenen 30 Jahren einem kontinuierlichen Wandel, der in den stichprobenartig ausgewählten Artikeln stärker in den deutschen als in den polnischen Printmedien sichtbar wird.

---

33 Stackelbeck: Verharmlosung oder Provokation? (2009), 183 [wie Fn 8].

Beiträgerinnen und Beiträger des Bandes

Prof. Dr. Eva Brinkschulte
Geschichte, Ethik und Theorie der Medizin
Otto-von-Guericke-Universität Magdeburg
Leipzigerstraße 44
39120 Magdeburg

Prof. Dr. Kirsten Brukamp
Duale Hochschule Baden-Württemberg DHBW Heidenheim
Fakultät für Sozialwesen, Studienzentrum Gesundheit
Wilhelmstraße 10, Raum W 115
89518 Heidenheim

Privatdozent Dr. Fritz Dross
Institut für Geschichte und Ethik der Medizin
Friedrich-Alexander-Universität Erlangen-Nürnberg
Glückstraße 10
91054 Erlangen

Michalina Duda
Uniwersytet Mikołaja Kopernika
Ul. Podgórna 68A/11
87–100 Toruń

Dr. Julian Heigel
Musikwissenschaftliches Seminar
Georg-August-Universität Göttingen
Kurze Geismarstraße 1
D-37073 Göttingen

Prof. Dr. habil. n. med. A. Jonecko
Polska Akademia Nauk Kraków
Ul. Bulwarowa 1/7
35–051 Rzeszów

Dipl.-Psych. Andreas Jüttemann
Institut für Geschichte und Ethik der Medizin
Martin-Luther-Universität Halle-Wittenberg
Magdeburger Straße 8
06112 Halle (Saale)
juettemann@arcor.de

dr Maria Elżbieta Kempa
Zakład Historii Medycyny i Farmacji
Katedra Nauk Społecznych Śląskiego Uniwersytetu
Medycznego w Katowicach

dr Joanna Lusek
Muzeum Górnośląskie w Bytomiu
ul. Wojciecha Korfantego 34
41–902 Bytom

dr hab. Anita Magowska, prof. nadzw. UM
Katedra i Zakład Historii nauk Medycznych
Uniwersytet Medyczny w Poznaniu
ul. Przybyszewskiego 37A
60–356 Poznań

dr Marcin Moskalewicz
Katedra i Zakład Historii nauk Medycznych
Uniwersytet Medyczny w Poznaniu
ul. Przybyszewskiego 37A
60–356 Poznań
moskalewicz@gmail.com

dr Joanna Nieznanowska
Zakład Historii Medycyny i Etyki Lekarskiej
Pomorski Uniwersytet Medyczny
ul. Rybacka 1
70-204 Szczecin

Lesław Portas
Wojewódzki Szpital Specjalistyczny w Rzeszowie
PL-36–007 Krasne 1101
portas.leslaw@gmail.com

Prof. Dr. Dr. Ortrun Riha
Karl-Sudhoff-Institut für Geschichte der Medizin und der Naturwissenschaften
Käthe-Kollwitz-Straße 82
D–04109 Leipzig

Prof. Dr. Michael Sachs
Fontanestraße 114
60431 Frankfurt am Main

Dr. Maximilian Schochow
Institut für Geschichte und Ethik der Medizin
Martin-Luther-Universität Halle-Wittenberg
Magdeburger Straße 8
06112 Halle (Saale)

Magdalene Schymanietz
Zwinglistr. 4–6
42275 Wuppertal

Dr. Franz A. Sich
Kirchenweg 5
83539 Pfaffing

Prof. Dr. Florian Steger
Institut für Geschichte und Ethik der Medizin
Martin-Luther-Universität Halle-Wittenberg
Magdeburger Straße 8
06112 Halle (Saale)

dr Aleksandra Szlagowska
Zakład Humanistycznych Nauk Wydziału Farmaceutycznego
Uniwersytetu Medycznego im. Piastów Śląskich we Wrocławiu

Dr. Philipp Teichfischer
Geschichte, Ethik und Theorie der Medizin
Otto-von-Guericke-Universität Magdeburg
Leipzigerstraße 44
39120 Magdeburg

Medizingeschichte im Kontext

Herausgegeben von Karl-Heinz Leven, Mariacarla Gadebusch Bondio,
Hans-Georg Hofer und Livia Prüll

Die Reihe *Medizingeschichte im Kontext* veröffentlicht Studien, die Themen aus der Geschichte der Medizin und des Gesundheitswesens in wissenschafts- und kulturhistorischer Perspektive betrachten. Die Reihe versteht sich zugleich als Fortsetzung der von Ludwig Aschoff 1938/39 mit zwei Heften begründeten, von Eduard Seidler 1971-1994 mit 17 Bänden weitergeführten *Freiburger Forschungen zur Medizingeschichte*. Die Bände 1 bis 11 (1999 bis 2004) wurden von Karl-Heinz Leven und Ulrich Tröhler herausgegeben.

Band 1 Christine Hummel: Das Kind und seine Krankheiten in der griechischen Medizin. Von Aretaios bis Johannes Aktuarios (1. bis 14. Jahrhundert). 1999.

Band 2 Cécile Mack: Henriette Hirschfeld-Tiburtius (1834-1911). Das Leben der ersten selbständigen Zahnärztin Deutschlands. 1999.

Band 3 Susanne Mende: Die Wiener Heil- und Pflegeanstalt *Am Steinhof* im Nationalsozialismus. 2000.

Band 4 Bernhard Gessler: Eugen Fischer (1874-1967). Leben und Werk des Freiburger Anatomen, Anthropologen und Rassenhygienikers bis 1927. 2000.

Band 5 Jochen Binder: Zwischen Standesrecht und Marktwirtschaft. Ärztliche Werbung zu Beginn des 20. Jahrhunderts im deutsch-englischen Vergleich. 2000.

Band 6 Cécile Mack: Die badische Ärzteschaft im Nationalsozialismus. 2001.

Band 7 Beate Waigand: Antisemitismus auf Abruf. Das Deutsche Ärzteblatt und die jüdischen Mediziner 1918-1933. 2001.

Band 8 Georg Schomerus: Ein Ideal und sein Nutzen. Ärztliche Ethik in England und Deutschland 1902-1933. 2001.

Band 9 Barbara Rabi: Ärztliche Ethik – Eine Frage der Ehre? Die Prozesse und Urteile der ärztlichen Ehrengerichtshöfe in Preußen und Sachsen 1918-1933. 2002.

Band 10 Bernd Grün / Hans-Georg Hofer / Karl-Heinz Leven (Hrsg.): Medizin und Nationalsozialismus. Die Freiburger Medizinische Fakultät und das Klinikum in der Weimarer Republik und im „Dritten Reich". 2002.

Band 11 E. Caroline Jagella: Ignaz Schwörer (1800–1860). Freiburger Geburtshelfer zwischen Romantik und Positivismus. Ein Beitrag zur Geschichte der medizinischen Ethik im 19. Jahrhundert. 2004.

Band 12 Stephan Anis Towfigh: Das Bahá'ítum und die Medizin. Ein medizinhistorischer Beitrag zum Verhältnis von Religion und Medizin. 2006.

Band 13 Nils Kessel: Geschichte des Rettungsdienstes 1945–1990. Vom „Volk von Lebensrettern" zum Berufsbild „Rettungsassistent/in". 2008.

Band 14 Jette Sophia Jung: Erfolg und Scheitern der Hegar-Operation. Eine wissenschaftsgeschichtliche Untersuchung über die Kastration der Frau im 19. Jahrhundert. 2007.

Band 15 Jasmin Beatrix Mattes: Die Stationsbenennungen des Klinikums der Albert-Ludwigs-Universität Freiburg im Breisgau. Erinnerungskultur, kollektives Gedächtnis und Umgang mit nationalsozialistischer Vergangenheit. 2008.

Band 16 Simon Reuter: Im Schatten von Tet. Die Vietnam-Mission der Medizinischen Fakultät Freiburg (1961–1968). 2011.

Band 17 Ute Caumanns / Fritz Dross / Anita Magowska (Hrsg. / red.): Medizin und Krieg in historischer Perspektive. Beiträge der XII. Tagung der Deutsch-Polnischen Gesellschaft für Geschichte der Medizin, Düsseldorf 18.-20. September 2009. Medycyna i wojna w perspektywie historycznej. Prace XII. konferencji Polsko-Niemieckiego Towarzystwa Historii Medycyny, Düsseldorf 18 do 20 września 2009 r.. 2012.

Band 18 Philipp Rauh / Karl-Heinz Leven: Ernst Wilhelm Baader (1892-1962) und die Arbeitsmedizin im Nationalsozialismus. 2013.

Band 19 Eva Brinkschulte / Mariacarla Gadebusch Bondio (Hrsg.): Norm als Zwang, Pflicht und Traum. Normierende versus individualisierende Bestrebungen in der Medizin. Festschrift zum 60. Geburtstag von Heinz-Peter Schmiedebach. 2015.

Band 20 Eva Brinkschulte / Fritz Dross / Anita Magowska / Marcin Moskalewicz / Philipp Teichfischer (Hrsg./red.): Medizin und Sprache – Die Sprache der Medizin. Medycyna i język – język medycyny. 2016.

www.peterlang.com

www.ingramcontent.com/pod-product-compliance
Ingram Content Group UK Ltd.
Pitfield, Milton Keynes, MK11 3LW, UK
UKHW021829210426
5322IPUK00004B/99